中国科协碳达峰碳中和系列丛书

制冷和热泵低碳发展导论

江 亿 ◎ 主编

张 华 ◎ 执行主编

中国科学技术出版社
·北京·

图书在版编目（CIP）数据

制冷和热泵低碳发展导论 / 江亿主编；张华执行主编 . -- 北京：中国科学技术出版社，2023.10
（中国科协碳达峰碳中和系列丛书）
ISBN 978-7-5236-0353-6

Ⅰ.①制… Ⅱ.①江…②张… Ⅲ.①制冷工程 – 低碳经济 – 研究 – 中国 ②热泵 – 供热工程 – 低碳经济 – 研究 – 中国 Ⅳ.① F426.4

中国国家版本馆 CIP 数据核字（2023）第 220596 号

策　　划	刘兴平　秦德继
责任编辑	何红哲
封面设计	北京潜龙
正文设计	中文天地
责任校对	吕传新
责任印制	李晓霖

出　　版	中国科学技术出版社
发　　行	中国科学技术出版社有限公司发行部
地　　址	北京市海淀区中关村南大街 16 号
邮　　编	100081
发行电话	010-62173865
传　　真	010-62173081
网　　址	http://www.cspbooks.com.cn

开　　本	787mm×1092mm　1/16
字　　数	275 千字
印　　张	14.25
版　　次	2023 年 10 月第 1 版
印　　次	2023 年 10 月第 1 次印刷
印　　刷	北京顶佳世纪印刷有限公司
书　　号	ISBN 978-7-5236-0353-6 / F・1180
定　　价	89.00 元

（凡购买本社图书，如有缺页、倒页、脱页者，本社发行部负责调换）

"中国科协碳达峰碳中和系列丛书"
编委会

主任委员

张玉卓　　中国工程院院士，国务院国资委党委书记、主任

委　员（按姓氏笔画排序）

王金南　　中国工程院院士，生态环境部环境规划院院长
王秋良　　中国科学院院士，中国科学院电工研究所研究员
史玉波　　中国能源研究会理事长，教授级高级工程师
刘　峰　　中国煤炭学会理事长，教授级高级工程师
刘正东　　中国工程院院士，中国钢研科技集团有限公司副总工程师
江　亿　　中国工程院院士，清华大学建筑学院教授
杜祥琬　　中国工程院院士，中国工程院原副院长，中国工程物理研究院研究员、高级科学顾问
张　野　　中国水力发电工程学会理事长，教授级高级工程师
张守攻　　中国工程院院士，中国林业科学研究院原院长
舒印彪　　中国工程院院士，中国电机工程学会理事长，第 36 届国际电工委员会主席
谢建新　　中国工程院院士，北京科技大学教授，中国材料研究学会常务副理事长
戴厚良　　中国工程院院士，中国石油天然气集团有限公司董事长、党组书记，中国化工学会理事长

《制冷和热泵低碳发展导论》
编 写 组

组 长

江 亿　　中国工程院院士，清华大学建筑学院教授，中国制冷学会理事长

成 员

张 华　　上海理工大学副校长、教授
史 琳　　清华大学教授
邢子文　　西安交通大学教授
马国远　　北京工业大学教授
李先庭　　清华大学教授
王如竹　　上海交通大学教授
申 江　　天津商业大学教授
田长青　　中国科学院理化技术研究所研究员
邵双全　　华中科技大学教授
李 震　　清华大学教授
曹 锋　　西安交通大学教授
杨鲁伟　　中国科学院理化技术研究所研究员

主 编

江 亿　　中国工程院院士，清华大学建筑学院教授，中国制冷学会理事长

执行主编

张 华　　上海理工大学副校长、教授

写作组成员

刘业凤　刘　妮　周孟怡　安青松　杨　昭　丁国良　戴晓业
陈焕新　刘金平　石文星　魏庆芃　赵　阳　夏建军　徐震原
王正根　徐　伟　杨灵艳　王　伟　姚　杨　张振涛　闫鸿志
马　进　孙西峰　殷　翔　李伟钊　魏　娟　武卫东

编写秘书组

王从飞　张　雯　赵　娜　孙裕坤

总　序

中国政府矢志不渝地坚持创新驱动、生态优先、绿色低碳的发展导向。2020年9月，习近平主席在第七十五届联合国大会上郑重宣布，中国"二氧化碳排放力争于2030年前达到峰值，努力争取2060年前实现碳中和"。2022年10月，党的二十大报告在全面建成社会主义现代化强国"两步走"目标中明确提出，到2035年，要广泛形成绿色生产生活方式，碳排放达峰后稳中有降，生态环境根本好转，美丽中国目标基本实现。这是中国高质量发展的内在要求，也是中国对国际社会的庄严承诺。

"双碳"战略是以习近平同志为核心的党中央统筹国内国际两个大局作出的重大决策，是我国加快发展方式绿色转型、促进人与自然和谐共生的需要，是破解资源环境约束、实现可持续发展的需要，是顺应技术进步趋势、推动经济结构转型升级的需要，也是主动担当大国责任、推动构建人类命运共同体的需要。"双碳"战略事关全局、内涵丰富，必将引发一场广泛而深刻的经济社会系统性变革。

2022年3月，国家发布《氢能产业发展中长期规划（2021—2035年）》，确立了氢能作为未来国家能源体系组成部分的战略定位，为氢能在交通、电力、工业、储能等领域的规模化综合应用明确了方向。氢能和电力在众多一次能源转化、传输与融合交互中的能源载体作用日益强化，以汽车、轨道交通为代表的交通领域正在加速电动化、智能化、低碳化融合发展的进程，石化、冶金、建筑、制冷等传统行业逐步加快绿色转型步伐，国际主要经济体更加重视减碳政策制定和碳汇市场培育。

为全面落实"双碳"战略的有关部署，充分发挥科协系统的人才、组织优势，助力相关学科建设和人才培养，服务经济社会高质量发展，中国科协组织相关全国学会，组建了由各行业、各领域院士专家参与的编委会，以及由相关领域一线科研教育专家和编辑出版工作者组成的编写团队，编撰"双碳"系列丛书。

丛书将服务于高等院校教师和相关领域科技工作者教育培训,并为"双碳"战略的政策制定、科技创新和产业发展提供参考。

"双碳"系列丛书内容涵盖了全球气候变化、能源、交通、钢铁与有色金属、石化与化工、建筑建材、碳汇与碳中和等多个科技领域和产业门类,对实现"双碳"目标的技术创新和产业应用进行了系统介绍,分析了各行业面临的重大任务和严峻挑战,设计了实现"双碳"目标的战略路径和技术路线,展望了关键技术的发展趋势和应用前景,并提出了相应政策建议。丛书充分展示了各领域关于"双碳"研究的最新成果和前沿进展,凝结了院士专家和广大科技工作者的智慧,具有较高的战略性、前瞻性、权威性、系统性、学术性和科普性。

2022年5月,中国科协推出首批3本图书,得到社会广泛认可。本次又推出第二批共13本图书,分别邀请知名院士专家担任主编,由相关全国学会和单位牵头组织编写,系统总结了相关领域的创新、探索和实践,呼应了"双碳"战略要求。参与编写的各位院士专家以科学家一以贯之的严谨治学之风,深入研究落实"双碳"目标实现过程中面临的新形势与新挑战,客观分析不同技术观点与技术路线。在此,衷心感谢为图书组织编撰工作作出贡献的院士专家、科研人员和编辑工作者。

期待"双碳"系列丛书的编撰、发布和应用,能够助力"双碳"人才培养,引领广大科技工作者协力推动绿色低碳重大科技创新和推广应用,为实施人才强国战略、实现"双碳"目标、全面建设社会主义现代化国家作出贡献。

中国科协主席 万 钢

2023年5月

前 言

制冷空调行业是国民经济的重要组成部分，我国已经是世界制冷大国，不但产品制造量世界第一、消费量世界第一，而且国际贸易量也是世界第一。制冷和热泵为人民生活、工业和科技提供冷、热能量，其服务领域非常广泛，诸如建筑、家电、商业、食品、国防、军工、航空航天、核工程、机械电子、化工、冶金、电力、交通、环保、轻工等领域。

由于制冷和热泵设备使用广泛，其耗电量占全社会发电量的 20% 以上，每年折合排放二氧化碳当量超过 5.5 亿吨。制冷行业作为能源消耗和温室气体排放大户，在国家节能减排事业中有着不可或缺的责任和义务。技术创新是制冷和热泵行业实现"双碳"目标的重要途径，通过研发更加节能环保的技术和产品，为完成"双碳"目标作出应有的贡献，也由此推动全行业早日实现由大到强的根本性转变。

国际社会不断颁布各种政策和法规以求减缓全球温室气体排放，中国积极行动，制定了"双碳"战略。2022 年 10 月，党的二十大报告提出"积极稳妥推进碳达峰碳中和"。当前，我国正在深入推动能源革命，有序推进碳达峰碳中和，能源生产和消费稳步向清洁低碳、安全高效转变。为全面落实党中央、国务院关于"双碳"工作有关部署和习近平主席在中央人才工作会议上的重要讲话精神，中国制冷学会按照中国科学技术协会的部署，组织高校、企业、科研院所的专家、学者编写了"中国科协碳达峰碳中和系列丛书"之《制冷和热泵低碳发展导论》，助力高等学校"双碳"领域的相关专业师资教育培训和专业人才培养工作，推进制冷和热泵等相关科技发展和行业进步。本书的读者对象为高等学校"双碳"相关专业的教师和学生，以及制冷、空调、冷链、热泵、新能源汽车、数据中心等行业的科技人员和管理人员。此外，还可为"双碳"战略的制定、科技创新和产业发展提供参考。

本书立足服务行业技术创新的角度，分析总结了有关政策、公约、技术和产品发展的现状与趋势，强化了碳中和过程中制冷和热泵的变革技术，以及未来碳中和场景中制冷和热泵的作用。全书共分9章。第1章主要介绍了制冷和热泵技术的原理和方法，以及碳中和背景下制冷技术的现状和发展趋势。第2章主要介绍了低碳环保制冷和热泵工质性质、碳中和背景下制冷和热泵工质的替代与发展。第3章主要介绍了绿色低碳空调系统和智慧运行调节，以及建筑空调系统低碳发展路线。第4章主要介绍了热泵供热系统与装备，包括热储存、热泵低碳发展路线。第5章主要介绍了冷链发展现状、技术进步和低碳技术。第6章主要介绍了数据中心冷却与综合能源利用方法。第7章主要介绍了新能源汽车热管理技术与装备，主要是储能电池及电池热管理、新能源汽车热泵。第8章主要介绍了干燥供热变革技术及系统，并列举了若干农产品热泵干燥、工业热泵干燥、市政热泵干燥的案例。第9章主要总结了碳中和冷热制取变革技术的发展趋势，提出制冷和热泵工质低全球变暖潜能值化、燃料制热热泵化、冷热量制取电气化发展以及制冷制热产品向绿色化及智能化方向发展。

本书由中国工程院院士、清华大学建筑节能中心主任、中国制冷学会理事长江亿教授担任主编，上海理工大学副校长、制冷与低温工程研究所所长张华教授担任执行主编。导言由江亿编写；第1章由张华、刘业凤、周孟怡、刘妮编写；第2章由史琳、安青松、杨昭、丁国良、戴晓业编写；第3章由李先庭、石文星、魏庆芃、赵阳、夏建军编写；第4章由王如竹、徐震原、王正根、徐伟、杨灵艳、王伟、姚杨、张振涛、闫鸿志编写；第5章由申江、田长青、马进编写；第6章由邵双全、李震编写；第7章曹锋、孙西峰、殷翔、宋昱龙编写；第8章由杨鲁伟、李伟钊、魏娟编写；第9章由张华、刘业凤、武卫东编写。

2022年4月，中国制冷学会组织编写的《碳中和制冷技术发展路线》为本书的编写做了前期准备；江亿院士为本书策划、撰写做了大量工作，并精心撰写了导言；中国制冷学会王从飞、张雯、赵娜、孙裕坤等为本书做了大量的组织工作。

本书得到很多单位和个人的积极响应与大力支持，谨对参加本书编写的作者、为本书提供资料的企事业单位、为组织本书出版的中国制冷学会和中国科学技术出版社表示衷心的感谢。

限于笔者水平，书中难免有局限性和不足之处，欢迎广大读者不吝指正。

张 华

2023年6月

目　录

总　序	万　钢
前　言	张　华
导　言	001

第1章　制冷和热泵技术与碳中和　　004
　　1.1　制冷和热泵领域碳排放及发展趋势　　004
　　1.2　制冷领域有关的国际公约和国家政策　　010
　　1.3　低碳技术和未来能源发展趋势　　011
　　1.4　冷热量制取技术原理和方法　　013
　　1.5　制冷、空调、热泵的区别和联系　　019
　　1.6　我国制冷行业的发展与节能减排　　021
　　1.7　制冷和热泵技术发展的若干问题　　022

第2章　低碳环保制冷和热泵工质　　026
　　2.1　制冷和热泵工质概况　　026
　　2.2　制冷和热泵工质性质　　031
　　2.3　制冷和热泵工质碳排放分析　　036
　　2.4　国际公约对制冷和热泵工质的替代的影响　　039
　　2.5　制冷和热泵工质的回收与销毁管理　　042
　　2.6　制冷和热泵工质的替代与低碳发展　　044

第3章 绿色低碳空调系统和智慧运行调节 ... 047
- 3.1 建筑空调系统碳排放量及减碳潜力 ... 047
- 3.2 建筑冷热量需求特点与空调系统低碳发展总体路线 ... 049
- 3.3 住宅建筑空调系统低碳发展路径 ... 050
- 3.4 公共建筑空调系统低碳发展路径 ... 056
- 3.5 工业建筑空调系统低碳发展路径 ... 058
- 3.6 城市与工业园区冷热供应系统的低碳发展路径 ... 064
- 3.7 建筑空调系统低碳技术对碳中和的预期贡献 ... 070
- 3.8 总结 ... 072

第4章 热泵技术与装备 ... 075
- 4.1 热泵与碳中和 ... 075
- 4.2 热泵技术与热源的选型匹配 ... 080
- 4.3 热泵与储热技术耦合 ... 089
- 4.4 压缩式热泵装备及应用案例 ... 097
- 4.5 吸收式热泵装备及应用案例 ... 100
- 4.6 吸附式热泵装备及应用案例 ... 103
- 4.7 热泵低碳技术发展路线 ... 104

第5章 冷链低碳技术及系统 ... 112
- 5.1 冷链物流现状与碳排放分析 ... 112
- 5.2 冷链低碳技术 ... 115
- 5.3 物流冷库与冷链物流中心低碳技术应用分析 ... 123
- 5.4 肉类联合加工厂低碳技术应用分析 ... 125
- 5.5 冷链低碳发展技术方向 ... 130

第6章 数据中心冷却与综合能源利用 ... 134
- 6.1 数据中心发展的基本情况 ... 134
- 6.2 数据中心高效冷却技术与装备 ... 137
- 6.3 数据中心冷却系统综合能源利用 ... 152
- 6.4 数据中心低碳冷却技术展望 ... 153

第7章 新能源汽车热管理技术与装备　　156

- 7.1 新能源汽车热管理与碳中和……………………………………156
- 7.2 储能电池及电池热管理…………………………………………161
- 7.3 新能源汽车空调低温热泵系统…………………………………165
- 7.4 新能源汽车热管理装备…………………………………………170
- 7.5 新能源汽车热管理技术的低碳发展……………………………177

第8章 干燥供热变革技术及系统　　181

- 8.1 干燥行业供热技术现状…………………………………………181
- 8.2 农产品热泵干燥的应用…………………………………………183
- 8.3 工业热泵干燥的应用……………………………………………196
- 8.4 污泥热泵干燥的应用……………………………………………202
- 8.5 热泵干燥技术发展展望…………………………………………203

第9章 "双碳"背景下制冷和热泵变革技术的发展　　206

- 9.1 "双碳"背景下我国的制冷和热泵低碳技术……………………206
- 9.2 制冷和热泵工质向低全球变暖潜能值化方向发展……………208
- 9.3 供热从燃料制热向热泵制热化方向发展………………………210
- 9.4 冷热量制取技术向适应全面电气化方向发展…………………211
- 9.5 制冷制热产品向绿色化及智能化方向发展……………………212

导　言

　　热力学第一定律说明能量守恒，并可相互转换，热力学第二定律说明能量转换具有方向性。具有不同温度的物体接触，热量会从高温物体自动向低温物体传递，但是，如果要使热量逆向传递，需要付出一定的功或者热的补偿。通过制冷技术，我们可以在低温下提取热量（制冷），通过做功可以得到品位提升后的热量，使其在高温下释放（供热），这也是热泵的工作原理。利用这一原理的案例有很多，例如，人类从冷库中提取热量排放到大气环境，就形成和维持了冷库的低温环境，可以为人类存贮食物和保存需要低温存放的物品；也是利用这一原理，人类发明了空调，在炎热酷暑的环境下营造出清凉舒适的室内环境，达到了制冷效应。如果从常温环境中提取热量，利用同样的原理使热量在更高的温度下释放，就可以提供高于环境温度的热量，满足人类对各种高品位热量的需求，这就是我们通常说的"热泵"。因此，利用同样的原理，通过做功在低温下提取热量、在高温下释放热量，从而制冷或制热，满足人类对低温或高温的需求，这就是100多年来传统的制冷学科和制冷行业的任务。这使得现代的冷藏冷冻技术和冷链产业为人类提供安全健康的食品，现代的空调技术和产业为人类提供舒适的室内环境，冷库、空调已成为现代社会的重要标志。实际上，制冷技术带给人类的远不止这些，上至太空舱下至深海潜艇的环境控制，大到超导技术，小至芯片制造，包括尖端武器和现代医学设施、能源领域的气体分离和液化天然气的制备，几乎所有的现代科学技术和现代产业都需要制冷技术营造特定的温度、提供特定的环境保障。

　　现在，党中央提出的以实现能源领域碳中和为目标的能源革命又给制冷学科和制冷产业提出了新的需求和挑战。现代社会的能源系统为用能终端提供电力、燃料和热力这三种形式的能源，能源革命就要彻底改变这三种能源的生产和转换方式。制冷技术在新的能源转换、储存和调节中起到了重要作用。

　　第一，热力供给。建筑和工业生产所需要的不同温度品位的热量大约占全社会能源总量的 30%，在我国目前以煤为主的能源结构中，热量制备大约消耗全社会非电用煤的一半以上。能源革命的主要任务是用零碳的可再生能源替代目前用于制备热量的化石燃料。现在普遍看好的技术路线就是利用热泵从空气、土壤、水体等自然界的低温环境热源，以及核电、垃圾焚烧、数据中心等人类活动排放的低温热源中提取热量，进一步将其提升至所要求的温度并转换为所需要的形态（蒸汽、循环热水、热风等），而驱动热泵所需要的电力又可以来自风、光、水、核等零碳电力，从而真正实现零碳热力。这样，热泵就将在很大的领域中替代目前的锅炉，成为在能源系统中起重要作用的能源转换装备。

未来的零碳电力系统面对的最大问题是大比例风电光电下有效消纳风、光、电所要求的储能和调节能力。由于热泵技术可以高效地把电力转换为热量，而储存热量的经济性要远优于直接储存电力或储存机械能（抽水蓄能、压缩空气储能等）。当能源利用的最终目的是提供热量时，先把电力转换为热量储存的经济性要远优于经其他的储能方式储能再转换为热量的方式。未来用于制备热量的电力将占到电力总量的 15%~20%，这样，由热泵构成的电－热转换设备就成为有效消纳风电光电的灵活负载，在电力调节中将起到重要作用。

第二，替代目前的化石燃料，零碳能源社会下的燃料将是氢和以氢为基础的合成燃料。制氢、储氢、氢的输送等将构成新的氢能产业。气体分离、气体压缩和气液转化等过程本来就属于制冷学科领域，其相关装备也是制冷行业的重要产品。氢能产业的兴起既为制冷学科提出了新的问题和挑战，也使制冷产业进入新的领域、迎来新的发展机遇。

由此，制冷行业不仅仅是以往的能源消费者，同时也承担了能源转换、能源储存任务，在新型零碳能源系统中扮演着重要角色。它既是未来热量的主要制备者，又在未来电力系统中起到储能和调节作用，还将在零碳燃料的产、储、运中发挥重要作用。

第三，全面电气化和再电气化是在零碳能源情景下用能方式的重大革命。电动车替代燃油车是其中的重要任务，车辆热管理是由于车辆电气化而带来的新问题。一方面是电池的热环境控制，使其在充放电过程中都处在适当的温度范围内，既保证严寒气候下车辆的正常运行，又可有效避免电池自燃自爆；另一方面则是保证车厢内环境的热舒适，既避免过冷过热，又要尽可能节省电能，从而为车辆行驶保留充足的电力。热泵恰恰是可以担当起车辆热管理重任的核心设备。电动车的兴起极大地激发了用于车辆热管理的相关热泵产业的发展。

制冷行业本身就是用电大户，气候变化将导致人类对空调制冷需求的飞速增加。信息化和 AI 技术的发展也加大了计算设备冷却的巨大需求。如何进一步提高能效，在空调、冷链和计算设备的冷却中消耗最少的能源，同时又尽可能回收这些过程中排放的低品位余热，使其转换为满足人类需求的各种不同品位的热量，这些既是几十年制冷行业面对的老问题、老任务，也是气候变化和社会与科技发展对制冷行业提出的新问题、新挑战。由于电力系统电源结构的巨大变化，节能不仅仅是节省电量，更需要降低瞬间最大功率，根据电力系统供需之间的变化灵活改变自身的用电功率。对电力系统来说，用电终端通过灵活调节以实现需求侧响应已经比单纯地降低总电量更为重要，这也为制冷系统传统的节能提效提出了新的课题和任务。

电驱动的压缩式制冷或热泵是依赖其内部的制冷工质循环实现从低温处取热并在高温下放热的基本功能。目前所使用的大多数制冷工质都属于温室气体，其全球变暖潜能值（Global Warming Potential, GWP）可达成百上千。目前中国每年消耗的制冷工质的等效温室气体效应已达数亿吨二氧化碳，这是制冷学科和制冷行业必须面对的又一大问题。研究低全球变暖潜能值的绿色工质替代现行的空调热泵中的制冷工质；开发使用水蒸气、氨和碳氢化合物等自然工质的制冷设备，以及研究吸收与吸附式制冷、声制冷、磁制冷、弹热制冷、半导体制冷等非压缩制冷和热泵方式，都是解决这些问题可以选择的技术路线，但都有待于理论和技术方面进一步的创新和突破。当然，怎样建立起严格的技术体系和管理体系，杜绝制冷工质在各环节可能的泄漏，在制冷设备检修与拆除中深度回收、利用或销毁过程中排放的制冷工质，则是又一个需要高度重视的解决途径。

制冷和热泵的问世已超过150年，现代科学技术的发展所带来的新需求一直在推动着制冷和热泵学科的发展。缓解气候变化的需要和能源革命的任务把这个传统学科一下子推到了风口浪尖，必须应对这些新挑战，完成这些新任务。同时，这些需求和挑战也是制冷学科与行业发展和腾飞的难得机遇，包括理论的创新、技术的开拓和人才的培养，当然也将培育出新的产业和新的业态。我国是制冷大国，按照产值计算，提供了全球制冷和热泵领域60%以上的产品。随着能源转型和低碳发展，我们应抓住机遇，不负使命，在这一新的发展与竞争中引领制冷领域的发展，从制冷大国成为制冷强国。这既是我国"双碳"战略的需要和制冷人的责任，也是制冷行业的期盼。

第1章 制冷和热泵技术与碳中和

全社会终端用能 50% 左右是冷热量，提供冷热量的制冷和热泵系统与产品的应用面非常广，但也消耗大量能源，产生大量二氧化碳和非二氧化碳温室气体。本章简述影响制冷和热泵行业的国家政策、国际公约和新技术发展现状与趋势，扼要介绍冷量、热量制取方法和特点，提出制冷产品总体节能潜力、冷热量制取的低碳问题、冷热量应用的低碳问题。为后续的工质、空调、热泵、冷链、干燥、新能源汽车、数据中心等章节作背景、原理和技术导论。

1.1 制冷和热泵领域碳排放及发展趋势

1.1.1 概述

能源是人类文明进步的重要物质基础和动力，攸关国计民生和国家安全。新一轮科技革命和产业变革深入发展，全球气候治理呈现新局面，生产生活方式加快转向低碳化、智能化，能源体系和发展模式正在进入非化石能源主导的崭新阶段。制冷和热泵低碳技术是加快构建现代能源体系，力争如期实现"双碳"的内在要求，推动实现经济社会高质量发展的支撑技术。

人民生活和工业生产需要大量冷量和热量，制冷和供热在国民经济和人民生活中发挥着重要作用。从热力学的角度考虑，制冷装置和热泵装置形式多样、各不相同，但是，它们的基本原理和循环路线是一样的。它们都是利用某种物质（制冷和热泵工质）的状态变化，从较低温度的热源吸取一定的热量，通过一个消耗功（或者热量）的补偿过程，向高温的热源放出一定的热量，如果关注制取的冷量称为制冷，如果关注制取的热量称为热泵。因此，制冷和热泵的热力学原理一样，从这个角度可以统称为制冷，根据用途可以涉及家用和工商业的空调、冷链、热泵、烘干、新能源汽车、数据中心等领域。

制冷与多种能量形式密切相关，同时制冷也渗透到物质、信息领域各个方面。能量的存在形式多样，根据物质的不同运动形式，能量可分为内能（热能）、机械能、化学能、电能、核能、辐射能、光能、生物能等。制冷和热泵系统不仅可以提供"冷"，也可以提供"热"；不仅消耗"电"，甚至与太阳能建筑一体化、燃料电池等结合，可以产生"电"。所以，制冷和热泵行业具有多元化的能源系统特点，也是非二氧化碳温室气体排放的重要来源。

制冷是20世纪100项最伟大发明之一。制冷、空调、热泵三者紧密联系、密切相关。人们的衣食住行离不开制冷，当代工业和科技也离不开制冷、空调、热泵。制冷行业的服务领域非常广泛，包括工农业生产和人民生活，诸如家电、商业、食品、国防、军工、航空航天、核工程、机械电子、化工、冶金、电力、交通、环保等领域。

我国是全球制冷空调产品制造第一大国、消费第一大国和国际贸易第一大国。我国生产的房间空调、冰箱、冰柜、工商制冷设备、汽车空调世界第一。制冷空调设备也是能源消耗的"大户"，其耗电量占全社会发电量的20%以上。以冰箱为例，全社会拥有冰箱量达4.29亿台，用电1252亿千瓦·时，三峡电站2021年累计发电1036.49亿千瓦·时，仅全国冰箱年耗电量就大于三峡年发电量。

我国也是当今全球最大的制冷和热泵工质消费国，消费量超过全球的50%，各类工质（氢氯氟烃类、氢氟碳化物、天然工质等）的年消费量超过35万吨，折合二氧化碳当量超过5.5亿吨。因此，制冷行业是当之无愧的能耗大户和二氧化碳排放大户，与我国"双碳"战略息息相关。

1.1.2 温室气体种类和排放概况

碳中和是指在一定时间内，直接或间接产生的温室气体排放总量，通过植树造林、节能减排等形式抵消自身产生的二氧化碳排放，实现二氧化碳的零排放。碳达峰是指碳排放进入平台期后，开始进入平稳下降阶段。

根据《联合国气候变化框架公约》（United Nations Framework Convention on Climate Change，UNFCCC）报告，温室气体种类有4类：①化石燃料燃烧和工业过程初级能源产生的二氧化碳；②土地利用、土地利用变化和林业产生的二氧化碳净排放量，如甲烷、一氧化二氮；③氟化气体，包括氢氟碳化合物、全氟化碳、六氟化硫和三氟化氮。

温室气体排放数据根据其时间范围和覆盖范围各不相同。在联合国政府间气候变化专门委员会（Intergovernmental Panel on Climate Change，IPCC）报告中，温室气体排放量从1990年开始评估（图1.1），2019年全球人为温室气体净排放量为（590±66）亿吨二氧化碳当量，比2010年高出约12%，比1990年高出54%。

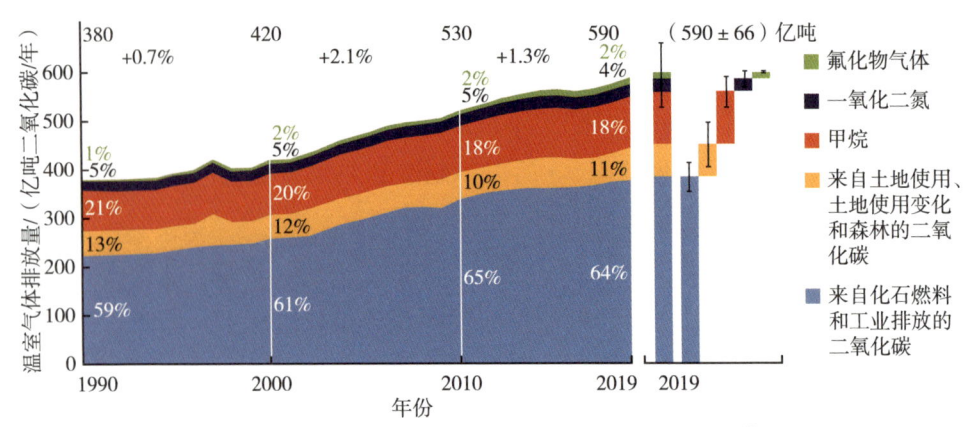

图 1.1　1990—2019 年全球温室气体净排放量总体情况

2010—2019 年的年平均值为（560±6.0）亿吨二氧化碳当量，比 2000—2009 年高出 91 亿吨二氧化碳/年。这是有记录以来 10 年平均排放量的最高增幅。平均年增长率从 2000—2009 年的 2.1% 放缓至 2010—2019 年的 1.3%。

2018 年全球温室气体排放量超过 550 亿吨二氧化碳当量，其中包括化石燃料利用、土地利用，非二氧化碳温室气体排放等。这些排放量最终被陆地碳汇吸收 31%，被海洋碳汇吸收 23%，剩余的 46% 滞留于大气中。中国能源领域碳排放总量大，是实现碳减排目标的关键，2019 年中国温室气体排放约 120 亿吨二氧化碳当量，其中二氧化碳排放约 98.26 亿吨，47% 在发电端，53% 在消费端。按行业来分，电热能源占 51%、工业制造业占 28%、交通业占 10%。

我国的制冷行业在全球具有很大的影响力，碳中和面临着压力大、任务重、时间紧的多重挑战。随着气候变化的加剧和全球气温的上升，制冷产品会加剧这一问题。制冷产品不仅消耗大量电力（制冷、空调和热泵设备估计消耗全球电力的 25%~30%），它们还依赖工质，如氢氯氟烃类和氢氟碳化物。氢氟碳化物是高全球变暖潜能值的温室气体，当它们从设备中泄漏或在设备报废后释放到大气中时，会迅速加剧大气变暖。

1.1.3　制冷系统碳排放评价方法

制冷和热泵系统是可以与冷、热、电和燃料，甚至与太阳能建筑一体化、燃料电池、产业园等结合在一起的多元化的能源系统，制冷系统的温室气体排放包含二氧化碳和非二氧化碳两类。系统运行过程中的碳排放包括直接碳排放和间接碳排放。

1）直接碳排放

一般包括两部分：一是燃烧碳基燃料进行制冷所导致的直接碳排放，如燃气、燃油、燃煤锅炉，以及直燃型吸收式制冷机组燃烧化石燃料所导致的碳排放等；二是制冷主机、热泵机组、空调器等使用制冷工质泄漏等导致的碳排放。

2）间接碳排放

主要是指制冷空调系统运行过程中消耗电力所导致的碳排放，可根据当地电力系统的碳排放因子进行计算。我国部分省级电网可以给出每日电网碳排放因子。大部分区域电网或省级电网均可给出过去一年的平均电力碳排放因子。因此，空调系统的间接碳排放可根据实际运行耗电量与电力碳排放因子的乘积进行计算。

制冷行业实现碳中和需要定量测算和评价碳排放指标。制冷产品环境评价的方法很多，可以基于全球变暖潜能值全寿命期气候性能（Life Cycle Climate Performance，LCCP）和总当量变暖影响（Total Equivalent Warming Impact，TEWI）的制冷系统环境影响评价，以及工质安全要求的标准（GB/T 9237—2017《制冷系统及热泵　安全与环境要求》）和工质回收的标准（ISO 11650：1999 制冷剂的回收和/或再循环设备）。生命周期评价（Life Cycle Assessment，LCA）是系统化地定量描述产品生命周期中的各种资源、能源消耗和环境排放并评价其环境影响的国际标准方法。生命周期评价已经纳入 ISO 14000 环境管理体系并成为国际上环境管理和产品设计的一个重要支持工具。我国 GB/T 33224—2016 标准《制冷和供热用机械制冷系统环境影响评价方法》采用生命周期评价，从产品原材料的获取、产品的生产直至产品使用后处置进行环境影响技术分析。

1.1.4　制冷系统碳排放构成及计算

能源包括原煤、原油、天然气、水能、核能、风能、太阳能、地热能、生物质能等一次能源，一次能源通过加工转换会产生焦炭、煤气、电力、热力、成品油等二次能源。能源消费总量是指一定地域内，国民经济各行业和居民家庭在一定时期消费的各种能源的总和，它通过能源综合平衡统计核算，即编制能源平衡表的方法取得。在核算过程中，一次能源、二次能源消费不能重复计算。能源强度是指单位国内（地区）生产总值能耗（简称单位 GDP 能耗），即一定时期内一个国家（地区）每生产一个单位的国内（地区）生产总值所消费的能源。

党的二十大报告提出，完善能源消耗总量和强度调控，重点控制化石能源消费，逐步转向碳排放总量和强度"双控"制度。能耗"双控"主要指能源消费总量和强度的"双控"，碳排放"双控"主要是指二氧化碳排放总量和强度的"双控"。能耗"双控"和碳排放"双控"需要明细能源系统的消耗和碳排放的计算方法。

以一个多能源的制冷空调系统为例，说明这个系统（产品）碳排放影响因素和减少碳排放的措施,这个系统有制冷(如冰箱、空调机组、冷柜、热力制冷等)和制热(如煤炉、气炉、油炉、电驱动热泵、燃气热泵、电热等)功能。这个能源系统输入有电网市电、煤、燃气、燃油等,都有碳排放。因此,这个能源系统的间接碳排放包括使用电网电力驱动电器耗电所排放的二氧化碳,直接碳排放燃料燃烧产生的二氧化碳排放,还有因制冷工质泄漏和维修、拆除排放导致的温室气体排放。

碳燃料燃烧产生热能,与燃料热值、燃烧效率和锅炉效率有关。1千克标准煤的低(位)发热量等于29.30兆焦,常用燃料的燃烧热值见表1.1。

表1.1 常用燃料的燃烧热值

单位：兆焦/千克

燃料名称	燃料热值
焦炭	25.12～29.308
无烟煤	25.12～32.65
烟煤	20.93～33.50
柴油	46.04
煤油	43.11
汽油	43.11
天然气	36.22
氢气	143
焦炉煤气	18.26
水煤气	10.05～10.87
沼气	18.85
液化石油气(液态)	45.22～50.23
电能	3.6

电网电力由火力发电、水电、核电、风电、光伏发电等构成,火力发电厂是燃烧化石燃料,会产生二氧化碳,1千瓦·时(煤电)的二氧化碳排放因子是0.997千克,而用电器是使用电网电力,电网电力二氧化碳排放因子是电网平均排放因子,与电网电力构成有关,国家电网和重点行业每年会发布不同的电网平均排放因子。《企业温室气体排放核算方法与报告指南 发电设施(2021年修订版)》(征求意见稿)将全国电网2020年平均排放因子0.6101千克二氧化碳/千瓦·时调整为2021年度的0.5839千克二氧化碳/千瓦·时。我国电网2011年为0.8967千克二氧化碳/千瓦·时、2015年为0.785千克二氧化碳/千瓦·时,预计2030

年为 0.498 千克二氧化碳 / 千瓦·时，2060 年为 0.05 千克二氧化碳 / 千瓦·时。

制冷和热泵工质泄漏产生的直接排放是指在制冷系统使用年限内，因制冷工质泄漏导致的二氧化碳排放当量为：$GWP \times G \times \beta$，其中 G 为制冷工质的初始充注量，单位为千克；β 为制冷工质排放比，是指在使用年限内制冷工质的年总泄漏量与初始充注量之比，其总泄漏量是指因密封不严导致的泄漏，以及因拆卸、维修时未进行回收而直接排入大气的制冷工质总量，单位为千克 / 千克。

碳燃料燃烧产生的二氧化碳排放和碳排放量不同，转换关系是 44 : 12。完全燃烧 1 吨纯碳产生 3.67 吨二氧化碳，完全燃烧 1 吨标准煤产生 2.493 吨二氧化碳。不同化石能源二氧化碳排放因子的选取可以参考联合国政府间气候变化专门委员会公布的能源工业排放因子计算。常用燃料燃烧产生的二氧化碳排放因子见表 1.2。

表 1.2 常用燃料燃烧产生的二氧化碳排放因子

单位：千克二氧化碳 / 千克

燃料名称	二氧化碳排放因子
燃煤	2.493
焦炭	3.138
煤炭	2.868
天然气	1.639
石油	2.137
汽油	3.15
柴油	3.06

目前大多数制冷产品使用的冷却设备采用的是电动蒸汽压缩制冷技术，这种设备与能源有关的排放受到各种因素的影响，包括能源来源、产品的能源效率和使用行为。当电力来源不全是可再生能源时，间接排放将与产品的使用情况有关。

家用空调生命周期碳排放表明，大部分碳排放集中在使用阶段，使用阶段 67% 的碳排放来自电力使用，23% 来自制冷工质的泄漏。汽车空调生命周期碳排放计算模型发现，当使用全球变暖潜能值低的制冷剂 R152a 和 R1234yf 替代 R134a 时，碳排放分别降低 22%~32% 和 17%~29%。

制冷产品工质产生的碳排放只占寿命期排放量的一部分。在使用、维修以及设备报废时，设备工质的泄漏会产生直接排放。不同制冷设备差异较大，当使用超低全球变暖潜能值制冷工质（如自然制冷工质）时，直接排放可以大幅度降低。同时，也需要关注制冷工质生产有关的高排放。据测算，每生产 1 千克 HFO-1234yf

工质至少会产生 13.5 千克二氧化碳排放，每生产 1 千克氨会产生 1 千克二氧化碳排放，每生产 1 千克工质级别的二氧化碳会产生 0.5 千克二氧化碳排放。

减少碳排放方法是：提高产品的能效比；降低系统的冷热负荷，更多使用自然冷热源；减少制冷工质泄漏，减少制冷工质充注，采用低全球变暖潜能值制冷工质；电网电力的低碳化、绿色化，更多采用可再生能源供给；化石燃料会产生碳排放，减少或者杜绝化石燃料的使用，可采用绿色燃料（如氢气、氨气）；等等。

1.2 制冷领域有关的国际公约和国家政策

国际上已有 130 多个国家和地区承诺实现碳中和，其中大部分将实现碳中和的目标期限定为 2050 年。对于能源消耗量占全球大部分份额的世界各主要经济体来说，2050 年实现碳中和都是一个极具挑战性的目标。

我国相继出台了《中共中央 国务院关于完整准确全面贯彻新发展理念做好碳达峰碳中和工作的意见》《2030 年前碳达峰行动方案》《科技支撑碳达峰碳中和实施方案（2022—2023 年）》《完善能源消费强度和总量双控制度方案》等 10 多个政策法规，提出了《企业温室气体排放核算方法与报告指南 发电设施（2021 年修订版）》《高耗能行业重点领域能效标杆水平和基准水平（2021 年版）》、GB 55015—2021《建筑节能与可再生能源利用通用规范》、GB/T 41152—2021《城市和社区可持续发展 低碳发展水平评价导则》等 24 个行业的具体指标。

为应对气候变暖，全球都在行动。近 30 年来国际社会不断颁布各种政策和法规，以求提高能源使用效率，缓解环境恶化。《联合国气候变化框架公约》为全球应对气候变化制定了明确目标，2016 年 11 月正式生效的《巴黎协定》具有标志性意义，为 2020 年后全球应对气候变化行动作出了安排，主要目标是到本世纪末将全球平均气温较工业化前水平升高幅度控制在 2℃ 以内。2020 年以来，国外发达国家已经通过制订面向碳中和的战略计划，新加坡公布了《2030 年新加坡绿色发展蓝图》，日本颁布了《革新环境技术创新战略》《2050 年碳中和绿色增长战略》，美国发布了《清洁能源革命与环境正义计划》《变革性清洁能源解决方案》，英国以《绿色工业革命的十点计划》为基础推出《净零创新组合计划》等。

制冷领域的"双碳"工作，与制冷工质不断研发和逐步使用过程中节能减排降碳工作一直是制冷领域的前沿课题。1974 年，科学家首次发现氯氟烃类制冷工质能破坏大气臭氧层。1985 年，国际社会制定了保护臭氧层的《保护臭氧层维也纳公约》。1987 年 9 月通过了《关于消耗臭氧层物质的蒙特利尔议定书》（简称

《蒙特利尔议定书》），明确规定了相关制冷工质的使用截止日期。其后，又数次对《蒙特利尔议定书》的内容进行修正，以解决氯氟烃类和氢氯氟烃类制冷工质造成的臭氧层空洞的问题。同时，随着氯氟烃类制冷工质的逐步淘汰，促进了保护臭氧层的制冷工质的出现，其主要代表为氢氟碳化物类制冷工质（1990—2010年，以 R123、R134a、R410A 为代表），但氢氯氟烃类只能作为过渡制冷工质在短期内使用，因为这些工质具有很大的温室效应。

为了有效缓解全球变暖情况的恶化，自 1995 年起，《联合国气候变化框架公约》缔约方每年召开缔约方会议，以评估应对气候变化的进展。1997 年，《联合国气候变化框架公约的京都议定书》（简称《京都议定书》）明确规定了全球变暖潜能值较高的氢氯氟烃类、氢氟碳化物等制冷工质的生产及使用期限。2014 年，欧盟对氟化气体法规进行了修改，新氟化气体法规对新空调产品中具有高全球变暖潜能值的氢氟碳化物给出了使用禁令。

2016 年 10 月，《基加利修正案》将氢氟碳化物纳入《蒙特利尔议定书》管控范围。氢氟碳化物本身不是消耗臭氧层物质（Ozone Depleting Substances，ODS），但氢氟碳化物是温室气体，具有高全球变暖潜能值。《基加利修正案》开启了协同应对臭氧层耗损和气候变化的历史新篇章，使开发安全高效、臭氧消耗潜能值（Ozone Depletion Potential，ODP）值为 0，全球变暖潜能值较低的绿色环保制冷工质成为紧迫任务。

《基加利修正案》确认，在氢氟碳化合物逐步淘汰期间，制冷和空调设备的能效同时提高。氢氟碳化合物将快速淘汰，国家在制冷和空调设备中用低全球变暖潜能值的商业替代品广泛替代了高全球变暖潜能值的氢氟碳。每个国家对替代制冷工质的选择可能取决于能效、成本、制冷工质的毒性和可燃性。这些需要国家和地区法规来推动技术创新和发展。

1.3 低碳技术和未来能源发展趋势

联合国政府间气候变化专门委员会提出了 2030 年前全球减排技术和减少温室气体的量及成本发展趋势。未来全球碳中和能源系统流程见图 1.2。能源供给侧包括太阳能、风能、核能、水电、地热，还有少量的煤、油、气等；能源使用侧包括电力、燃料和热能，全球能源 367 艾焦（1 艾焦 =1×10^{18} 焦），包括工业领域 133 艾焦、住宅和商业用 137 艾焦、交通领域 97 艾焦。

我国的能源结构决定了我国碳中和战略走向，能源系统"源网荷储"各环节共同发力，加快推进能源供给"三化"（多元化、清洁化、低碳化）和能源消费"三化"

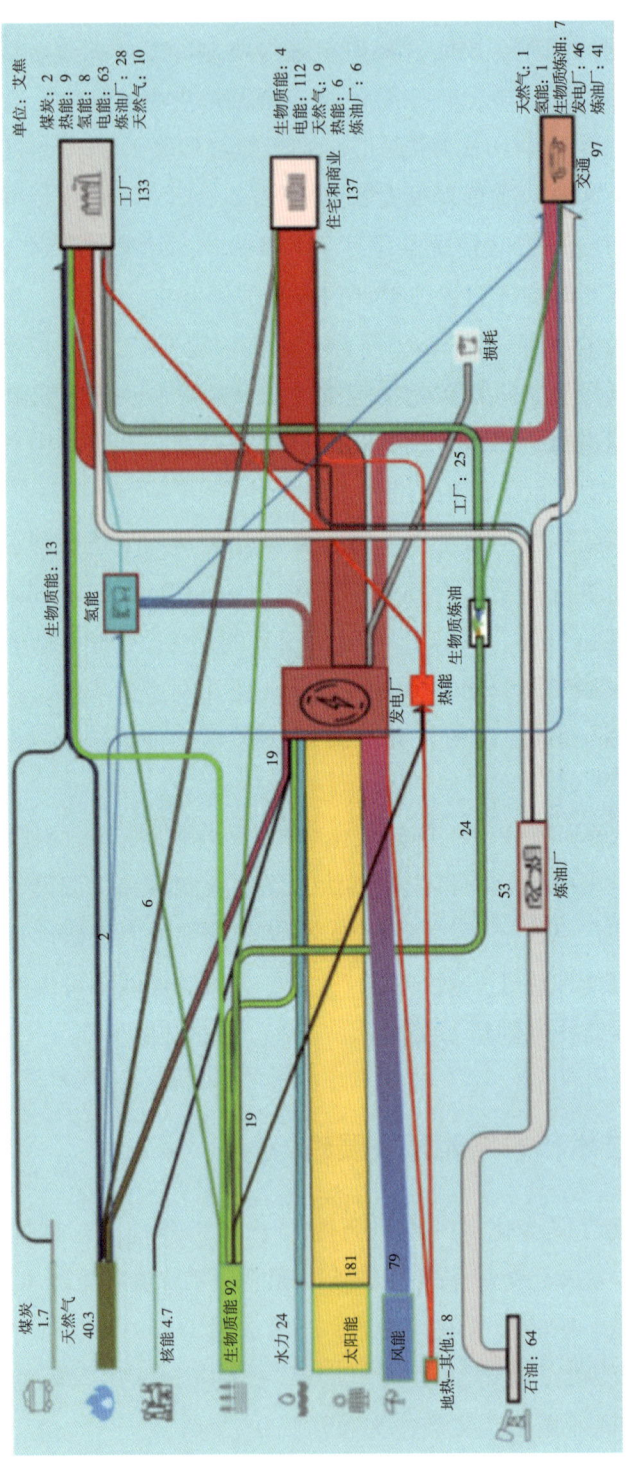

图 1.2 未来全球净零排放能源系统流程图

（高效化、减量化、电气化）。发电端主要构筑无碳电源系统，消费端主要构筑用电、用氢能、地热等。制冷空调属于能源消费侧，需要全面推进电气化和节能提效。

电力将会成为未来能源系统的主要供能方式。终端能源用户需尽快全面电气化，尽可能少用燃料、多用电。这种变化将导致能源领域的整个链条发生变化，以往的过程是燃烧燃料产生热能，热能驱动发电机产生电能，电处于最后一个环节。未来，电力会成为一次能源，可以直接使用，而用户侧的冷热量则需要由电动制冷、电驱动热泵或电力供热来提供，成为能源转换链的最后一个环节。

热量脱碳，实现零碳供热，是碳中和的重要任务之一。目前，我国18%的燃煤和40%的天然气用于产生热水或低压蒸汽，为建筑供暖和非流程制造业（纺织、印染、造纸、食品、制药、喷涂、干燥等）提供温度低于150℃的热量，占我国24%的二氧化碳排放份额。因此，除电力系统和生产过程脱碳外，实现建筑供暖和非流程制造业所需的150℃以下的热量脱碳成为实现碳中和的重点任务之一。

1.4 冷热量制取技术原理和方法

1.4.1 冷热量的供给及应用

1.4.1.1 冷量、热量、制冷量和制热量

冷量和热量都属于热能，是能量的重要形式。根据传热方向和服务对象来区分冷量和热量，如果热量（Q）对服务对象是发生冷却，称为冷量（Q_c），反之称为热量（Q_h）。冷量和热量的品位是由温度（T）的高低决定，大小是根据介质传热前后的焓差（ΔH）确定，传热学中称为传热量。

除天然的冷热外，大量的冷热量需要人工方式制取，人工制冷可以同时产生热量，人工方式需要机器或者装置，其制取的冷量称为制冷量，制取的热量称为制热量。制冷量可以直接冷却服务对象或者通过载冷剂间接冷却服务对象，同样原理制热量也可以直接或者通过介质间接加热服务对象。

制冷量通过载冷剂送往被冷却对象，常用的有水、空气、盐类溶液和有机化合物及其水溶液。水可用来输送0℃以上的冷量，盐水溶液可用来输送0℃以下的冷量。某些有机化合物，如乙二醇水溶液、二氯甲烷、三氯乙烯等具有较低的凝固温度，可用作温度较低场合的载冷剂。冷水机组的载冷剂通常是水或者盐水，冷库和空调机组的载冷剂通常是空气。

1.4.1.2 燃料热量的类别和作用

碳燃料燃烧产生热量，可以发电，也可以供热，或者两者兼备。常用燃料有煤、油、气以及生物质燃料等，均不同程度产生二氧化碳排放。不同温度等级的

热量应用场所也不一样。热量在取暖、烘干、冶炼、蒸煮、结晶、促进化学反应等领域可以满足人类生产和生活的需要。热量的输送与冷量输送类似，常用类似载冷剂的二次介质进行传送，对载热介质要求与载冷剂类似。

我国工业能耗占全国终端能源消耗的49%。据统计，2021年用于加热<80℃的热量需求为21.1亿吉焦，80~160℃的热量需求为21.0亿吉焦。供热温度在80~160℃的应用场景包含PCB生产、电镀、光纤生产、涂装、纺织印染、医药、食品厂、石油与煤炭、塑料橡胶等诸多工业场景。

目前我国的能源结构会产生大量的热量，也会产生大量的二氧化碳。我国燃煤的60%用于发电和热电联产，每年为社会提供8.5万亿千瓦·时的电力和1.5万亿千瓦·时的热量（蒸汽和循环热水），余下的40%燃煤分为两种类型，其中22%作为能源或原材料用于冶金、有色、建材、化工等流程产业，18%燃煤通过中小规模的锅炉产生循环热水或低压蒸汽，为建筑采暖和非流程制造业（纺织、印染、造纸、食品、制药、喷涂、光纤、印刷等）提供温度低于150℃的热量。这样，燃煤消耗总量和燃煤导致的碳排放总量的23%都用于150℃以下的中低品位热量的制备。此外，我国每年消耗的3300亿标准立方米天然气中，有40%用于建筑采暖和上述非流程制造业的热量制备。使用燃煤、燃气导致的二氧化碳排放总量的约24%是为了向建筑和非流程制造业提供150℃以下的中低品位热量。

1.4.2 冷量的制取及制冷技术

冷量获取的方法主要有两种：天然制冷和人工制冷，天然制冷一般不产生碳排放，人工制冷将产生不同程度的碳排放。天然制冷的冷量从天然冷源中获取，如天然水体、地道风、土壤、天然冰雪等，一般能获得0℃以上的温度。天然冷源具有价廉、不需要复杂技术设备等优点，在食品冷藏保存、寒冷地区数据中心冷却、建筑空调过渡季节通风降温等方面得到应用。

人工制冷有相变制冷法（液体气化法、固体升华法）、气体膨胀法、热电法、固体绝热去磁法等，不同制冷方法适用于获取不同的温度。当天然冷源不能满足人们对冷量的品位或者数量需求时，需要人工制冷。人工制冷借助于制冷装置，以消耗机械能或电磁能、热能、太阳能等形式的能量为代价，把热量从低温系统向高温系统转移而得到低温，并维持这个低温。换句话说，制冷是从低于环境温度的空间或物体中吸取热量，并将其转移到温度高于它的介质中去的过程。制冷装置是一部逆向工作的热机。由于热量只能自发地从高温物体传给低温物体，因此制冷的实现必须包括消耗能量的补偿过程。

1.4.2.1 压缩式制冷技术

压缩式制冷是一种常用人工制冷方式,制冷机内的制冷工质经历压缩、冷凝、节流、蒸发过程,实现制冷运行,主要有活塞式、滚动转子式、涡旋式、离心式、螺杆式制冷机。图 1.3 是螺杆水冷冷水机组系统图,其制冷原理为制冷压缩机将蒸发器内的低压、低温的气态工质吸入压缩机内,经过压缩机的压缩做功,使之成为压力和温度都较高的气体,然后排入冷凝器。在冷凝器内,高压、高温的制冷工质气体与冷却水或空气进行热交换,把热量传给冷却水,气态工质凝结为液体。高压液体再经节流阀降压后进入蒸发器。在蒸发器内,低压制冷工质液体气化,而气化时必须吸取周围介质(如载冷剂水)的热量,从而使载冷剂的温度降低,这样就制取了所需低温冷水。蒸发器中气化形成的低压、低温的气体又被制冷压缩机吸入压缩,这样周而复始,不断循环,连续制出冷的低温水。

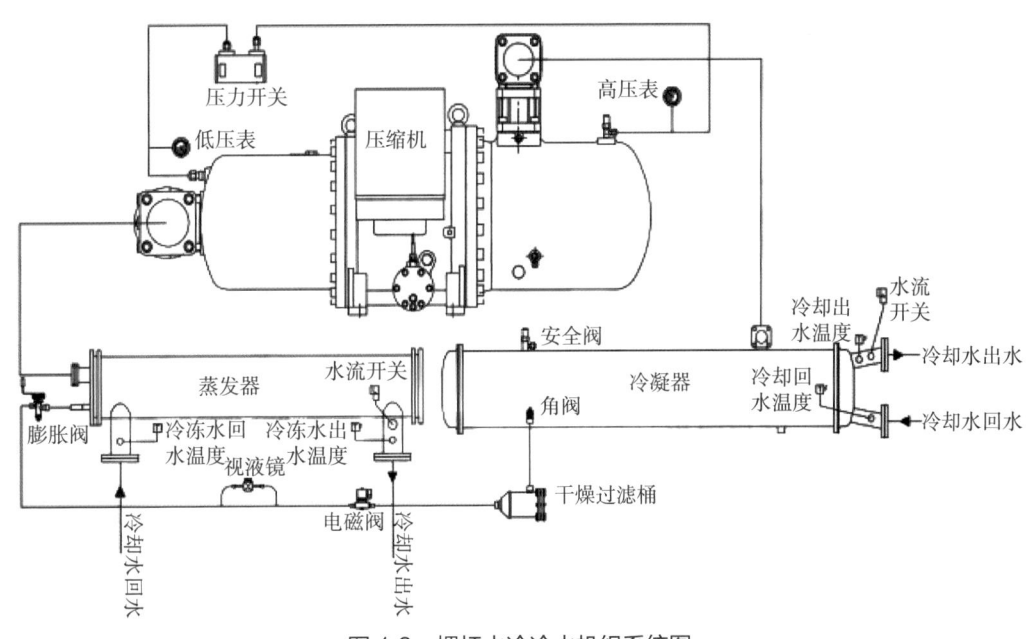

图 1.3 螺杆水冷冷水机组系统图

压缩式制冷的性能系数用制冷量与耗功之比表示,性能系数越大,其经济性越好。性能系数与制冷循环路线和工质等因素有关,常常通过提高蒸发温度、降低冷凝温度、缩小传热温差、降低流动阻力等措施提高性能系数。

1.4.2.2 吸收式制冷技术

吸收式制冷与蒸汽压缩制冷原理类似,如图 1.4 所示,溴化锂吸收式制冷系统有四个主要部件:发生器、冷凝器、蒸发器和吸收器。为了提高热力系数,设

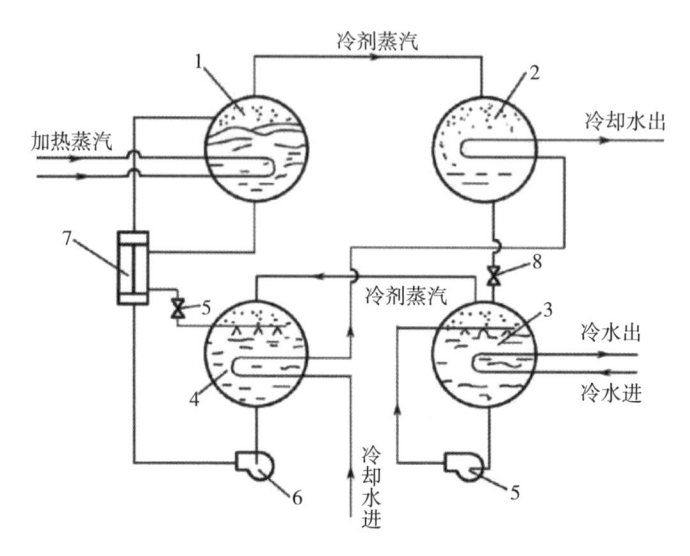

1. 发生器；2. 冷凝器；3. 蒸发器；4. 吸收器；5. 冷剂泵；
6. 溶液泵；7. 热交换器；8. 节流阀

图 1.4 溴化锂吸收式冷水机组工作系统图

有溶液热交换器。为使装置连续工作，装有屏蔽泵（发生器泵、吸收器泵和蒸发器泵）及相应的连接管道、阀门等。溴化锂吸收式制冷是利用"溴化锂－水"组成二元溶液为工质来完成制冷循环的，其中水为制冷工质，溴化锂为吸收剂。溴化锂机组的工作过程包括两部分：一是冷剂循环，发生器中产生的冷剂蒸汽在冷凝器中凝结成冷剂水，经节流后进入蒸发器，在低压下吸热蒸发，产生冷效应；二是溶液循环，从发生器出来的浓度较高的溴化锂溶液，经节流和冷却，在吸收器中吸收产生冷效应后的冷剂蒸汽使制冷过程不断进行。溴化锂溶液吸收冷剂蒸汽后，浓度降低，由溶液泵输送，重新进入发生器。溶液循环部分类似压缩式制冷机组中的压缩机。

溴化锂吸收式冷水机组产品的发生器与冷凝器通常密封在一个筒体内，称为高压筒；蒸发器和吸收器密封在另一个筒体内，称为低压筒。高压筒和低压筒通过 U 形管及溶液管道连接。

吸收式制冷的性能系数 COP_c 是制冷量与发生器的加热量之比，也有用热力系数 ζ_c 表示。

1.4.3 热量的制取及热泵技术

1.4.3.1 热泵制取热量原理

人类制取热量主要来自燃料化学能、核能、太阳能、地热能、热泵。燃料化学能包括固态的煤、液态的石油或气态的天然气，都是通过燃烧将化学能释放热能，以热量形式供人类利用。核能利用是将原子核能转变为热能，燃料化学能和核能都是间接向人类提供热能形式的热量。太阳能、地热能、热泵是直接提供热量。

我国 50%~70% 的工业能耗都是以热能形式消耗的，热能占能源相当大的比例。未来，煤、油、气等能源将大幅度减少，绿色电力大幅度增加，低碳制热最好的方法就是电驱动热泵。热泵通过利用空气、地下土壤、湖水、污水、工业排热的低温热能实现高效供热，低温热源温度越高其能效比越高。热泵最早应用于民用供热，在经过热泵容量、效率、温度提升能力和输出温度的不断提升后，热泵技术已经开始应用于农业和工业等领域的热水与蒸汽制备、工业生产的化石能源替代和轨道交通供热等。例如农产品干燥、彩色印刷干燥、肉类加工厂制取生产用热水和蒸汽，电镀、喷漆工艺的热需求。工业制热最好的方法是电驱动热泵。热泵会使制冷行业发挥越来越大的作用，制冷行业不只提供冷源，未来同时也提供大量热源。

从热力学的角度来说，热泵与制冷循环一样，利用某种物质（热泵工质）状态变化，从较低温度的热源吸取一定的热量，通过一个消耗功（或者热量）的补偿过程，向高温的热源放出一定的热量。热泵是一种充分利用低品位热能的高效节能装置，是一种基于制冷技术的供热设备。

常用的热泵分为蒸汽压缩式热泵和吸收式热泵。常用的热泵系统的工作原理与制冷系统的工作原理是一致的，热力学上都属于逆卡诺循环。

1.4.3.2 蒸汽压缩式热泵和吸收式热泵系统流程

蒸汽压缩式热泵系统流程与蒸汽压缩式制冷系统一样，其系统组成和部件可以参考制冷系统。对于制取高温的热泵（高温热源大于 90℃）或者低环境温度热源热泵（低于 –15℃），可以采用双级压缩式热泵、补气增焓热泵、复叠热泵或者二氧化碳跨临界循环热泵等，典型的补气增焓热泵系统工作流程见图 1.5，二氧化

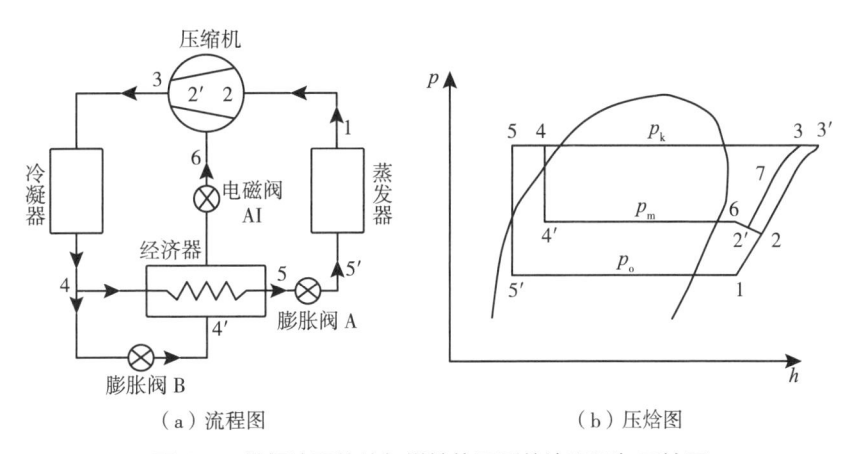

（a）流程图　　　　　　　　　（b）压焓图

图 1.5　带经济器的补气增焓热泵系统流程图与压焓图

碳跨临界热泵系统工作流程见图1.6。

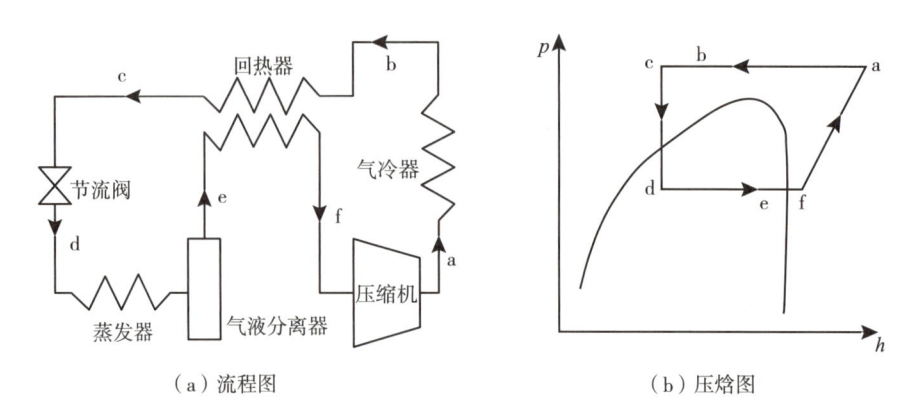

图1.6 二氧化碳跨临界循环热泵系统流程图与压焓图

吸收式热泵是由发生器、吸收器、冷凝器、蒸发器、节流阀以及溶液泵等组成。吸收式热泵有两类，分别是第一类吸收式热泵和第二类吸收式热泵。

第一类吸收式热泵又称增热型热泵，是利用少量的高温热源（如蒸汽、高温热水、可燃性气体燃烧热等）为驱动热源，产生大量的中温有用热能。即利用高温热能驱动，把低温热源的热能提高到中温，从而提高了热能的利用效率。第一类吸收式热泵的性能系数大于1，一般为1.5~2.5。如图1.7所示蒸汽型吸收式热泵即为第一类吸收式热泵。

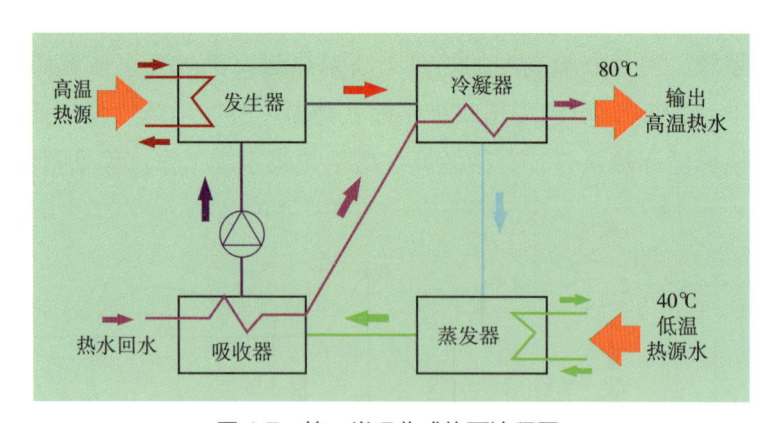

图1.7 第一类吸收式热泵流程图

第二类吸收式热泵又称升温型热泵（流程图见图1.8），是利用大量的中温热源产生少量的高温有用热能。中低温热能驱动利用中温热源和低温热源的热势差，虽然制取热量少，但是温度高的热量将部分中低热量转移到更高温位，从而提高了热源的利用品位。第二类吸收式热泵性能系数总是小于1，一般为0.4~0.5。

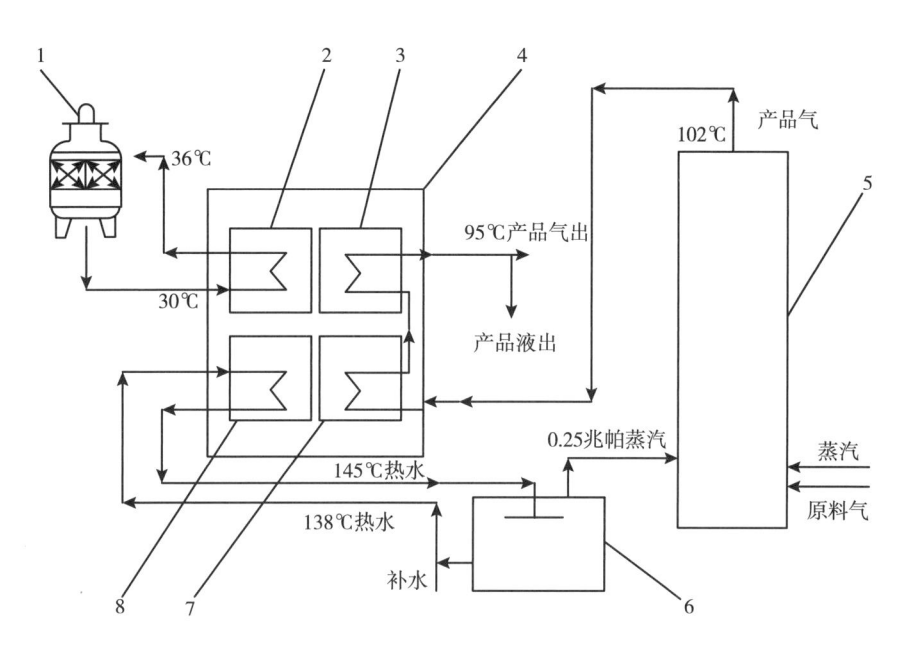

1—冷却塔；2—冷凝器；3—发生器；4—热泵装置；5—热源用户；6—闪蒸器；7—蒸发器；8—吸收器

图1.8 第二类吸收式热泵流程图

两类热泵应用目的不同，工作方式也不同。

1.4.3.3 热泵性能系数

热泵供热可以高效满足150℃以下的各类热量需求，助力实现零碳热量供给。回收利用余热，实现零碳热量供给，这是热泵技术的优势。我国电力、流程工业和数据中心等年产余热约200亿吉焦，如果利用热泵技术回收其中的70%，就可以满足城镇建筑供暖和非流程制造业的热量需求，并减少17.2亿吨供热碳排放。

压缩式热泵的性能一般用热泵的性能系数（COP_{hp}）来评价。热泵的性能系数的定义为由低温物体（T_l）传到高温物体（T_h）的热量（Q_h）与所需的动力（P）之比。根据工况不同，热泵的性能系数为3~6，也就是说，热泵能够将自身所需能量的3~6倍的热量从低温物体传送到高温物体。因此，热泵实质上是一种热量提升装置，可以使热量倍增，并提升温度，实现热泵节能。

吸收式热泵的性能也可以用热泵的性能系数来评价，吸收式热泵的性能系数为获得的热量（Q_h）与所需的驱动热量（Q_g）之比，有时也用热力系数 ζ_{hp} 表示。

1.5 制冷、空调、热泵的区别和联系

制冷与空调是相互联系的两个领域，但它们分属两个不同的学科，也有各自

的范围。空调是对某一特定空间内的空气温度、湿度、空气流动速度、噪声、气压、清洁度、新鲜度等进行调节和控制,达到并保持满足人体舒适和工艺过程的要求。空调不但要研究并解决对空气的各种处理方法(如加热、加湿、干燥、冷却、净化等),而且要研究和解决空间内、外干扰量的计算,空气的输送和分配,为处理空气所需的冷热源以及在干扰变化情况下的运行调节问题。

热泵和制冷设备为空调提供空气处理所需要的冷量和热量,例如热泵产生的热量可用于空气的加热处理,制冷设备产生的冷量可用于对空气的冷却和干燥处理。

热泵与制冷的相同点是热力循环一样,都属于逆卡诺循环。两者的不同点主要有两点:①两者的目的不同。为了获得高温(制热工况)的热量称为热泵,为了获得低温(制冷工况)的冷量称为制冷机。②两者的工作温度区不同。高温热源或低温热源是相对于环境温度,热泵将环境温度作为低温热源,制冷机是将环境温度作为高温热源。如果环境温度相同,热泵的工作温度区明显高于制冷机。当一个装置同时实现制热与制冷功能时,这种装置高温热源(冷凝器)供热用于制热,低温热源(蒸发器)吸热用于制冷,这种联合装置既可称热泵,也可称制冷机。

制冷驱动方式主要包含电驱动和热驱动,电驱动包括常见的蒸汽压缩式制冷、热电制冷及磁制冷、电卡制冷等。热驱动又可分为热能驱动(如吸收式制冷、蒸汽喷射式制冷、吸附式制冷)及发动机驱动(如内燃机驱动、汽轮机驱动等)。

热泵驱动方式分为电驱动热泵和热驱动热泵。按照热力学循环形式可分为蒸汽压缩式热泵、气体压缩式热泵、蒸汽喷射式热泵、吸收式热泵、热电式热泵、太阳能热泵、化学热泵和吸附式热泵等。按照低温热源与供热介质的组合方式可分为空气-空气热泵、空气-水热泵、水-水热泵、水-空气热泵、地热-空气地源热泵和土壤热源-水热泵等。

性能系数是评价热泵和制冷机的指标,在相同的高温热源和低温热源下,电驱动热泵和制冷机的性能系数之间的关系为:$COP_{hp}=COP_c+1$,COP_{hp}是热泵的性能系数,COP_c是制冷机的制冷系数。由此可以看出,热泵的性能系数常常高于1,热泵从低温热源吸取热量,附加驱动电功,高温热源获得电功COP_{hp}倍的热量。

制冷工质和热泵工质的要求类似,随着"双碳"战略的不断推进,各国均致力于新型工质的开发,提高制冷和热泵的性能系数,有效利用能源,不破坏大气臭氧层,温室效应低。

1.6 我国制冷行业的发展与节能减排

1.6.1 我国制冷行业现状

2021年，我国制冷空调行业（包括工商制冷空调设备及配件，家用电冰箱、冷柜、房间空调器等，但不包括家用制冷空调配件及配套设备）的工业总产值约7600亿元。如果加上家用制冷空调配件及配套设备及其相关行业，如冷链物流、数据中心、汽车空调和装备制造等，工业总产值超过1万亿元。

现在使用制冷工质大多具有较大的温室效应。制冷工质泄漏导致的排放是我国温室气体排放的重要组成部分。政策管控是制冷工质减排的重要途径。目前，制冷行业制冷工质使用主要受《基加利修正案》等措施限制。

当前，制冷空调行业碳中和意识渗透到行业各个环节，正处于转型发展阶段，从原材料采购、零部件生产、总装生产线、物流运输、使用、回收等全周期寿命中都得到体现。制冷空调行业面临优化产业结构和能源结构。通过采取环保制冷工质替代、拓宽热泵应用范围、强化电动汽车热管理、大力推广冷链物流管理、出台和执行产业促进节能减排的政策与法律法规等措施，为我国和世界碳中和目标的达成贡献中国方案。

1.6.2 制冷产品的节能减排潜力

能源基金会《中国制冷空调产品节能减排潜力研究》显示，29种量大面广的制冷空调产品年总用电量高达1.35万亿千瓦·时，约占全社会用电量的18.6%，排放量约为7.65亿吨二氧化碳当量。从节能潜力分析结果看，未来10年，按照《绿色高效制冷行动方案》，可实现的累计节电量为22618亿千瓦·时、减排量为11.23亿吨二氧化碳当量。

从制冷空调行业5大领域耗电量占比情况看，家用电冰箱和家用空调耗电量约占制冷空调行业总耗电量的44.72%。从节能潜力看，家电领域节能潜力最大，节电量约占34.8%，其次是工商制冷、工商空调、电子通信领域空调和交通运输空调领域。其中，最具节能潜力的3种产品分别是房间空调器、多联式空调机组、自携冷凝机组商用冷柜，节电量分别占29种产品总节电量的21.9%、12.3%、10.5%。

能效标准的制修订大幅提升了节能环保指标，促进了技术升级，主要包括新能源汽车推广、绿色数据中心、清洁采暖工程、绿色冷链物流和绿色冬奥会等，涵盖了冷库、自携式陈列冷柜、冰箱（柜）、速冻设备、厨房冰箱、冷藏集装箱、远置式制冷陈列柜、饮料冷柜、冷藏车、制冷自动售货机、商用制冰机、机房空调、基站空调、热泵热风机、采暖用热泵热水机（器）等50多个用能产品和设备。

制冷空调产品能效提高的方法包括开发高效制冷部件、提升制冷系统流程设计及智能运行控制等。变容量控制可以提升部分负荷能效，利用变频、补气增焓等技术，通过人工智能、大数据等先进控制算法实现系统自动化和智能化，提升系统运行维护水平，降低运行能耗。

1.7 制冷和热泵技术发展的若干问题

1.7.1 冷热量制取的低碳问题

当前，冷热量制取都会产生不同程度的碳排放。未来，在新能源电力供应系统大背景下，研发推广制冷空调系统的"光储直柔"技术非常重要。采用直流电驱动的制冷空调系统具有效率高、成本低、可靠性好的优势，因此无须交流与直流的转换环节。为了适应新能源电力供给系统波动性大、间隙供电的特点，直流驱动的制冷系统需要具备"荷随源变"等一些特殊的性能。

热泵应用于余热回收具有巨大的应用前景，但也面临着很多挑战，主要包括余热和用热在温度、空间和流程上的匹配度，高温输出、远距离热输送和流程的优化。工业热泵的功率远高于家用热泵的功率，工业热泵应用于余热回收时需要考虑投资回收属性。

热量是建筑业、农业、工业和交通运输业等行业中的重要能量需求形式。在碳中和过程中，化石能源逐步被可再生电力取代后，这些热需求就需要热泵或电加热提供。热泵可以利用低温热能实现高效供热，其效率远高于电加热，热泵成为提升可再生电力利用效率和满足热需求的关键核心技术。热泵起初应用于民用供热，在"双碳"背景下，热泵技术已经开始应用于农业和工业等领域的热水与蒸汽制备、工业生产的化石能源替代和轨道交通供热等。

1.7.2 冷热量应用的自然冷源、储能和负荷调节问题

冷热量尽量利用天然冷热源，冷热量制取与应用之间的时间和容量矛盾可以利用储能调节。利用室外空气与水体等自然冷源可降低制冷空调系统的碳排放问题，应合理、有效、最大化地利用自然冷源进行直接散热；当室外环境温度高于冷却介质温度时，可利用直接/间接蒸发冷却技术降低室外冷源的温度，利用这个冷量自然冷却或者提升制冷设备的运行效率。

制冷空调系统可弥补我国绿色能源结构中风电光电的不可调节问题。风电光电在时间上与用电负荷有矛盾，需要靠日内蓄能、日间蓄能和季节储能发电解

决。空调系统可利用系统中的蓄热/冷体，如水蓄冷/热、冰蓄冷、相变储能等装置实现电力系统的需求侧响应，主动错峰或主动消纳可再生电力。制冷空调蓄冷储热将得到极大发展，亟须进一步研发关键技术，开展蓄冷、储能以及风光等新能源系统的协同研究。

1.7.3　采用低全球变暖潜能值工质问题

理想制冷工质应满足零臭氧消耗潜能值、极低的全球变暖潜能值、安全无毒、优异的热力学性质和较低的价格。目前，全球范围内尚没有找到这种完美的制冷工质。国际上在各个产品领域采用何种替代技术路线仍存在诸多争议，但是天然工质的最大限度的拓展使用，更低全球变暖潜能值的制冷工质在全球范围内的应用推广将是必然趋势。

研发和推广低全球变暖潜能值制冷设备面临的主要问题是制冷工质研发、设备使用、评价机制问题。绝大部分低全球变暖潜能值替代制冷工质存在着可燃、高压力或容积效率低等缺点。通过对不同制冷工质存在的问题进行"缺陷管理"的模式加以处理，确保这些替代品在规定条件下的安全使用，将是长期需要面临的问题。低全球变暖潜能值替代制冷工质及其混合物的物性、燃爆特性、其匹配的冷冻机油与材料相容性还需要深入研究，应全面考虑制冷工质生产、运输、零部件制造、运行、维修等每个环节，探索工质燃爆特性和预警防护机理，建立健全政策标准及安全规范。

1.7.4　热泵制热及应用拓展问题

随着热泵技术的发展，热泵已经基本可以满足各种热水使用场景，其供热效率显著高于电加热，且比分布式燃煤锅炉供热更加清洁，是符合清洁高效电气化供热的首选。未来，热泵将逐步替代分布式化石燃料供热和电采暖，为降低我国能源结构调整和碳排放作出巨大贡献。在面向碳中和的高比例可再生能源应用背景下，热泵热水制备将不再局限于分布式供应的模式，而是向超高温、兼顾大容量和高温输出以及超大容量等方向发展，在大规模和更广阔的场景下得到应用。

由于高温热能和蒸汽制备所需温度很高，很难通过传统热泵技术满足，当热泵的温升过高时其效率会出现大幅度下降。此外，高温工况下的工质、压缩机和换热技术也面临诸多挑战。

1.7.5　新能源汽车热管理问题

新能源汽车热管理仍面临较大的减排压力和环保问题，实现环保制冷工质替代以减少直接排放量的不确定性，提高热泵能效、优化整车热管理及能量管理以减少间接排放的挑战。

电动汽车热管理系统除了要解决冬季里程焦虑问题，还要考虑合理的能量调配，使所有关键部件的温度变化具有较高的安全裕度。随着热管理对能量利用效率的需求逐步增加，如何保障电动汽车热泵空调系统宽温区（-30℃~40℃）的性能、减少能耗是热管理系统亟须突破的关键技术。通过各子系统之间的高效耦合与协调控制可以实现能效最大化，余热的有效回收方法能够减少制热能耗，同时可以改善系统的制热性能，热泵和余热利用及其相互交叉耦合的形式将成为未来热管理的主要方向。

涉及制冷和热泵低碳发展技术的路径有：①广泛采用自然冷却措施；②向超高效冷却设备和电器的转变；③在所有制冷和电器行业中，采用超低全球变暖潜能值制冷工质；④储能（储电、储热、储冷、储气）；⑤热能（冷量、热量）领域脱碳，如建筑节能减排、冷链物流、供热；⑥新能源车（动力电池、热泵等）；⑦新型燃料（氢气、氨气、甲醇、甲基环己烷等）；⑧工业和商业热泵向高温化方向发展，逐步替代碳基燃料。随着"双碳"目标的持续推进，制冷和热泵行业正走出一条极具特色的发展之路。

参考文献

[1] 江亿主编，孟庆国，张华，史琳等副主编.《碳中和制冷技术发展路线》[EB/OL].中国制冷学会，2022年4月.

[2] Intergovernmental Panel on Climate Change. Climate change 2021: The physical science basis [EB/OL]. (2021-03-15) [2021-10-15]. https://www.ipcc.ch/report/ar6/wg1/downloads/report/IPCC_AR6_WGI_Full_Report.pdf.

[3] 舒印彪，张丽英，张运洲，等.我国电力碳达峰、碳中和路径研究[J].中国工程科学，2021，23（6）：1-14.

[4] 生态环境部办公厅.关于印发《国家重点推广的低碳技术目录（第四批）》的通知[EB/OL]. https://www.mee.gov.cn/xxgk2018/xxgk/xxgk06/202212/t20221221_1008424.html，2022-12-21.

[5] 张朝晖，刘璐璐，王若楠，等."双碳"目标下制冷空调行业技术发展的思考[J].制冷空调，2022（1）：1-10.

[6] 中国共产党中央委员会.中华人民共和国国民经济和社会发展第十四个五年规划和2035年远景目标纲要[EB/OL]. http://www.xinhuanet.com/2021-03/13/c_1127205564.htm，2021-03-13.

[7] 陈光明，高能，朴春成.低碳制冷剂研究及应用最新进展[J].制冷学报，2016（1）：

1-11.

[8] 姜克隽. IPCC AR6：长期减排路径[J].气候变化研究进展, 2023, 19（2）：133-138.

[9] 绿色高效制冷行动方案[J]. 轻工标准与质量, 2019（4）：27-28.

[10] 张朝晖, 陈敬良, 高钰, 等.《蒙特利尔议定书》基加利修正案对制冷空调行业的影响分析[J]. 制冷与空调, 2017, 17（1）：1-7.

[11] 生态环境部办公厅. 关于严格控制第一批氢氟碳化物化工生产建设项目的通知[EB/OL]. https://www.mee.gov.cn/xxgk2018/xxgk/xxgk05/202112/t20211229_965542.html, 2021-12-28.

[12] GB/T 33224-2016.制冷和供热用机械制冷系统环境影响评价方法[S]. 2016.

[13] 孙锌, 刘晶茹, 杨东, 等. 家用空调碳足迹及其关键影响因素分析[J]. 环境科学学报, 2014, 34（4）：1054-1060.

[14] 周孟怡. 家用空调和电冰箱全生命周期气候性能评价[D]. 上海：上海理工大学, 2023.

[15] 张华, 周孟怡. 碳中和与制冷空调[EB/OL]. 中国制冷简报（碳中和专刊）, 2021. https://mp.weixin.qq.com/s/3XukSInhpE9SMDequZaX9Q.

[16] 江亿, 张华. 中国制冷行业战略发展研究报告[M]. 北京：中国建筑工业出版社, 2016.

第 2 章　低碳环保制冷和热泵工质

工质（又称冷媒、制冷剂）是压缩式制冷、空调、热泵系统的循环介质，它对系统设备设计和运行的参数、性能、可靠性、安全性、环保性及应用场合等都有直接影响。工质发展常常代表制冷、制热技术的发展。本章介绍了制冷和热泵工质（以下简称工质）的发展历史和主要工质的性能，以及相关国际公约的要求；论述了工质的开发、选择、回收和销毁的技术问题，指出了碳中和发展过程中工质的替代和发展方向。

2.1　制冷和热泵工质概况

2.1.1　工质发展历史

寻找"理想"的工质不仅是近几十年制冷领域追求的目标，还可以追溯蒸汽压缩式技术发展的开始，并贯穿整个制冷技术的发展历程。工质的发展从 1830 年至今大致经过了四代变革。

1830—1930 年，第一代工质的筛选要求是能在制冷设备上发挥制冷作用，主要应用在工业环境制冰，以及后期的家用冰箱。使用的工质如二氧化硫、氯甲烷、甲酸甲酯及二氧化碳、氨、丙烷等。随着制冷技术的不断革新和制冷产品类型的不断发展，人们希望制冷产品可以在任何地方都能使用，因此需要一种正常沸点在 −40~0℃、化学稳定、无毒、不可燃的新型工质。

随后，一些科学家通过分析化学元素周期表找了一些规律，并研究开发了氯化和氟化碳氢化合物，其中毒性较低的氯氟烃类成为主要的候选物。1931 年，二氯二氟甲烷（R12）作为工质开始商业化生产。1932 年，三氯氟甲烷（R11）开始商业化生产。从此，以"安全和耐用"为目标的第二代工质诞生了，它们被统称为"氟利昂"，这是以主要工质制造商之一的注册商标命名的。除氯氟烃类外，另一类工质——氢氯氟烃类也逐渐被人们所重视，其中最具代表性的物质是二氟一氯甲烷（R22）。这个阶段持续了约 60 年，这一时期氯氟烃类和氢氯氟烃类在大多数制冷和空调应用中占据了主导地位。

第二代工质被大量使用一段时间后，经科学研究证实，如果这类含氯物质泄漏或排放到大气层后，会导致大气臭氧层变薄，引发"南极臭氧洞"问题。为此，1987 年国际社会签订了旨在保护大气臭氧层的《蒙特利尔议定书》，该协议规定了包括 R12 在内的氯氟烃类物质为被淘汰物质，并明确提出淘汰时间进度、建立了相关的实施机制。因此推动了工质向第三代替代转变，其目标就是保护臭氧层。第三代工质不含氯元素，无臭氧破坏作用且与其热物性和理化性质相近的氢氟碳化物成为替代氯氟烃类和氢氯氟烃类合成工质的主力。此时，理想工质的性质除了考虑热物性、理化性质等筛选要求，还增加了与健康、安全和环境方面的要求，其中重要的两项是不应导致臭氧消耗和减少全球气候变暖加剧，并且逐渐发现各个要求之间权衡取舍是不可避免的。

《蒙特利尔议定书》的签订与实施，对臭氧层的恢复起到了很大的作用，但是人们日益关注的另一环境问题——全球变暖依旧十分严重。事实上，工质对全球变暖的贡献在 20 世纪 80 年代就为世人所知。与所替代的氯氟烃类相比，大多数氢氟烃类的全球变暖潜能值要低得多。当时迫切需要淘汰消耗臭氧层物质，而氢氟碳化物的全球变暖潜能值被认为"足够低"。因此，最初针对平流层臭氧保护的《蒙特利尔议定书》已经对气候产生了巨大的积极影响，据 Velders 等专家分析测算，它将气候变化推迟了 7~12 年。尽管如此，如果一直按照当前的替代路线实施，氢氟碳化物将导致地球表面变暖 0.28~0.52℃。这种影响推动了一项减少氢氟碳化物排放的全球协议的达成，它是在《蒙特利尔议定书》的框架内谈判达成的，即《基加利修正案》，要求最终将氢氟烃类减少 85%。据测算，到 21 世纪末，该协议将把氢氟碳化物对气候的影响限制在 0.06℃。因此，当前一直在寻找低全球变暖潜能值的替代物质，故工质现在处于第四代，主要目标是缓解全球变暖。其中一种策略是开发具有碳-碳双键的氢氟烯烃，这些物质具有极短的大气寿命，可以降低全球变暖潜能值，并通过与阻燃物质混配以降低可燃性，其中最具代表合成工质的是替代汽车空调制冷工质的 R1234yf 和替代热泵工质的 R1234ze（E）。除了合成工质，之前仅在部分领域中应用的氨和被弃用的二氧化碳、碳氢天然工质制冷剂等天然工质，从之前的部分应用逐渐成为主要候选对象，被认为是有潜力的长期替代方案。天然工质的回归也将再次掀起制冷技术的重大演变。

工质有着近 200 年的发展史，制冷空调热泵产品之所以可以提供现代生活中环境的舒适性和保障食品的安全性，推动生物医学、农业、工业、数据运算及储存等高新技术的快速发展，都得益于具有优良热工性能和安全性工质的应用。因此，工质是推动制冷技术整体向前发展和应用普及的动力。

2.1.2 工质与环境影响

工质的发展与工质的环保性、安全性、节能性等有着密切联系。工质对环境的影响主要体现在臭氧层破坏和温室效应两个方面。

1974年，科学家马里奥·莫利纳（Mario J. Molina）和弗兰克·舍伍德·罗兰（F. Sherwood Rowland）研究发现，氯氟烃类和氢氯氟烃类物质会对地球臭氧层造成严重的破坏。其主要原理为，氯氟烃类和氢氯氟烃类物质在大气中相对稳定，有着较长的大气寿命，因此在进入大气后容易穿越对流层进入平流层中聚集。在紫外线的照射下，氯氟烃类和氢氯氟烃类物质容易发生光解，其中氯元素变为游离的氯原子自由基，可以与臭氧分子发生连锁反应，使臭氧浓度急剧减少，造成臭氧层的破坏。莫里那和罗兰也因为在平流层臭氧化学研究领域作出的贡献获得了1995年的诺贝尔化学奖。1985年，英国南极科学考察专家提出"南极臭氧洞"的问题，他们根据南极哈雷湾观测站的观测结果，发现自1957年以来，每年早春南极臭氧浓度都会发生大规模的耗损，臭氧层浓度已极其稀薄，与周围相比像是形成了一个直径达上千千米的"洞"。通常使用臭氧消耗潜能值来表征工质散逸到大气中对臭氧破坏的潜在影响程度，规定工质R11的臭氧破坏影响作为基准，取R11的臭氧消耗潜能值为1，其他物质的臭氧消耗潜能值是相对于R11的比较值。由于严重的臭氧破坏效应，氯氟烃类和氢氯氟烃类物质的淘汰工作得到国际社会的关注。1985年，在联合国环境规划署的推动下，制定了《保护臭氧层维也纳公约》，并在1987年9月签署了《蒙特利尔议定书》。目前氯氟烃类物质已经被完全淘汰，氢氯氟烃类物质的淘汰工作也正在进行当中。在全球的不断努力下，臭氧层破坏势头已经得到遏制，根据《蒙特利尔议定书》科学评估小组在2023年的报告显示，臭氧层有望在40年内恢复。

随着臭氧层保护取得有效进展，工质作为温室气体造成的温室效应成为目前面临的主要环境影响问题。温室效应是指太阳短波辐射可以透过大气射入地面，而地面增暖后放出的长波辐射被大气中的温室气体所吸收，从而产生大气变暖的效应。通常用全球变暖潜能值来表征工质散逸到大气中的温室效应，规定二氧化碳的温室效应作为基准，取二氧化碳的全球变暖潜能值为1，其他物质的全球变暖潜能值是相对于二氧化碳的比较值。尽管氢氟碳化物等人工合成工质在大气环境中的浓度远低于二氧化碳，但是它们的温室效应作用要比二氧化碳强得多，部分工质的全球变暖潜能值可以达到几千甚至上万。因此，工质对大气温室效应的影响是不可忽视的。

根据科学评估，履行《基加利修正案》的管控要求可以使氢氟碳化物排放量在 21 世纪末降至每年 10 亿吨二氧化碳当量以下，每年减少 56 亿~87 亿吨二氧化碳当量的排放。

2.1.3 工质分类及常用工质

按照是否合成分类，可将工质分为人工合成工质（如氢氟碳化物）和天然工质（如二氧化碳、丙烷、氨）；按照是否是纯物质分类，可将工质分为纯工质（如 R134a、R32）和混合工质（如 R410A、R407C）；按照工质的安全标准分类，可分为国际标准、美国标准、中国标准等，主要是基于毒性和可燃性的分类方案，其中毒性根据阈值限值 – 时间加权平均值（TLV–TWA）区分，较低毒性的等级为"A"、较高毒性的等级为"B"，这是允许的长期暴露在工业环境中的指标。可燃性则是以可燃下限、燃烧生成热和燃烧速度来区分。

当前我国使用的工质仍以氢氯氟烃类和氢氟碳化物为主，还包括 R600a、二氧化碳、氨等一些天然工质。因此，工质的削减同时在保护臭氧层和减碳问题上发挥着重要作用。目前，氢氯氟烃类制冷工质的主要产品类型包括 R22、R123 等，氢氟碳化物工质的主要产品类型包括 R134a、R410A 和 R32 等。表 2.1 是目前正在使用的部分纯制冷工质的基本性质。表 2.2 是目前制冷热泵空调产品工质的使用情况。

表 2.1 目前正在使用的部分纯制冷工质的基本性质

工质	化学分子式	分子量	正常沸点 /℃	急性毒性接触限值 / 缺氧限值 /（千克/立方米）	燃烧下限 / 千克 /（立方米）	安全分类	全球变暖潜能值 100	臭氧消耗潜能值
甲烷系									
HCFC-22	$CHClF_2$	86.5	−41	0.21	—	A1	1780	0.034
HFC-23	CHF_3	70.0	−82	0.15	—	A1	12500	
HFC-32	CH_2F_2	52.0	−52	0.30	0.307	A2L	704	
乙烷系									
HCFC-123	$CHCl_2CF_3$	152.9	27	0.057	—	B1	79	0.01
HCFC-124	$CHClFCF_3$	136.5	−12	0.056	—	A1	527	0.02
HFC-125	CHF_2CF_3	120.0	−49	0.37	—	A1	3450	
HFC-134a	CH_2FCF_3	102.0	−26	0.21	—	A1	1360	
HCFC-142b	CH_3CClF_2	100.5	−10	0.10	0.329	A2	2070	0.057
HFC-152a	CH_3CHF_2	66.1	−25	0.14	0.130	A2	148	

续表

工质	化学分子式	分子量	正常沸点/℃	急性毒性接触限值/缺氧限值/(千克/立方米)	燃烧下限/千克/(立方米)	安全分类	全球变暖潜能值 100	臭氧消耗潜能值
丙烷系									
HFC-227ea	CF$_3$CHFCF$_3$	170.0	-16	0.19	—	A1	3140	
HFC-245fa	CHF$_2$CH$_2$CF$_3$	134.0	15	0.19	—	B1	882	
HC-290	CH$_3$CH$_2$CH$_3$	44.1	-42	0.09	0.038	A3	5	
HFO-1234yf	C$_3$H$_2$F$_4$	114.04	-29.5	0.47	0.289	A2L	<1	
HFO-1234ze（E）	C$_3$H$_2$F$_4$	114.04	-18.9	0.28	0.303	A2L	<1	
碳氢类									
HC-600a	CH(CH$_3$)$_2$CH$_3$	58.1	-12	0.059	0.043	A3	~20	
HC-601	CH$_3$CH$_2$CH$_2$-CH$_2$CH$_3$	72.2	36	0.0029	0.035	A3	~20	
HC-601a	CH(CH$_3$)$_2$CH$_2$-CH$_3$	72.2	27	0.0029	0.038	A3	~20	
无机物									
R717	NH$_3$	17.0	-33	0.00022	0.116	B2L		
R718	H$_2$O	18.0	100	—	—	A1		
R744	CO$_2$	44.0	-78c	0.072	—	A1	1	

表2.2 目前制冷热泵空调产品工质的使用情况

序号	领域	产品类别	主要的传统工质
1	家用制冷空调	家用空调	R22、R410A、R32
		热泵热水器	R22、R134a、R410A、R407C、R32、CO$_2$
2	工商用制冷空调	热泵热水机	R22、R134a、R410A、R407C、R32、CO$_2$
		小型冷水（热泵）机组	R22、R410A、R32
		大中型冷水（热泵）机组	R22、R123、R134a、R245fa
		单元式空调机	R22、R410A、R407C、R32
		多联式空调（热泵）机组	R410A
		冷冻冷藏设备	R22、R134a、R404A、R507A、NH$_3$、CO$_2$
		汽车空调	R134a

近年来，我国为履行《蒙特利尔议定书》做了大量的工作，制定并实施了一系列政策措施来应对气候变化，取得了显著成效。例如，在生态环境部和《蒙特利尔议定书》多边基金的支持下，我国在第一阶段氢氯氟烃类物质淘汰管理计划中实施了 70 条生产线的改造，成功完成了氢氯氟烃类物质 10% 的削减目标，而在第二阶段管理计划中改造了 28 条生产线，逐步实现了低全球变暖潜能值替代工质 R32、R290、氨、二氧化碳及氢氟烯烃在不同应用领域的针对性替换，成功完成了氢氯氟烃类物质 35% 的控制目标。同时，为了扫除 A2L 类弱可燃性工质的推广应用障碍，我国修订并完善了弱可燃性工质的基础与安全标准，包括分类标准、安全性规范、充注限制、操作要求等。而且，天然工质的应用领域在逐步扩展，如冰箱产品已全部使用异丁烷（R600a），氨/二氧化碳的复叠系统和二氧化碳热泵也进入商业化应用，特别是北京 2022 年冬奥会大量采用二氧化碳制冰，具有示范作用。

在当前"双碳"背景下，为了获得可替代氢氟碳化物工质的低全球变暖潜能值产品，国内外研究机构正从两方面入手探索解决方案。一方面是改善和提升氨、二氧化碳、水及碳氢类等天然工质的应用性能，并扩展其应用场景。例如，氨/二氧化碳在冷冻冷藏系统、二氧化碳在热泵系统以及 R290 在房间空调器中的应用。另一方面是温室效应低的氢氟烯烃类工质的应用，如 R1234yf 及其混合物等。由于天然工质在其物理化学性质方面的缺陷，且当前技术水平无法改善其在所有应用领域中的能效和系统成本上的劣势，因此今后很长一段时间在部分应用领域仍然要考虑合成工质合理化使用，替代工质常常要在弱可燃性、低温室效应值、热物性及低转轨费用之间折中考虑。

从调研的数据来看，国外企业在低全球变暖潜能值工质的研发中比我国工质企业先行一步，在未来低全球变暖潜能值替代工质候选应用推广上抢占了先机。因此，掌握制冷工质的性质要求，遴选和开发适合我国制冷和热泵行业替代应用的工质是当前制冷和热泵技术发展的重要内容之一。

2.2 制冷和热泵工质性质

工质的热物理性质、理化性质、安全性、环保性等是进行循环工质选择和循环参数设计的基础。在新一代环保工质的研发过程中，出现了一些工质的性质尚不明确或不全等问题，在使用和推广这些工质的过程中势必会产生一些困难，只有充分掌握工质的性质，才能全面评估工质在制冷和热泵等领域的应用潜力。

2.2.1 理想工质的性质要求

对于理想工质的性质，主要从热物理性质方面提出要求，同时应兼顾其他特性。工质的热物理性质是指与热物理现象有关的宏观性质，主要包括工质的热力学性质和传热传质及传输性质，其他的特性包括工质的理化性质、安全性（可燃性和毒性）、环保性（主要指对环境的影响，如温室效应等）、稳定性、材料和油的兼容性、价格等。

（1）具有优良的热力学性质，以便在给定的温度区域内常运行于接近两相区或接近饱和状态，从而具备较高的循环效率。具体包括：①标准大气压下的工质的蒸发温度（即正常沸点温度）要适中，且在蒸发温度下的蒸发压力要接近或高于标准大气压，以免外界空气渗入系统；②在工作温度范围内，工质的冷凝压力不宜过高，应具有适合的压力和压比；③给定条件下工质的气化潜热要大，饱和气的比容要小，单位容积制冷/热量尽可能大，表明在压缩机相同容积的条件下可以获取较大的制冷/热量；④工质的临界温度要远高于冷凝温度，以便容易液化和蒸发，即在常温或普通低温下能使气态工质液化，使循环避免在临界点附近运行引起参数波动，而运行于具有较大气化潜热的范围之内；⑤工质在温熵 T-s 图上的上、下界限线都要陡峭，以便冷凝过程更加接近定温放热过程。

（2）具有优良的传热传质及传输性质，以便在实际运行中获得较高的性能系数和效率。具体包括：①传热系数和热导率应较大，以提高换热效率；②扩散系数应大些；③黏度和密度应尽可能小，以减少工质在系统中的流动阻力。

（3）其他要求，适应环境保护方面的要求、溶油性好、对材料无腐蚀作用、化学性质稳定、不可燃、无毒、泄漏易被检测和价廉等。

2.2.2 工质的热物理性质

制冷热泵系统需要依靠相应工质的状态变化来实现能量的转换与利用，工质的基础物性数据是开发和设计制冷空调设备、优化系统流程、评价能量系统性能和经济性等不可缺少的参数。工质的热物理性质包括流体（含纯工质和混合工质）pvT(x)、饱和性质、焓、临界参数、声速、表面张力等热力学性质，流体及固体材料的导热系数、黏度、扩散系数、热辐射率、吸收率等输运特性，以及分子间力、势能函数、偶极矩等微观性质，如图 2.1 所示。

在工质研发公司开发的多种合成工质中，由于对部分新工质的热物理性质尚不完全了解，因此许多学者对新工质的热力学性质进行了相关研究，表 2.3 给出了部分氢氟烯烃工质的相关参数，其中 R1234yf、R1234ze（E）、R1234ze（Z）和 R1233zd（E）等是近年来研究的重点。

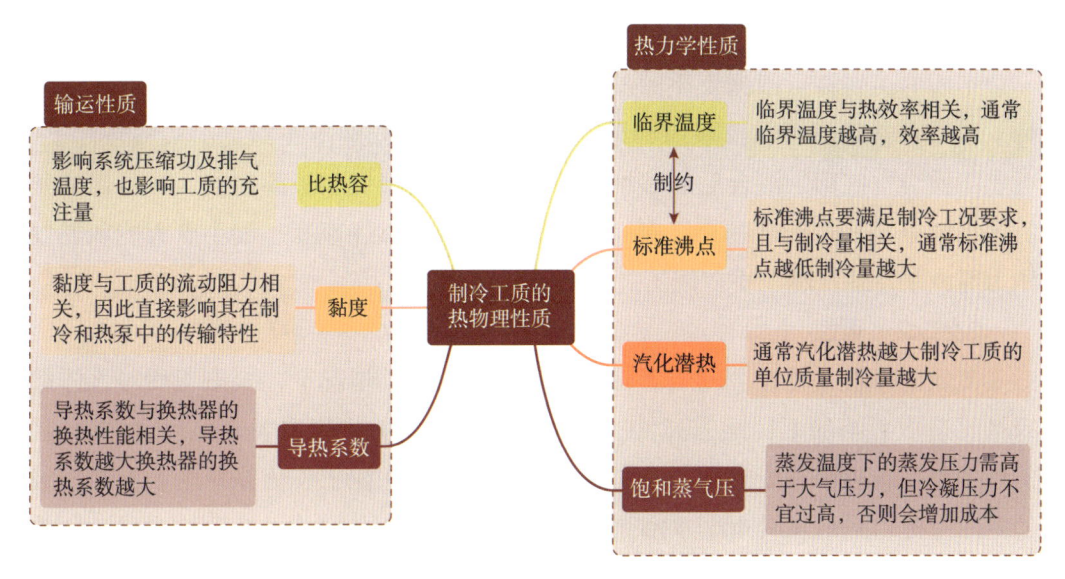

图 2.1　工质的主要热物理性质

表 2.3　部分氢氟烯烃工质的基本性质

制冷剂	摩尔质量/ (千克/千摩尔)	密度/ (千克/立方米)	标准沸点/℃	临界温度/℃	临界压力/兆帕	安全等级	全球变暖潜能值
R1132（E）	64.03	—	-35.66	97.36	5.09	—	1
R1132（Z）	64.03	—	-13.35	132.62	5.22	—	1
R1224yd（Z）	148.49	527.13	14.62	155.54	3.34	A1	<1
R1225ye（E）	164.03	517.00	-13.26	117.68	3.42	B1	2.9
R1225ye（Z）	164.03	517.17	-13.26	117.68	3.42	B1	2.9
R1225zc	132.03	517.00	-21.80	103.45	3.31	B1	4.3
R1233zd（E）	130.05	480.20	18.26	166.45	3.62	A1	1
R1234yf	114.04	478.00	-29.49	94.70	3.38	A2L	<1
R1234ye（E）	114.04	517.00	-20.76	109.51	3.73	A2L	6
R1234ze（E）	114.04	489.00	-18.97	109.36	3.63	A2L	<1
R1234ze（Z）	114.04	470.00	9.73	150.12	3.53	A2L	<1
R1336mzz（Z）	164.06	499.39	33.45	171.35	2.90	A1	2
R1336mzz（E）	164.05	515.30	7.43	130.22	2.77	A1	7
R1243zf	96.05	413.02	-25.42	103.78	3.52	A2	0.8

2.2.3　工质的理化性质

除关注工质的热物理性质外，工质的理化性质也是工质筛选的重要内容。主要包括可燃性、毒性、热稳定性、腐蚀性及兼容性等。

2.2.3.1 可燃性

工质的可燃性可根据工质的最低可燃极限或下限值作为工质可燃性的评价指标。工质存在最低可燃极限值和最高可燃极限值，分别指在特定的实验条件下，可燃工质与空气均匀混合后能够维持火焰传播速度最低和最高浓度。从可燃工质的等级划分是从基础燃爆特性出发，如可燃极限、燃烧速度、最小点火能和燃爆压力等，来评估可燃工质在使用过程的风险性。

2.2.3.2 毒性

工质的毒性是指在急剧或者长期接触或者吸入的情况下，气态工质对人体健康情况造成影响的不良反应高低。工质的毒性的相关指标主要有允许暴露浓度、急性中毒暴露极限和安全阀值等。阈值限值 – 时间加权平均值是对工质毒性等级的判断指标，是指一周 40 小时工作制的任何 8 小时工作日内，工质的含量达到某一浓度值对处于这一浓度环境条件下的工作人员健康都没有任何影响。

2.2.3.3 热稳定性

工质在制冷热泵系统中循环时能否热分解成其他物质与工质的热稳定性密切相关。工质的热稳定性越好意味着工质在指定条件下循环不会发生热解反应，可以保持原有物质，从而保持循环性能的稳定。通常情况下，工质受热而发生热解的温度高于其工作温度，因此在正常条件下工质发生热分解的概率很小。然而在温度较高且又有油、金属等长期接触下，工质有可能发生热分解反应，从而原有工质的性能会大幅降低或发生堵塞等问题。此外，在新型环保工质的发展进程中，对新型工质的热稳定性研究是当前热点之一。

2.2.3.4 腐蚀性

部分工质在使用的过程中会因其自身性质或在特定情况下对某些材料具有一定的腐蚀性。例如氨对铜、铝或铜合金有轻微的腐蚀作用，若氨中含水，则对铜及铜合金（磷青铜除外）有强烈的腐蚀作用；卤代烃在含水情况下会水解成酸性物质，对金属有腐蚀作用。部分工质对天然橡胶或树脂化合物有腐蚀作用，因此在选择工质的密封材料和电器绝缘材料时，很少选用天然橡胶或树脂化合物，而选用耐卤代烃腐蚀的氯丁烯、氯丁橡胶、尼龙和塑料等材料。因此，腐蚀性是在工质筛选和使用过程中要考虑和探究的因素之一。

2.2.3.5 兼容性

工质的兼容性包括与材料的兼容性和与润滑油的互溶性。一般应进行工质与材料的兼容性测试，若兼容性良好代表着工质不会与系统中的材料产生化学反应，因此不会破坏系统零部件。工质与冷冻机油的互溶性直接影响着工质在制冷系统的循环性能，不同的工质应选择与其不发生化学反应的润滑油。如某种可替换 R134a 的新型工质可与 R134a 系统常用的冷冻机油互溶，则替代工质具备了直接充灌替代 R134a 的可能性；若替代工质无法与常用的冷冻机油互溶，便增加了工质替代过程中的成本。

对于新一代环保工质，由于工质受自身性质的影响，在系统中使用时，润滑油的选择也不尽相同。例如二氧化碳与多元醇酯和 R290 与矿物油，由于其互溶性极好，会导致润滑油的黏度降低；而对于 R32 与润滑油的互溶性较差，会导致系统回油困难。表 2.4 给出了常用工质与润滑油的互溶性表现。国内外研究机构在工质与润滑油的互溶性研究方面主要集中在互溶性的实验和理论研究，以寻找工质与润滑油的互溶性规律。

表 2.4 常用工质与润滑油的互溶性

工质	矿物油	烷基苯	多元醇酯	聚醚	聚乙烯醚
氢氯氟烃	√	√	√	不推荐	不推荐
氢氟碳化物	不推荐	特殊情况下	√	特殊设计	√
碳氢天然工质制冷剂	√	√	√	√	√
氨	√	√	禁止	√	不推荐
二氧化碳	不推荐	不推荐	√	√	50/50
氢氟烯烃及其混合物	不推荐	可能不适合	开发中	开发中	也许

注：√ 指互溶性良好。

2.2.4 工质的安全分类

工质的安全评估是筛选工质的重要因素之一，新一代低碳环保替代工质氢氟烯烃和碳氢天然工质制冷剂能否成为未来大力推广的工质，首先需要对其安全性进行测试与评估，将其划分至相应安全等级，才能为后续的发展与应用提供替代技术解决方案。由此可见，工质的安全分类尤为重要。工质的安全分类主要包括毒性、可燃性和易爆性，国际通用由两个字母、三个数字及一个表示低燃烧速度的字母"L"组成的序列符号来表示，大写字母 A/B 代表毒性强度，数字 1/2/3 代表可燃性分类，其中 A1 最安全，B3 最危险。国际上对可燃性工质的使用制定了严格的充注和安装防护标准，相关组织和机构对可燃工质进行了评价与分类，并出台了一系列工质安全的相关标准，见表 2.5。其中美国标准 ANSI/ASHRAE 34—2013《制冷剂命名和安全性分类》对可燃性工质进行了重新分类，将原有的 A1、A2 和 A3 三个等级标准分成了四个等级，即在满足 A2 类工质条件的情况下，将最大燃烧速率小于 10 厘米/秒的工质划分为 A2L，见表 2.6。在我国推出的工质的安全分类标准 GB/T 7778—2017《制冷剂编号方法和安全性分类》中也采用了上述分类标准。

表2.5 国内外工质安全相关标准

国家或地区	标准		名称
中国	安全分类	GB/T 7778—2017	制冷剂编号方法和安全性分类
	系统安全	GB/T 9237—2017	制冷系统及热泵 安全与环境要求
	设备安全	GB 4706.13—2014	家用和类似用途电器的安全 制冷器具、冰淇淋机和制冰机的特殊要求
		GB 4706.32—2012	家用和类似用途电器的安全 热泵、空调器和除湿机的特殊要求
欧洲	系统安全	EN 378—2016	制冷系统和热泵 安全和环境要求
	设备安全	EN 60335-2-40	家用和类似用途电器的安全
美国	安全分类	ASHRAE 34—2016	制冷剂名称和安全性分类
	系统安全	ASHRAE 15—2016	制冷系统安全标准
	设备安全	UL 471	商用制冷机与冷藏柜标准
国际	安全分类	ISO 817—2016	制冷剂 名称和安全分类
	系统安全	ISO 5149—2014	制冷系统和热泵 安全和环境要求
	设备安全	IEC 60335-2-40	家用和类似用途电器的安全

表2.6 ASHRAE—34对低毒性工质的可燃性分类

分类	分类标准	代表物
A1	在60℃和101.3千帕的空气中不会形成火焰传播的制冷工质	R22、R134a
A2	在60℃和101.3千帕的空气中能够形成火焰传播，且制冷工质燃烧下限＞3.5% VOL，燃烧产生热量＜19000千焦/千克	R152a
A2L	满足A2条件的情况下，最大燃烧速率≤10厘米/秒	R32、R1234yf
A3	在60℃和101.3千帕的空气中能够形成火焰传播，且制冷工质燃烧下限≤3.5% VOL，燃烧产生热量＞19000千焦/千克	R290 R600a

2.3 制冷和热泵工质碳排放分析

根据目前使用的工质对碳排放的影响，可分为直接效应和间接效应。直接效应主要指工质由于泄漏或未回收而排放到大气所产生的温室效应。各工质的全球变暖潜能值从几倍到上万倍不等，特别是目前在用的氢氯氟烃类和氢氟碳化物工质，全球变暖潜能值大多在1000以上，这意味着大气中每个高全球变暖潜能值的工质将会比二氧化碳产生的温室效应高千倍（图2.2）。间接效应是指由于使用制冷空调设备而消耗的能源产生的温室气体排放。直接效应取决于工质的全球变暖潜能值、泄漏量及回收率，间接效应则取决于应用该工质的制冷空调系统运行的性能系数。因此，工质的碳减排要从使用低全球变暖潜能值工质、减少泄漏量、提高回收率、提升再生和销毁率减少直接排放，以及提高制冷性能系数值减少间接排放来开展工作。

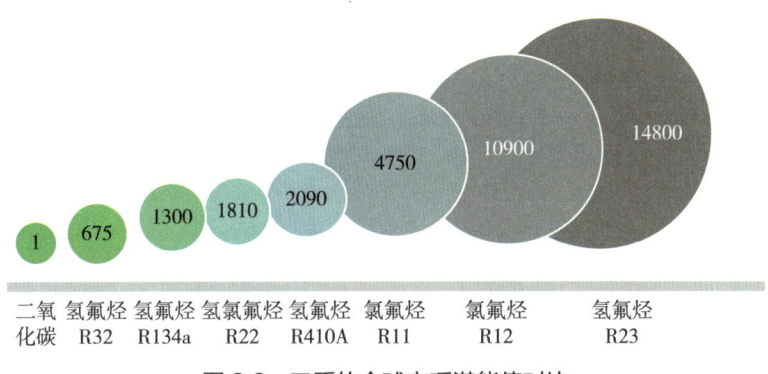

图2.2 工质的全球变暖潜能值对比

对于工质碳排放的核算，不同的设定框架有不同的计算方法。《基加利修正案》中，工质碳排放主要考虑制冷工质自身对全球气候变暖的影响，即通常说的全球变暖潜能值。一般情况下，工质的全球变暖潜能值是参考联合国政府间气候变化专门委员会评估报告给定的数据。此外，还要考虑全球变暖潜能值与充注量二者共同影响下二氧化碳减排的贡献指标——减排率，同时综合考虑工质排放的直接效应和能源消耗的间接效应的指标——总当量变暖影响。我国设定的"双碳"目标的构建框架和维度，需要从工质全生命周期角度对制冷工质在不同环节（生产、运输、制冷产品生产、安装、维修、回收、销毁）的排放进行精确测算，这个指标被称为全寿命期气候性能。应当注意到，基于目前的单位能源生产碳排放因子情况，若用全寿命期气候性能衡量和分析，工质的直接碳排放比间接碳排放（这里主要指消耗能源所产生的二氧化碳排放）要小很多。因此，联合国环境规划署等国际机构在分析环境影响时是从工质本身碳排放和设备全寿命期气候性能指标两方面考虑的，以便于未来清洁能源占比大幅上升情境下的制冷系统排放分析。因此，可以将直接碳排放和间接碳排放分开考虑，从应用制冷工质设备的热力逆循环、制冷工质全寿命期内循环和大气降解全寿命期外循环三个层次考虑。如图2.3所示为工质全寿命期三个层次的循环。

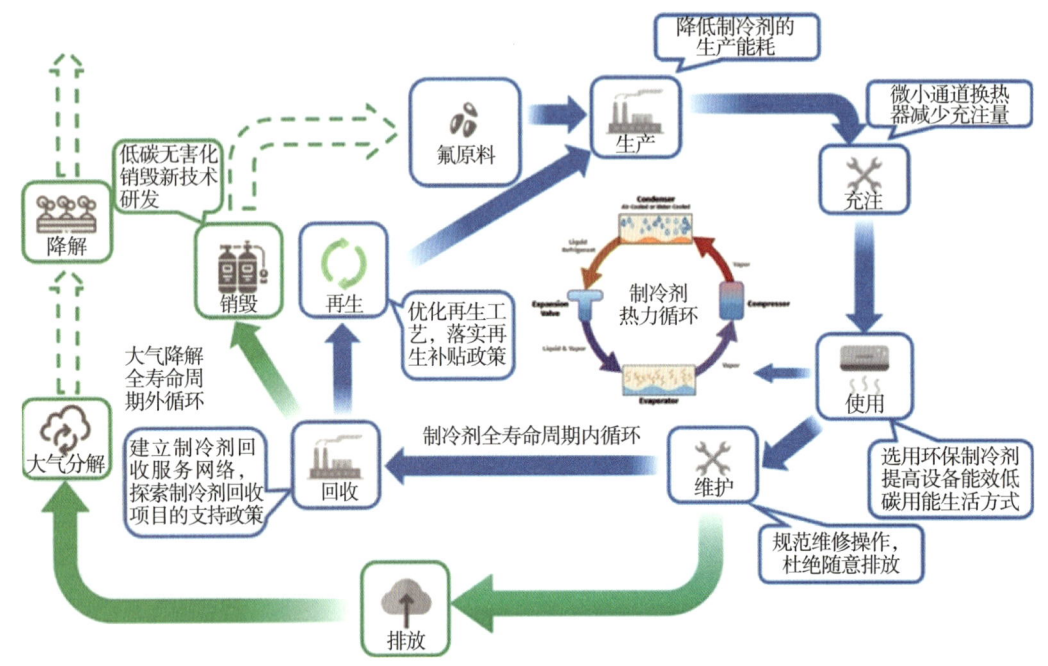

图 2.3 工质全寿命期二氧化碳排放环节汇总分析

图中最内侧是应用热力逆循环的制冷设备消耗能源导致的间接碳排放,它主要与系统能效相关,因此开发应用热力学性能较优的替代工质来提升系统能效是主要减碳技术途径之一。对于工质全寿命周期内循环(图 2.3 蓝色线所围成的循环)是工质直接排放的主要环节。它包含生产工质消耗的能源间接产生的二氧化碳排放、分装时由于泄漏产生的碳排放,同时还包含工质在使用过程中由于设备泄漏所产生的碳排放,以及设备报废后未回收的工质产生的碳排放。

对于工质大气降解的全寿命期外循环(图 2.3 绿色线所围成的循环)是控制工质直接排放效应的最后环节,包括工质运输、充注、使用和维护等环节泄漏到大气自然降解的部分,以及回收后不能再使用需要销毁的部分。自然降解对于生态系统的影响,以及研发环保高效的销毁和转化技术都是应该关注的问题。需要强调的是,在工质全寿命期三个层次的循环中,最终影响碳排放的是循环中全寿命期消耗化石能源(含化石能源电力)造成的间接效应和工质在各环节通过泄漏、未回收、未处理排放到大气中造成的直接效应。

从工质全寿命期排放的统计调研来看,我国与发达国家的相比,差别最大的是工质的回收环节,对应的是工质终了排放率。目前美国、日本等国家每年回收的工质约占新投入使用的工质的30%,而我国目前仅占新投放量的0.1%。随着氢氯氟烃类加速淘汰下来的废弃工质逐渐增多,工质回收和处理成为当前需要面对的问题。《蒙特利尔议定书》第二十七次缔约方大会提出,鼓励通过回收、再循环、再生、作为原料再使用或销毁等方法来防止产品寿命结束的排放。

图 2.4 为根据工质生产能耗和生产分装中泄漏率和设备报废后（去除回收和销毁比例后）的排放率指标进行的几种常用工质的二氧化碳当量估算值（不考虑制冷设备使用过程中的泄漏排放）。从图中可以看出，对于低全球变暖潜能值工质，生产耗能排放变成了主导地位，因此降低生产耗能成为控制二氧化碳排放的重要因素。对于高全球变暖潜能值工质，工质生产耗能所产生的二氧化碳排放相对于其他项是非常小的，对于这类工质应该重点抓生产过程中的分装以及工质的回收和销毁工艺。

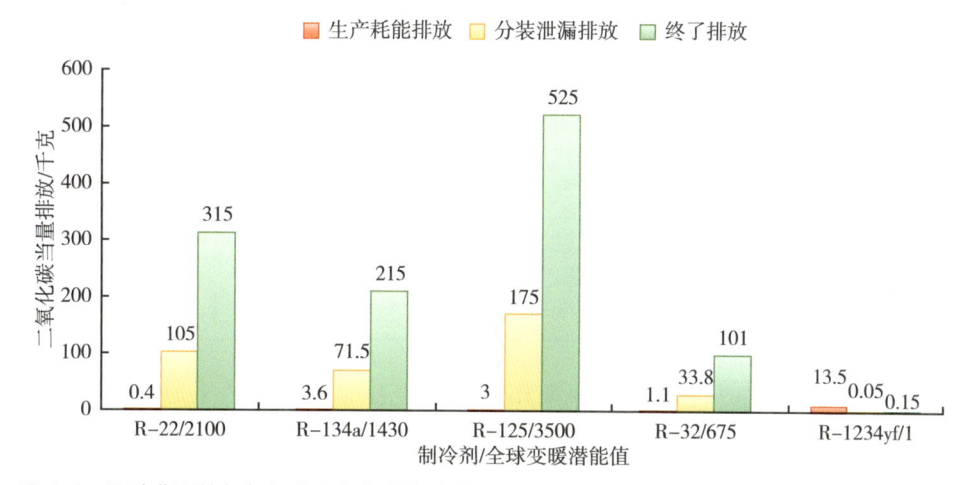

图 2.4　几种典型的氢氟烃类和氢氟烯烃类物质的生产和终了过程中的二氧化碳排放当量估算
（其中，生产耗能排放=生产工艺耗电×电力平均碳排放因子；分装泄漏排放=制冷工质全球变暖潜能值×分装过程中行业平均泄漏水平；终了排放=制冷工质全球变暖潜能值×终了排放率）

对于大气降解的全寿命期外循环，我们应当尽量从工质自身的大气降解引入通过销毁工艺可控分解来减少气候变化的不可控因素。从调研数据来看，目前已工业化的工质销毁设施主要集中在日本、美国和欧盟等，我国仅有 8 家拥有制冷工质销毁备案的企业，但专门用于氢氯氟烃类工质销毁的工厂仅 1 家。因此，研发低能耗、环境友好的工质销毁技术是解决问题的关键。

2.4　国际公约对制冷和热泵工质的替代的影响

2.4.1　《基加利修正案》

2016 年 10 月，国际社会在《蒙特利尔议定书》框架下达成了关于氢氟碳化物削减的《基加利修正案》，这是《蒙特利尔议定书》履约进程中又一里程碑式的历史性事件。我国于 2021 年 6 月 17 日向联合国正式交存了《基加利修正案》

的接受书，成为该修正案第122个缔约方。2021年9月15日，《基加利修正案》在我国生效。《基加利修正案》是迄今为止为推动实现《巴黎协定》所商定的"到本世纪末将全球气温上升幅度控制在2℃以内"目标所作出的最大贡献。通过新的修正案，将有效减少强效温室气体氢氟碳化物的排放，从而在21世纪末减少全球升温0.4℃。并且，制冷空调设备在由氢氟碳化物向低碳环保工质替代转换的过程中还可通过提升能效使削减的气候效益加倍。《基加利修正案》规定的氢氟碳化物削减进程（以二氧化碳当量进行计算）见表2.7。

表2.7 《基加利修正案》规定的氢氟碳化物削减时间表

国家类别	发达国家		发展中国家	
	第一组（美国、欧盟国家等）	第二组（俄罗斯等）	第一组（中国等）	第二组（印度等）
削减进度	2019年：10% 2024年：40% 2029年：70% 2034年：80% 2036年：85%	2020年：5% 2025年：35% 2029年：70% 2034年：80% 2036年：85%	2024年：冻结 2029年：10% 2035年：30% 2040年：50% 2045年：80%	2028年：冻结 2032年：10% 2037年：20% 2042年：30% 2047年：85%

作为削减计划的补充，许多国家和地区对主要应用领域的工质全球变暖潜能值进行了限定。美国和欧盟直接禁止使用或分配特定的限额，日本则是针对特定应用产品来规定全球变暖潜能值目标值，并结合标识管理来控制，具体见表2.8。不仅如此，与之相对应的法规也在不断修改以提高限制要求。例如：2022年4月5日，欧盟新的氟化气体法规提案公布并提交到了欧盟委员会和欧洲议会进行商讨，计划2024年将使用新的氟化气体法规。欧盟公布了新的氟化气体法规提案。2022年5月25日，国际电工委员会（International Electrotechnical Commission，IEC）发布了第7版IEC 60335-2-40《家用和类似用途电器的安全：热泵、空调器和除湿机的特殊要求》。

表2.8 不同国家和地区对不同应用领域的工质全球变暖潜能值的限定

国家及区域	应用	目标全球变暖潜能值（最高）	全面实施的目标年份/年
美国（SNAP）	制冷系统>22千克	150	2021
	制冷系统9千克和22千克	1500	2021
	空调系统900克	750	2021
	冷水机组	150	2021

续表

国家及区域	应用	目标全球变暖潜能值（最高）	全面实施的目标年份 / 年
日本	房间空调器	750	2018
	商用空调	750	2020
	冷凝机组和固定式制冷机组	1500	2025
	制冷式自动售货机	100	2024
	移动空调	150	2023
欧盟	家用冰箱和冷柜	150	2015
	整体式空调和热泵	150	2025
	商用冰箱和冷柜	150	2022
	房间空调器	750	2025

2.4.2 中国国家与行业行动

我国颁布了多项控制氢氯氟烃类的政策。2010年4月，国务院颁布了《消耗臭氧层物质管理条例》，明确了消耗臭氧层物质管理的目标和任务，建立了消耗臭氧层物质总量控制和配额管理等制度。2011年7月，在加拿大蒙特利尔召开的《蒙特利尔议定书》多边基金执委会第六十四次会议上，氢氯氟烃类淘汰管理计划的第一阶段（2011—2015年），我国多个行业计划包括房间空调器、工商制冷空调及维修领域都获得了批准。

制冷空调行业自2016年起的第二阶段行业计划的实施方案中明确不再资助采用R410A、R134a、R404A等高全球变暖潜能值的氢氟碳化物类工质作为替代技术的转换改造项目。我国高度重视保护臭氧层履约工作，扎实开展履约治理行动，取得了积极成效。截至2020年，我国已经完成了35%的削减任务，其中R22产量降为22.6万吨，R141b的产量只有1.5万吨。

为了配合行业氢氯氟烃类淘汰管理计划的实施完成，行业内开展了对多项国家和行业标准的制修订，包括基础及安全标准、整机产品标准、关键部件和材料标准。此外，还新制定了JB/T 12319—2015《制冷工质回收机》、JB/T 12844—2016《制冷剂回收循环处理设备》、T/CRAA 1010—2017《工商业用或类似用途的制冷空调设备维修保养技术规范》等标准，规定了工质的回收、再利用及其设备的相关要求，迈出了工质回收再利用的重要一步。

根据我国当前氢氟碳化物的消费水平测算，同时参考《基加利修正案》的基线设定要求和限控时间表，我国氢氟碳化物工质消费的基准水平约为7.24亿吨二氧化碳当量，到2045年完成基准量80%的削减后，消费水平将削减至1.45亿吨二氧化碳当量。

尽管国家和行业围绕工质的碳减排路径，如工质替代、工质管理、制冷设备能效提升等方面进行了详细发展布局和有效技术革新，但随着工质替代进程的逐步深入，以及削减任务难度的不断增加，要履行《蒙特利尔议定书》设定的限制并助力我国"双碳"目标完成，仅靠低全球变暖潜能值工质替代应用是不够的。首先，可选直接替代的工质的种类越来越少。其次，天然工质由于其物理化学性质的局限性无法改善其在所有应用领域中的能效和系统成本上的劣势，并且淘汰下来的废弃工质又缺乏有效地管理，导致未来的减排压力和处理负担会逐年增加。因此，需要我们进一步探索全链条的工质减排技术方案，分析国际公约要求和国家碳减排目标之间的关系，挖掘工质碳减排新路径、破局候选替代工质自主研发难题，从多维度解决制冷行业的碳减排问题。

2.5 制冷和热泵工质的回收与销毁管理

制冷和热泵工质大多为人工合成工质，排放到自然环境中会对环境产生影响。制冷和热泵设备生产调试产生的废弃工质，设备维修、移装过程泄放的工质，产品报废产生的废弃工质，以及小包装工质使用后的残留量都会导致工质向环境的排放。采用工质的回收与再生，以及最后的销毁处理，有利于解决工质排放对环境带来的不利影响，同时也得到了世界各国的重视。

2.5.1 工质的回收方法

工质回收的基本原理是通过建立回收端和被回收端两端的压差来实现工质的转移。工质回收方法可以分为冷却法、压缩冷凝法、吸附法、气液推拉法和复合回收法等。

冷却法、压缩冷凝法、吸附法分别用外加制冷循环、压缩机、高分子材料等途径以气态形式对工质进行回收，它们共同的优点是回收工质纯度较高，工质回收彻底；缺点是回收速度慢、时间长。气液推拉法的原理是使用压缩机将制冷储存罐内的气态工质吸入加压后压入被回收系统，通过高压气体"推"和回收容器内低压"吸"两方面的作用，将被回收系统内的液态工质"推拉"进回收容器。气液推拉法拥有最快的回收速度，缺点是无法对制冷系统内的工质进行全部回收。复合回收法的原理是基于气液推拉法回收系统中的液态工质，然后采用压缩冷凝法回收系统中残留的气态工质。复合回收法的优点是回收速度快、效率高，工质回收彻底；缺点是液态与气态回收模式的切换没有依据，由操作人员凭经验掌握，难以保证达到最佳的回收效率。

回收后工质的理想处理方式是通过再生实现再利用。再生方法分为简易再生和蒸馏再生两种。简易再生主要包含去除溶解在工质中的压缩机润滑油、水分和空气等不凝性气体。蒸馏再生技术指利用工质和各杂质的沸点不同进行蒸发分离，又分为简易蒸馏再生和分馏精制再生两种技术。简易蒸馏再生技术适用于单组分工质的再生提纯，其优点是过程简单、成本较低。分馏精制再生技术用于多组分工质的再生提纯，其优点是对颗粒、油、水分、不凝气、蒸发残留物、氟利昂分解生成物等都有很强的去除能力，并且能够对不同种类的工质进行分离，但成本较高。

2.5.2 工质的销毁

被环保公约淘汰的或是使用后未能回收再生利用的工质，只有加以销毁才能彻底避免工质对环境造成的影响。目前国际上已经商业化的主要销毁方法是焚烧法和等离子体法。

焚烧法的基本原理是使用燃料燃烧产生的高温火焰反应来使工质分子氧化裂解，根据燃料和反应器的不同形式，可以分为反应炉法、回转窑法、液体喷射式焚烧法等。焚烧法的关键技术要素主要是维持较高的燃烧温度（通常在1000~2000℃）和保证反应物有足够的高温区停留时间。等离子体法的基本原理是使用超高温等离子体炬（通常在 4700~19700℃）将工质分子直接离子化以实现工质分子的完全降解，根据等离子体炬获取方法的不同，可以分为氩气等离子弧法、氮气等离子弧法、空气等离子弧法、微波等离子弧法和蒸汽等离子弧法等。

焚烧法和等离子体法的主要优势在于工质的去除率高、反应速率快、工业上容易实现，是目前商业化设施的主要技术方式。然而，焚烧法和等离子体法需要维持很高的反应温度条件，技术能耗极大，因此造成了较高的技术成本和因使用大量化石燃料而带来的环境问题。高成本是制约工质销毁技术发展和使用的主要原因之一。根据美国国家环境保护局在 2018 年的报告统计，目前国际上商业化的废弃工质销毁设施主要集中在美国、日本、欧盟等地。根据使用的销毁技术不同，不同销毁设施的年处理能力差距较大，大多数在 40~1000 吨，但总的销毁能力相对现有工质的生产量和存量来说还是严重不足。

为实现工质低能耗、低成本的销毁，多种非焚烧类的销毁技术路线被提出。一类思路是反应转化法，即添加适当的其他反应原料，以将待销毁的工质转化为其他有使用价值的化工产品。此类销毁技术主要包括过热蒸汽反应法、氢气与二氧化碳反应法、甲烷反应法、氢气还原法等。此类技术思路主要希望通过对价值产物的回收以降低销毁技术的成本，但是目前仍需要解决提高价值产品产率和降低原料成本等问题，暂时未能投入商业使用。另一类思路是催化降解法，其基本原理是选择合适的催化剂和催化条件，降低销毁过程的反应温度，在温和条件下实现工质低能耗降解。现有技术方案包括热催化降解、光催化降解、光热协同催化降解等。催化降解法在维持高去除率的同时能够大幅降低销毁过程的能耗和成本，有利于相关技术的大规模商业利用，目前已经有催化降解相关的商业化销毁设施在欧洲和美国等地投入使用，我国清华大学史琳课题组也提出了光热协同催化降解定向产物回收的技术路线。目前，催化降解法的销毁效果还有待进一步评估，同时针对催化速率提升和催化体系活性强化等方面还有待进一步研究探索。

总的来说，相对工质的淘汰量，现有的工质销毁能力严重不足，针对工质销毁技术的研究和开发还有待加强。因此，开发低能耗、环境友好的工质销毁技术是实现工质减碳的关键一环，需要政府政策层面、研究机构和相关企业的共同努力。

2.6 制冷和热泵工质的替代与低碳发展

中国作为全球最大的制冷空调设备制造国，同时也是全球最大的工质生产和消费国，需要在履行《蒙特利尔议定书》的义务的同时，实现减碳目标。制冷行业的碳减排，是助力我国"双碳"目标完成的重要战场。

工质的碳减排要从使用低全球变暖潜能值的工质以及减少泄漏量、提高回收率和销毁率以减少直接排放，以及提高制冷设备的性能系数值减少间接排放这两条途径入手。尽管国家和行业围绕工质的碳减排路径，如工质替代、工质管理、制冷设备能效提升等方面进行了详细发展布局和有效技术革新，但长期以来我国在工质领域的被动应对的局面没有改变，较大的产业规模和涉及众多的产业领域给履约带来了巨大挑战，随着工质替代进程的逐步深入，以及削减任务难度的不断增加，要履行《蒙特利尔议定书》设定的限制并助力我国"双碳"目标完成，还要付出巨大的转型成本。在"双碳"目标下，未来需要解决的与工质直接有关的问题总结如下：

（1）目前尚缺少从工质全生命周期角度对工质在不同环节（生产、运输、制冷产品生产、安装、维修、回收、销毁）的排放进行较精确测算的方法和平台，这方面积累的数据和可供分析的平台还十分匮乏，不利于与工质相关的减碳目标设定和减排路径选择。应参考国外做法，建立适合国情的数据收集、测算和分析平台。

（2）基于上述数据收集、测算和分析平台对我国工质基础数据的分析，在我国"双碳"政策下，以及《基加利修正案》时间表背景下，结合我国发展的实际情况，制定明确的工质全球变暖潜能值降低的目标值、候选物和时间表。在此基础上，将工质全生命周期值纳入强制产品能效标准考核，以促进和推动行业的变革。

（3）全球范围内尚没有找到一种零臭氧消耗潜能值、低全球变暖潜能值、安全、高性能的"完全理想"的工质。虽然国际上在各个产品领域采用何种替代技术路线仍存在诸多争议，但是天然工质的最大限度的拓展使用，更低全球变暖潜能值的工质在全球范围内的应用推广将是必然趋势。天然工质的环保性能好，且无开发工艺的专利限制，随着相关风险评估和安全性提升研究工作的开展，以及相关政策、标准的出台，天然工质的应用会是工质替代的一个重要路线。应加快天然工质制冷标准的修订，并逐步攻破天然工质制冷的核心技术，加大对天然工质研究和应用推广的力度和鼓励措施。

（4）鉴于天然工质应用可覆盖范围的限制，低全球变暖潜能值工质的应用推广仍具有很大的前景。大部分低全球变暖潜能值替代工质存在着可燃、容积效率低和合成工艺复杂等缺点。通过技术提升、安全管理等手段对不同工质存在的问题进行"缺陷管理"的模式加以处理，确保这些替代品在规定条件下的安全使用将是长期需要面临的情况。

（5）低全球变暖潜能值替代工质及其混合物的物性、燃爆特性、其匹配的冷冻机油与材料相容性还需要深入研究，应全面考虑工质生产、运输、零部件制造、运行、维修等每个环节，探索工质燃爆特性和预警防护机理，建立健全政策标准及安全规范，为低全球变暖潜能值替代工质及其混合物提供支撑。

（6）采用工质的回收、再循环与再生，从而实现工质的再利用，是解决工质排放对环境不利影响的发展方向。在进一步研发回收、再循环与再生技术的同时，将我国出台的各种工质回收、再循环与再生及其销毁的法规落在实处是关键，需要研究回收碳减排潜力的预测方法、回收规范化设计、回收/处理工质的补贴等鼓励政策，形成实施细则。同时，开发低能耗、环境友好的工质销毁技术是解决问题的关键，也是最终实现工质减碳的关键一环。鉴于工质回收、再利用与销毁对于碳中和的重要意义，需要政府层面加大政策支持。

（7）开发环境友好、性能优异的单工质和混合工质是碳中和条件下我国制冷发展永恒的主题，工质品种创新和制备工艺创新则是我国制冷行业实现自主可控和可持续发展的重要保障。由于我国的工质开发与先进国家有较大的差距，需要从国家层面组织实施，联合上下游企业开展产、学、研、用联合攻关，建立工质开发与应用关键共性技术研究流程与方法，共同开展工质开发、性能评价与应用技术研究，为应用技术开发及应用示范提供科学理论依据，以实现低全球变暖潜能值工质的高效开发与应用,达到低碳环保的目标。

参考文献

[1] McLinden M O, Didion D A. Quest for alternatives [J]. ASHRAE Journal, 1987, 29 (12): 32-42.

[2] 中华人民共和国生态环境部. 一图读懂《〈关于消耗臭氧层物质的蒙特利尔议定书〉基加利修正案》[N/OL]. 2021-06-21 https://www.mee.gov.cn/ywgz/dqhjbh/xhcycwzhjgl/202106/t20210621_841063.shtml.

[3] 史琳, 安青松. 基于LCCP的制冷工质温室效应评价方法ERR新拓展 [J]. 制冷与空调, 2015, 15 (11): 64-69.

[4] 滑雪, 李雄亚, 韩美顺. 2019年中国制冷剂产品市场分析 [J]. 制冷技术, 2020 (40): 51-59.

[5] 中国制冷与空调网. 中国履行《蒙特利尔议定书》三十周年暨2021年中国国际保护臭氧层日纪念大会在京举办 [N/OL]. (2021-09-16) [2021-10-17]. http://www.chinarefac.com/news_show.aspx?id=17300.

[6] 高欢, 顾昕, 丁国良. 制冷剂回收与再生现状分析 [J]. 制冷学报, 2021, 42 (5): 17-26.

[7] ICF International. Ozone Depleting Substances (ODS) Destruction in the US & Abroad [R]. Fairfax: ICF International, 2018.

第 3 章 绿色低碳空调系统和智慧运行调节

空调系统是保障居住、生活和生产环境的重要手段，其生命期二氧化碳排放量很大。本章详细分析了当前空调系统碳排放量现状、减碳技术总体发展趋势，论述了"双碳"目标下未来空调系统重点技术方向和碳排放降低的对策，指出了住宅建筑空调系统、公共建筑空调系统、工业建筑空调系统以及城市与工业园区冷热供应系统的碳中和场景和低碳技术发展路径。

3.1 建筑空调系统碳排放量及减碳潜力

3.1.1 空调系统的发展现状与趋势

空调系统是保障居住建筑、公共建筑和工业建筑中所需环境参数的主要手段，对人们的健康、舒适和工业产品品质的保障起着至关重要的作用。空调系统运行碳排放主要包括使用化石燃料导致的直接碳排放，如燃气或燃煤锅炉，以及使用外部电力、热力导致的间接碳排放，如电驱动冷水机组、热泵机组、循环水泵及风机等。空调系统采用蒸汽压缩方式进行制冷和制热时，氢氟碳化物、氢氯氟烃类制冷剂属于《京都议定书》中所规定需要减排的温室气体。根据《中国建筑节能年度发展研究报告》（2022），2020年我国建筑运行过程能源消耗导致的二氧化碳排放量约21.8亿吨，其中直接碳排放约占27%，电力相关间接碳排放约占52%，热力相关间接碳排放占21%。

随着我国现代化水平的不断提高，各类建筑中空调系统的应用场景更加多样化，需求也不断增加。目前已有空调系统的民用建筑提升室内舒适度的需求也非常紧迫，数据中心、电子和制药洁净工厂、冷链物流、电动汽车上下游产品制造产业等制冷空调系统的新兴应用场景快速发展。我国在空调生产、销售和使用方面均已占据世界首位，降低空调系统的碳排放必将成为我国实现建筑碳中和目标的关键环节。由国务院印发的《2030年前碳达峰行动方案》中"碳达峰十大行动"指出，"能源绿色低碳转型行动""节能降碳增效行动""工业领域碳达峰行动""城乡建设碳达峰行动"等均与空调系统和相关设备的节能降碳密切相关。

3.1.2 空调系统碳排放分析

空调系统生命期碳排放包括设备制造、运输安装、运行和拆除过程中的碳排放。其中，空调系统设备生产、制造、运输安装过程的碳排放相当于空调系统的"含碳"量，减少工质充灌量和泄漏量是降低温室气体排放的关键。在空调使用过程中，不同运行方式和设备系统实际运行能效将产生能源实际的消耗量及碳排放，并且空调系统长期使用过程的碳排放量占比更大，因此降低空调系统运行过程中的碳排放是实现碳中和过程的重点。

根据《中国建筑节能年度发展研究报告》（2022），我国建筑中空调系统运行能耗导致的碳排放约为9.9亿吨。此外，我国家用空调和商用空调使用的氢氟碳化物温室气体排放量为1.0亿~1.5亿吨二氧化碳当量。结合两部分计算，我国建筑中空调系统运行导致的温室气体排放量为11.0亿~11.5亿吨二氧化碳。

按照直接碳排放和间接碳排放划分，我国空调系统运行过程直接碳排放量为6.5亿~7.0亿吨，其中能源消耗导致的直接碳排放约5.5亿吨。此外，我国空调系统用电导致的间接碳排放约4.4亿吨。

按空调使用的领域划分，我国民用建筑运行过程中能源消耗导致的碳排放主要包括四部分：①北方城镇建筑供暖导致碳排放为5.5亿吨，这是暖通空调系统碳排放的主要部分；②城镇住宅能耗（北方采暖能耗除外）导致碳排放为4.8亿吨，其中约1.2亿吨与空调系统有关；③公共建筑能耗导致碳排放为6.4亿吨，其中约2.1亿吨与空调系统相关；④农村建筑使用商品能源导致碳排放为5.2亿吨，其中约1.0亿吨与空调系统相关。

3.1.3 "双碳"目标对空调系统碳排放量的要求

根据对2030年后我国能源消费总量和结构的预测，到2060年，我国能源消费总量达到62.8万吨标准煤，其中非化石能源占比达到77.5%左右。按建筑能源消费占总能源消费20%、空调能源消费占到建筑总能源消费50%计算，2060年，空调系统碳排放应不超过2.4亿吨。目前我国建筑中空调系统运行能耗导致的碳排放约为9.8亿吨，因此未来需要空调领域实现至少7.4亿吨的二氧化碳减排量。此外，考虑到空调系统需要的通常是低品位冷热源，空调领域应为碳中和作出更多的贡献,力争在未来实现近零碳排放。

3.2 建筑冷热量需求特点与空调系统低碳发展总体路线

空调系统主要用于满足人们生活、工农业生产和检测实验所需要的内部空间参数,这些内部空间的环境参数主要是通过建筑本身和空调系统来营造。由于建筑内部环境参数全年变化不大,并不需要特别高品位的能源用于营造室内环境,因此应充分利用建筑冷热量需求特点发展高效低碳的空调系统。

3.2.1 建筑环境参数与冷热量需求特点

满足人员体感舒适的温度参数通常为 18~26℃,与自然环境参数差异不大,因此通常不需要特别高温的热源和特别低温的冷源。由于传统空调通常采用 50~60℃高温热源和 7~12℃低温冷源,导致空调系统能耗较高。为确定处理各种空调负荷所需的合理介质温度,我国学者率先提出了空调负荷品位的概念,即在经济换热温差下处理某一负荷的介质温度,可以是冷热媒温度,也可以是换热器进出口平均水温。

传统的空调负荷理论只给出负荷数量而没有负荷品位(即处理负荷所需的冷热介质温度),且一个对象只有唯一的负荷数量。基于负荷品位的概念,我国学者指出,在相同保障目标下负荷数量和品位的组合构成不再唯一,可以有多种方案。例如,采用辐射类末端和嵌管围护结构与空气末端组合时,可以通过嵌管围护结构和辐射类末端多承担负荷,减少空气末端承担的负荷数量,从而减少高品位负荷的数量,提升空调系统的运行能效,降低能耗和碳排放。

如图 3.1 所示,在夏季保障相同的室内热舒适度的情况下,传统系统采用风盘末端(空气末端)承担所有的室内负荷(使用 7~12℃冷水);而采用辐射末端承担一部分室内负荷后,室内相当数量的负荷可以用较高温度的冷水处理(负荷品位降低),从而提高冷源系统能效而实现节能;进一步地,采用嵌管式围护结构,通入温度较高的冷水,拦截部分围护结构向室内的传热负荷后,则可以显著降低高品位风末端需要承担的负荷,该方法虽然增加了负荷数量,但由于提升了机械冷源系统的能效,甚至相当负荷可用自然冷源直接处理,可显著降低空调系统的能耗。

3.2.2 空调系统低碳发展总体路线

鉴于建筑内部环境参数要求且所需要的冷热量品位比较低,空调系统低碳发

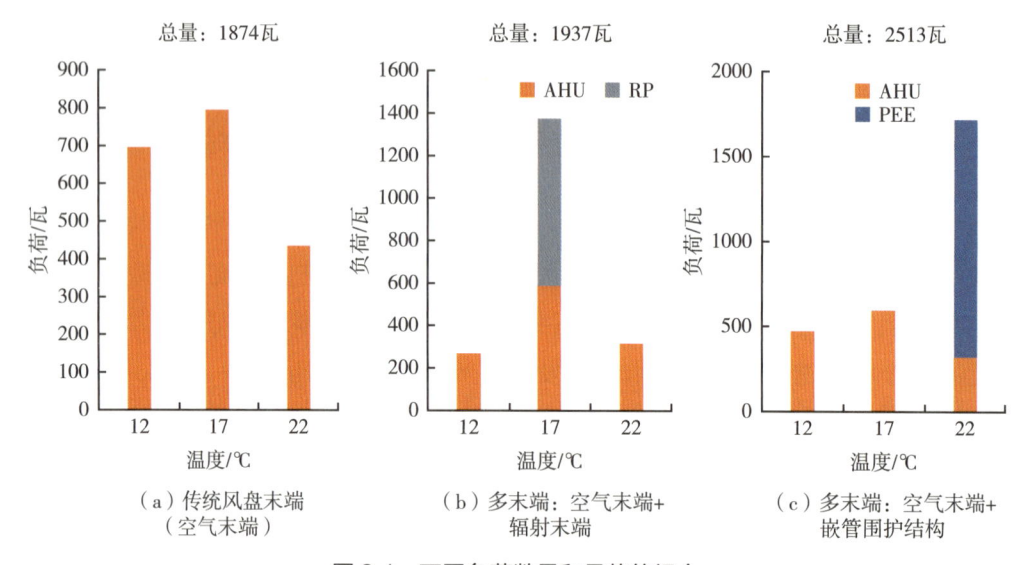

图 3.1 不同负荷数量和品位的组合

(a) 传统风盘末端（空气末端）
(b) 多末端：空气末端+辐射末端
(c) 多末端：空气末端+嵌管围护结构

展可采用下列总体路线：①降低负荷数量和/或品位需求，优先考虑采用被动技术减少负荷数量，或采用自然能源或废热等低碳、零碳能源直接处理部分低品位负荷，减少需要机械制取的冷热量；②结合建筑冷热负荷品位特点，提高能源制取中高品位能源设备的效率；③将太阳能、风能、地热能、生物质能等可再生能源与空调系统结合，提高空调系统主动吸纳可再生电力和能源的柔性，代替传统的化石燃料供热制冷，从而减少建筑供热制冷导致的碳排放；④减少化石燃料在建筑中的应用，采用高效电驱动热泵技术替代传统化石燃料供热制冷，实现空调系统的全面电气化；⑤开发绿色制冷技术及新型环保制冷剂，减少热泵制冷剂导致的碳排放；⑥充分利用人工智能和大数据技术改善空调系统运维水平和运行效率，降低维护成本和能源消耗，进一步降低空调系统运行过程导致的碳排放。

3.3 住宅建筑空调系统低碳发展路径

3.3.1 住宅建筑空调系统低碳发展的技术路径

降低住宅建筑空调系统的碳排放量的主要技术途径有：①在保障舒适性前提下，降低空调的冷热负荷需求；②降低空调的运行耗电量，提高运行能效；③开发利用可再生能源，并提高住宅空调吸纳电网可再生电力的柔性；④降低空调直接碳排放量。具体技术措施有以下几种。

3.3.1.1 降低建筑负荷

降低建筑围护结构的传热系数是住宅空调低碳化运行的基础，随着超低能耗建筑技术的发展，建筑保温特性近年来已有较大改善，不同地区非透光围护结构传热系数平均值已降至 0.1~0.3 瓦/（平方米·开）。此外，也有采用包括动态调节窗户、遮阳系统、玻璃幕墙实现可变传热系数以及可变通风的智能围护结构。同时，Trombe 墙、热管墙等围护结构的研发也为围护结构拦截室外负荷提供了新的方法。减少空调系统的运行时间和服务面积，结合实际建筑需求，发展具有"部分时间、局部空间"特征的空调系统，可降低空调系统所承担的冷（热）负荷，以降低其碳排放。

3.3.1.2 提高空调系统的实际运行能效

改善空调系统的部件性能和系统运行特性，是住宅空调节能降碳的重要路径。家用空调容量较小、数量较多，应当研发高效转子和涡旋压缩机，发展高性能蒸汽压缩循环，优化系统设计方法等。根据空调器环境适应性要求和负荷需求，确定不同的空调器技术特征，是确保空调设备性能和适用性的基本前提，也是提高全工况性能的重要途径。优质热源或热汇对于提升住宅空调能效也尤其重要。制冷时，适当提高室内温度、采用水冷与蒸发式冷凝器；制热时，适当降低制热出水温度或室内设定温度，如有条件可采用温度更高的低温热源等。住宅空调宜发展直膨式空调系统，以减少能量输配环节的能耗。在具有输配系统的水系统中，应发展变频调节技术，实现输配系统总能耗最低、效率最高的目标。

3.3.1.3 充分利用自然能源

自然能源的利用也是建筑低碳发展的重要途径，将自然能源应用于新风、室内风处理、围护结构负荷拦截等，可有效降低空调负荷强度。如在嵌管窗的嵌管中通入从自然环境中采集的冷却水和低温热水，有效拦截室外负荷，扩展了自然能源的利用范围，延长了自然能源的利用时间，降低了空调的使用时间和能耗。对于住宅空调器，将室外空气作为自然冷源应用到制冷空调，为提升空调器制冷季节实际运行能效、降低能耗、改善室内空气质量提供了有效途径。

3.3.1.4 利用可再生能源实现负碳

可再生能源利用是住宅空调唯一的碳汇，是实现住宅空调碳中和的重要途径。光伏直驱空调是空调系统利用可再生能源实现自发自用、即时就近消纳最为直接的模式。若通过建筑墙面、屋顶的光伏发电，还可以通过余电上网、电网调节等实现建筑用电的低碳化，并降低空调用电的碳排放因子。另外，通过空调与储能的有机结合以及基于需求侧响应的室内环境控制技术，如以预制冷、风机变频控制、优化送风温度等技术手段实现可再生电能的消纳及错峰运行，提升可再生电能的使用量，从而为住宅空调碳中和提供重要的二氧化碳负排放技术支撑。

3.3.1.5 采用环保型制冷剂

开发环境友好、性能优异的单工质和混合工质是我国制冷行业实现可持续发展的重要保障。降低直接碳排放应使用低全球变暖潜能值制冷剂，考虑到低全球变暖潜能值制冷剂可能带来的能效降低，可采用时间阶梯式的标准能效值，即在初期适当降低能效标准，待技术较为成熟时再逐步提高。此外，还可以减少制冷剂充注量，发展细管径、微通道换热器，以及不同系统制冷剂充注量优化等措施；进一步降低制冷剂排放，禁止空调维修、拆卸时的制冷剂直排，避免制冷剂在生产、运输等过程中的泄漏，健全制冷剂监管机制，推动制冷剂回收利用与再生技术的进步。另外，延缓空调系统的性能衰减，延长其使用寿命，也是减少碳排放的重要措施。

3.3.1.6 优化实际运行与安装方法

研发经济、便捷的现场性能测量技术，发展基于压缩机能量平衡法的空调器、多联机性能测量技术，获得设备实际运行状态，为用户提供定制的节能、舒适控制策略和个性化服务，同时为国家、行业制定相关标准提供技术支撑，为企业产品研发指明方向。在住宅空调的安装使用中，研发具有高效气流组织的室内机，在提高舒适性的同时降低运行能耗；对于室外机，需优化室外机安装平台，避免室外机排风回流和风量衰减；对于多联机系统，应尽可能缩短配管长度，提高低负荷率时的能效比；发展基于实际性能的智能控制、系统调适和故障诊断技术，使空调能够发挥应有的性能。

3.3.1.7 提高管理者水平及用户低碳意识

除了设备系统层面的优化设计，也可以通过用户分户计量、能源改造等方式提高用户、管理者的节能意识。对于操作人员来说，需要具备操作专业技术，对设备有深入的了解，并能熟练通过正规的操作，保证系统合理运行。可以通过合理的激励措施引导和培养操作人员的节能意识。作为设备的拥有者，应重视设备使用成本的管理，尤其是对能耗的管理，而不应仅仅关注业务量的拓展，寻求更适合自己设备的节能方式。另外，提高用户的节能和合理使用设备的意识，例如控制空调的启停频率，尽量不要出现人不在而空调开的现象。

3.3.2 住宅建筑高效空调系统发展方向

结合上面给出的住宅空调低碳运行主要原则及路径，提出住宅空调以下几种关键技术方向。

3.3.2.1 适用于"部分时间、局部空间"的住宅空调形式

研发"部分时间、局部空间"的住宅空调形式是实现住宅空调低碳化的基本

方法。研究表明，用户开始使用空调和稳态运行时舒适性对全运行评价有重要影响，对流末端启动阶段低室温、稳态阶段强吹风感和头热脚冷对全运行阶段评价不利；辐射末端虽然舒适，但其热响应速度慢、通常需要连续运行，与低碳运行思想相悖。新型平板热管末端、基于重力循环热管的对流/辐射一体化末端可实现启动阶段对流换热组件高效运行、稳态阶段辐射换热，从而将对流和辐射末端进行合理整合，可有效实现间歇、高效、舒适的绿色低碳供暖室内环境的营造。

为实现启动阶段快速升温，还需要探究启动阶段的负荷需求，并结合夏季制冷空调需求，研发高效压比可调的压缩机并设计其热泵循环。此外，受制于传统热泵技术难以在室外低环境温度下运行，需要从技术上进一步研发双级乃至多级压缩的热泵设备，如低环境温度空气源热泵等，从而实现北方建筑的节能舒适供暖。对于严寒地区的分布式供暖，不仅要考虑多级压缩，还需要设置值班供暖，避免间歇运行时过长的启动时间。

3.3.2.2 基于部件优化及自然能源利用的高效住宅空调

研发高效热泵循环、优化系统部件及性能提升是实现空调器高效运行的重要方法。针对长江流域变工况下的适应性问题以及冬季制热量不足、能效比低的问题，研发新型端面补气、滑板补气以及吸气/补气独立压缩等压比适应及容量调节方案，实现宽工况范围和高适应变频调速。为提高空调器室外换热器效率，发展除霜技术如热气旁通除霜、超疏水镀层技术、溶液喷淋除霜等，能够提升换热水平。同时寻找除霜热量来源，避免除霜不净从而缩减除霜时间。提高多联机和空调器的低负荷运行效率，有助于提高机组全工况下的能效，降低全生命期碳排放。例如大小容积切换的压缩机，在中高负荷下大小两个气缸同时运行，在低负荷工况下，大容积气缸卸载，小容积气缸在较高负荷率下运行。

另外，利用自然能源处理空调负荷是降低空调系统能耗的重要途径。对于空间小、结构紧凑的住宅空调，新风是自然能源利用的主要方式。将新风作为室内环境参数的调控手段，可以降低机械制冷（制热）设备的冷热量，提高能效比；利用高焓低湿区和低焓高湿区新风实现显热与潜热的量质转换，配合机械制冷的室内热湿环境营造方法，实现焓值和湿度均高于室内的新风也能用于节能。

3.3.2.3 住宅空调的调适与智能运维技术

住宅空调现场安装、调控以及运行环境与实验室测试工况存在差异，因此对住宅空调及其服务对象在现场运行时进行优化控制与管理（即调适）并实现智能运维，是住宅空调低碳运行的重要技术途径。家用空调器、多联机等没有专业的运维管理人员，因此依靠产品生产企业进行在线调适是未来发展的重要方向。技术核心是实时获取系统能效和室内舒适性参数，基于"广义压缩机"能量平衡动态修正的全工况空调现场性能测试方法可以实现现场性能测量。该方法的多个传感器还可以作为设备故障诊断的基础参数，与系统的优化控制相结合，从而实现智能运维。另外，通过对性能传感器采集的数据进行挖掘，可以对住宅空调实现自学习的智能控制，从而降低全生命期的碳排放，进一步实现故障预测与诊断。

3.3.2.4 环保制冷剂及相应技术

使用低全球变暖潜能值环保制冷剂，并降低制冷剂充注量，减少制冷剂泄漏，是降低住宅空调直接碳排放的关键。低全球变暖潜能值制冷剂主要包括自然工质、氢氟烯烃等。氢氟烯烃类制冷性能较好、全球变暖潜能值极低，但存在一定可燃性，安全性较差。与其他制冷剂混合是改善其制冷剂性能的途径之一，如氢氟烯烃中混配 R32 以改善热物性、混配 R134a 降低可燃性等，以兼顾环保和制冷性能。目前，R452B、R454B 已成为 R410A 的替代制冷剂应用于家用空调器中。R744 作为一种纯天然制冷剂，全球变暖潜能值为 1，且无毒不可燃。使用 R744 跨临界循环具有节能环保优势，是目前家用多联机等系统制冷剂替代的研究热点。目前提出了带回热器、膨胀机回收膨胀功、带喷射器以及双级压缩等系统形式，以解决该系统高低压的压差较大、性能较低等问题。

3.3.2.5 需求侧响应的住宅空调控制技术

空调负荷是智能柔性电网主动错峰或主动消纳可再生能源电力的重要资源，因此通过需求侧响应，即用户改变自身的用电习惯来响应电网特征，实现可再生能源电网调节。相比于商用空调，住宅空调的调节手段有限，其中调节室内温度设定是家用空调最常见的需求侧响应控制方法，例如依据实时电价变化调整室内温度。近年来，也有一些关于新型方式用于住宅空调实现需求侧响应的方法。例如构建光伏与建筑电网结合的微电网，为家庭供暖空调及热水供应提供最优的需求侧响应控制。未来应进一步对传统空调供暖设备进行创新，确定其参与建筑柔性电力系统的交互及优化策略，在不同的预测方法下，通过住宅空调区域及用户不同控制方式，确定合理的电网交互方式，从而提升可再生电能的消纳量，是住宅空调参与"光储直柔"建筑，实现碳中和的二氧化碳负排放技术。

上述多种低碳技术措施已经实现集成，如格力电器与清华大学联合研发的集成蒸发冷却和太阳能光伏的超高效空调器（图 3.2），突破了超高效蒸汽压缩制冷循环构建、并联三缸变频转子压缩机、低全球变暖潜能值制冷剂 R152a 的应用、基于预测的多系统融合调控等关键技术，同时与光伏发电相结合，经实测折合年碳排放量比市场主流产品降低 85.7%。美的集团开发了基于 R290 的房间空调器，研发出 R290 新型吸气补气独立压缩转子压缩机，空调器的功耗显著降低。

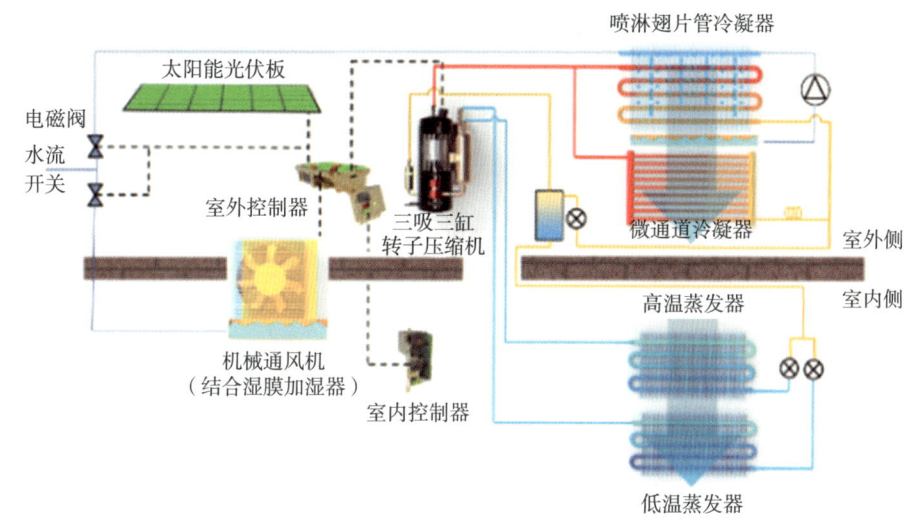

图 3.2　超高效空调器研发示例

总的来说，空调器保有量进一步增加是住宅空调零碳发展的主要压力，给非传统集中供暖区的集中地暖、燃气供暖设备的推广带来了更大的挑战和风险。因此，应避免非传统集中供暖区使用集中地暖、燃气供暖等直接使用一次能源和连续供暖的设备，尽快推动热泵空调设备，以满足我国不同地区的供暖空调需求。分阶段有序推广热泵空调设备是解决这一问题的核心抓手，图 3.3 给出了低碳空调技术应用于我国住宅空调的进程。

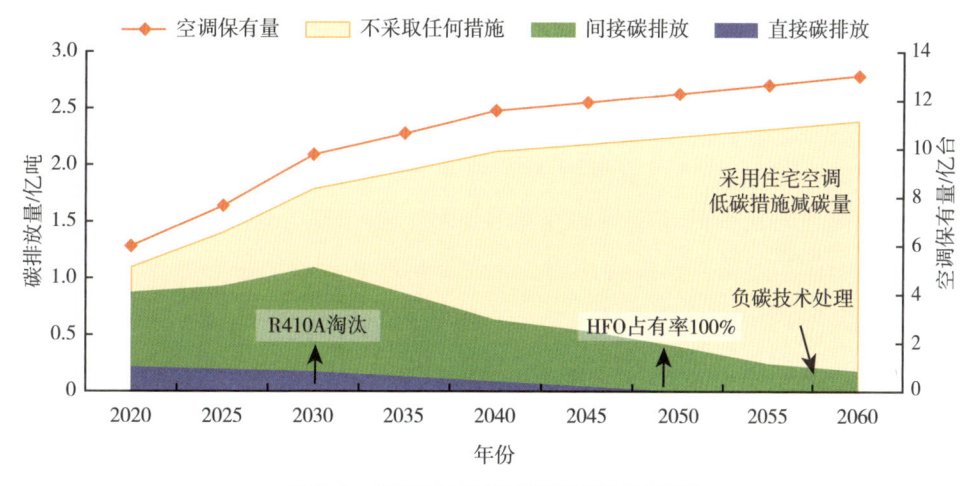

图 3.3　我国住宅空调低碳化进程示意图

第一阶段：居民住宅空调系统转型初期（2020—2030 年）。居民供暖空调面积持续上升，根据《绿色高效制冷行动方案》，新建建筑应全部采用高效空调（能效比提高 30%），避免用户选择燃气、集中供暖设备，推广低碳空调技术应用，40% 的原有空调设备、全部新建建筑均采用绿色高效制冷剂并逐步淘汰 R410A 等产品，全面采用 R32 等作为住宅空调制冷剂，实现住宅空调碳达峰。

第二阶段：居民住宅空调系统转型中期（2030—2050 年）。居民供暖空调面积基本不变，空调保有量有所增加，原有空调设备全部更换为低碳空调，改为氢氟烯烃等超低全球变暖潜能值制冷剂。在该阶段，空调器保有量达到饱和，既有设备的更换是居民空调供暖的主要动力。同时，在碳中和目标下，生产超高效空调器（节能 80%）并商业化推广，到 2050 年在新销售空调中全面推广氢氟烯烃制冷剂空调。

第三阶段：居民住宅空调系统全面转型（2050—2060 年）。燃气设备以及电地暖等能效较低的电气化供暖设备将完全由热泵取代，超高效空调器实现全国全面覆盖，并结合可再生能源电网等负碳技术，逐渐实现零碳排放，住宅建筑空调供暖将在 2060 年实现碳中和。

3.4 公共建筑空调系统低碳发展路径

公共建筑中空调系统节能降碳的重点技术方向为：降低空调系统负荷，提高冷热源设备和系统效率、空气处理设备与输配效率、空调系统柔性和智慧运维等；重点关注空调系统产碳量的科学合理计算、减碳效果定量公平评估和结果导向的全生命问责机制等。

3.4.1 降低空调负荷

（1）选用高性能和具有可调性的围护结构，如气凝胶保温材料及真空隔热板、相变材料的墙体，热致或电致调光玻璃等；可利用自然能源"主动被动结合"减少室内空调负荷的新型围护结构，如用热管、半导体制冷和热泵与围护结构复合嵌管墙体和外窗，蒸发冷却墙，天空辐射膜，调湿墙板等。

（2）创新室内空气品质保障策略。自然通风与机械通风结合，根据空间人流密度的变化按需通风；用自然能源对新风进行处理，大幅度降低新风负荷及风机电耗，并提升排风中回收热量的比例。

（3）应用新型空调末端和空气处理过程，通过减少损失、减少熵增等手段降低对空调供冷量和"质"的需求。在室内安装可实现多种送风模式的送风末端，如采用置换通风、地板下送风等送风方式和工位空调等个性化送风，适应不同人员分布场景且同时降低室内空调负荷；采用温湿度独立控制系统 THIC、独立新风处理系统 DOAS 等系统，降低对压缩机饱和蒸发温度的需求，为设备和系统能效的提升创造条件。

3.4.2 提高设备和系统能效

提高设备和系统能效的技术方向主要集中在高温供冷/低温供热系统，高效热泵，能量回收与自然能源利用，设计、施工、调适、运维一体化的高效冷热源系统。

（1）高温供冷系统，将冷冻水温度提高到16/20℃，从而大幅度提高冷机能效或利用自然冷源，其中的关键是实现室内显热负荷与潜热负荷分开处理；当围护结构保温性能良好、气密性良好、太阳辐射和室内发热量等"自由得热"充足时，对散热器表面温度的需求大幅度降低至35℃左右，可使得各种热泵高效运行，替代化石燃料燃烧形成的传统供热系统。

（2）高效热泵的充分应用和系统效率提升，如采用多种源联合工作的复合源热泵可以充分发挥各种源/汇的优势，采用磁悬浮无油离心机热泵和制冷机组等降低传动损失、实现末端直膨应用等。

（3）能量回收与自然能源利用，包括利用热泵设备同时制冷和制热，回收制冷设备排放冷凝热产生的热水，在酒店、医院、学校等建筑中可广泛应用。蒸发冷却和免费供冷可充分利用自然能源，在高大空间、制造业厂房以及数据中心机房中可有大量应用。

（4）全面提升制冷空调冷热源效率，通过设计、施工、调适、运维一体化，实现高效冷热源系统长期高效经济运行，如制冷系统供冷季运行能效比（EER_c）、热泵供热系统供热季运行能效比（EER_h）超过5.0的高效系统近年来在我国发展迅速，在未来空调系统中也将具有广阔的应用前景。

3.4.3 提高空气处理设备与输配效率

未来的室内环境营造应充分结合空气末端、对流辐射末端和嵌管围护结构（广义建筑室内环境控制末端）的各自特点和优势合理搭配，从而实现不同温度的冷热源处理合适温度品位的负荷，以大幅降低空调负荷。对于空调运行过程中的除湿负荷，可大力发展以液体、固体吸湿剂为代表的吸湿剂除湿技术。这一技术还可应用于新排风的全热热回收中，可有效避免排风侧的结霜和结冰风险。

采用新风与循环风独立处理、温度和湿度独立控制、自然通风与机械通风协调等方式，可大幅提高热湿处理的效率，减少风机和水泵能耗。开发可使用多种不同温度的冷热源对空气进行分级处理的装置，可进一步提高处理空气的冷热源效率。

3.4.4 提高空调系统柔性和智慧运维技术

空调供冷系统和电驱动热泵系统是目前电网季节性峰谷拉大的主要原因，也是未来电网所需的能够参与电网运行控制的柔性负荷,是高可再生能源比例下电网低碳运行的重要组成部分。提升空调供热系统柔性的方法有以下几类:①利用建筑自身围护结构、建筑内的家具装置等建筑的热惯性,使建筑自身在热环境营造上存在一定的蓄热特性,可有效利用。②采用蓄冷蓄热等方式进行能量蓄存,可实现日间、月间甚至跨季节蓄能。其中冰蓄冷、水蓄冷是常用的蓄冷方式,蓄热水也常用于供暖系统或生活热水等应用场景,未来还可以实现跨季节蓄能,相变材料蓄存冷热也将获得进一步应用。③空调系统主要设备目前均可实现变频调节,成为配电网层面重要的灵活性负载和柔性资源,包括空调系统风机、水泵、压缩机等变频调速,以及进一步与空调送风温度、送水温度、蒸发温度等热工参数的联合调节,可更好地适应未来可再生能源占比较高的电力系统。④空调系统还可与直流供电相结合,直接吸纳建筑及周边社区园区中的光伏发电量。

此外,还可在未来电网中可再生能源占比越来越高的情况下主动响应、吸纳电网中的多余可再生电力,成为稳定电网平衡的基石。未来需要解决的关键问题包括:①定量计算空调系统参与电网需求侧响应的减碳贡献度;②制定合理市场政策激励并参与需求侧响应性行为,以及惩罚相反的行为;③在空调系统减碳定量计算中抵扣需求侧响应期间耗能量的局部碳排放的上升。因此,建立实现对各类空调系统实际运行能耗、能效、碳排放的数字化追踪机制,形成相关标准规范和长效市场机制,就能充分发挥空调系统在保障电力供需稳定平衡的同时大幅度降低终端用电间接碳排放的持续作用。

3.5 工业建筑空调系统低碳发展路径

工业建筑是保证工业生产正常进行和提高产品质量的重要组成部分,也是高新技术发展的基础条件。工业建筑空调系统的主要任务是控制生产过程中产生的各种热湿及污染物,创造出满足工艺要求的生产环境。

3.5.1 工业建筑空调现状与待改进的方向

工业生产的很多工艺需要在特定的温湿度下进行,比如喷涂工艺、纺织工艺、数控加工和锂电池生产工艺等,这些生产工艺需要带有温湿度控制的空调系统。这类空调系统中以新能源产业中的支柱之一——锂电池生产为代表,其生产工艺对湿度要求极高,单位面积能耗水平也居高不下,因此对其进行重点分析。在对空气温湿度保障要求的基础上,精密电子和生物医药对空气内的含尘浓度也提出了很高的要求,还需要针对空气洁净度进行控制,从而进一步提高了单位面积的能耗水平。

随着芯片制造工艺的进一步提升,对洁净度保障的要求也更加严格,洁净区面积越来越大,环境保障能耗越来越大,因此针对电子洁净厂房进行重点分析。

3.5.1.1 温湿度同时需求和极低湿环境保障对象——锂电池车间

调研显示,锂电池生产过程中的耗能约占总能耗的 66%,而生产能耗中的 43% 用于空调除湿,38% 用于干燥工艺。锂电池生产厂房对湿度的要求极其严格,部分生产车间需营造超低露点的生产环境,湿负荷主要来源于工艺散湿、材料产湿和新风湿负荷。

锂电池生产车间环境露点的波动会直接影响工艺过程,对于 −10℃ 与 −40℃ 两种露点温度要求的生产车间,除湿空调系统分别采用单级转轮二次回风除湿机组以及双级转轮一次回风除湿机组,如图 3.4 和图 3.5 所示。

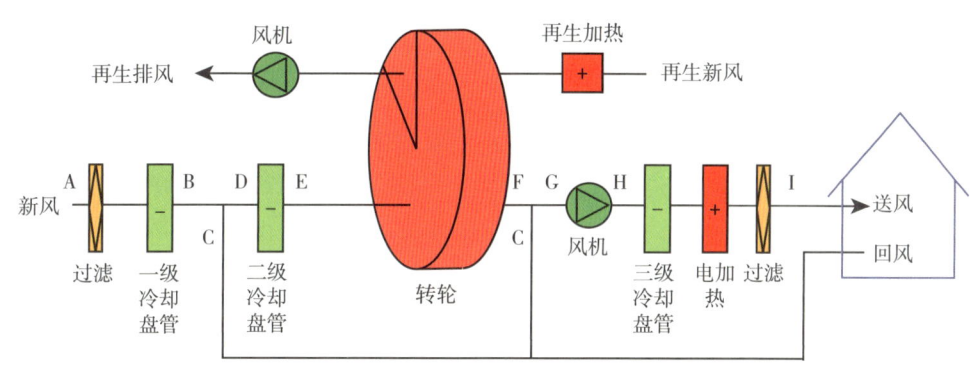

图 3.4 单级转轮二次回风除湿机组示意图

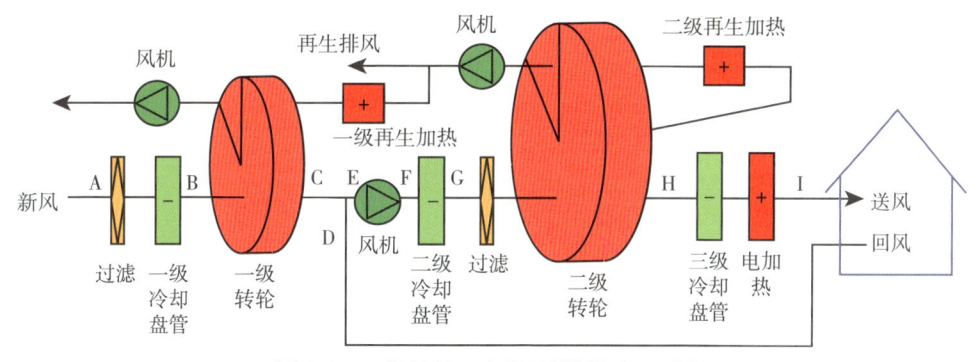

图 3.5 双级转轮一次回风除湿机组示意图

3.5.1.2 温湿度同时需求洁净度高保障对象——洁净厂房

高等级电子洁净厂房通常采用新风机组 + 干盘管 + 风机过滤器单元的系统形式,这一过程中产生了冷热量的相互抵消,再热量可占实际供冷量(总供冷量 − 再热量)的 20% 左右。在实际应用中,出于降低初投资等考虑,一般只设置低温冷水机组,因此新风处理机组的高温水采用换热或混水方式获得,不能起到实际节能效果。图 3.6 给出了夏季新风处理机组的空气处理过程及焓湿图。冬季,电子厂房洁净室采用新风加热后喷淋加湿至送风状态点送入上夹层中,干盘管将室内回风等湿降温,与新风混合后送风。

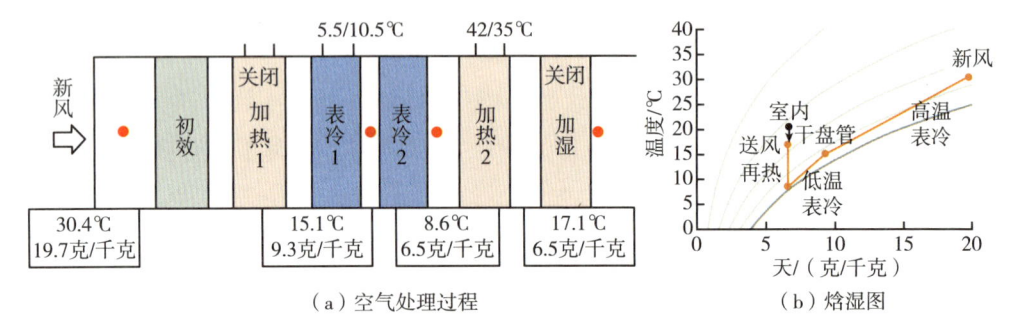

(a) 空气处理过程

(b) 焓湿图

图 3.6 夏季新风处理机组空气处理过程及焓湿图

现有洁净厂房保障系统的能耗很高,随着工艺要求的提升有进一步增加的趋势,其设计和运行存在以下问题:①核心生产区通常仅考虑最高的保障要求,导致总体系统设计和运行风量过大,并且出于安全生产考虑,在实际运行过程中较少调节,导致风系统能耗极高;②相比民用空调,洁净空调系统的冷热源及空气处理流程较复杂,经常出现热湿处理过程冷热抵消严重、风机阻力大等问题,使得洁净空调系统能耗巨大;③洁净空调很多时间会同时出现冷、热需求,现有做法通常是同时制取冷和热,未充分利用工艺过程余热,导致冷热源能耗较高。

综合来看,现有工业建筑空调系统存在的主要问题有:①免费供冷和供热利用不充分。冬季通过运行冷却塔进行免费供冷较为常见,而忽略了免费供冷的热量也可以用于新风加热,实现免费供热。②蒸汽加热品位高。送风再热的热源为多蒸汽锅炉,蒸汽的温度远远大于被加热的送风温度,两者之间品位不匹配,造成不合理的品位损失。③冷热抵消严重。采用冷凝除湿后再热造成冷热抵消;存在将多个负荷特征差异明显甚至出现冷、热负荷的区域由同一个空调机组控制现象;由于空调处理流程设计或者自调节方式不合理造成冷热抵消。④额外阻力损失严重。空调箱和热泵机组相距较远,使得冷热源设备和空调箱之间的管路输配阻力大。在以电子厂房为研究的案例中,额外阻力损失高达 13.3%。

3.5.2 工业建筑空调环境保障技术发展方向

通过对锂电池车间和电子洁净厂房的空调系统分析,工业建筑空调环境保障技术的发展方向主要包括以下几种。

3.5.2.1 新风和室内循环风独立处理

由于新风和室内循环风进风参数不同,应设置两个独立的空调箱,分别处理新风、循环风，循环风的空调箱就近设置，减少风管长度，避免空气长距离输配。

3.5.2.2 空气热湿负荷的分级处理

空气处理过程的进出口温差、湿差大，将空气处理过程分级，各级使用不同参数的冷热介质处理空气，有利于自然能源或废能的充分利用，且提高机械冷热源设备的能效。

3.5.2.3 旁通空气处理流程中的闲置装置

在工业建筑中，风机的能耗占空调系统总能耗的比重可达20%，甚至33%以上，且小负荷率时占比更显著。若设置带风阀的旁通风道，将闲置的空气处理装置旁通，可显著降低风机的能耗。

3.5.2.4 避免冷凝除湿再热

工业建筑中因为冷凝除湿过程热湿耦合，造成冷热抵消，冷机能耗较大。因此，使用温湿度独立空调系统分别处理显热和潜热负荷，可以减少冷凝除湿的再热损失。此外，以溶液除湿方式替代冷凝除湿，可以进一步提高潜热负荷处理系统的能效。

3.5.2.5 同时实现免费供冷和供热

工业建筑室内设备散热量大，即使是冬季，室内往往存在大量的冷负荷。若将循环风的热量通过热回收方式转移至新风处理处用于加热新风，则可同时实现免费供冷和供热，减少能耗。

3.5.2.6 低湿环境的空气处理性能提升

为提高系统能效，空调箱和冷热源设备应单独设置，并应综合冷凝除湿、溶液除湿、转轮除湿等多种除湿方式分级处理空气至需求的送风湿度。

3.5.2.7 面向需求的非均匀洁净环境设计、控制

现有电子洁净室人员数量已显著降低，并且人员是电子洁净室的主要颗粒来源，如保持人员顶部若干风机过滤器单元的设计洁净送风量以有效移除人员直接散发的颗粒物，而远离人员的其他区域大幅度降低顶部众多风机过滤器单元的洁净送风量，则有可能显著降低整个洁净室的全年运行风量和能耗，如图3.7所示。

3.5.2.8 降低循环阻力的气流组织形式

如图3.8所示，电子洁净室通过风机过滤器单元将洁净气流送至洁净区，然后流过架空地板到下夹层，经干盘管降温处理后，通过回风夹道回到上夹层，实现循环。这种送风方式循环阻力较大，而需要处理的风只是其中一部分，因此只需部分风量经过干表冷及回风夹道，其余部分回风经过过滤装置或者局部回风夹道直接回到上夹层形成局部自循环，从而降低总的循环阻力。

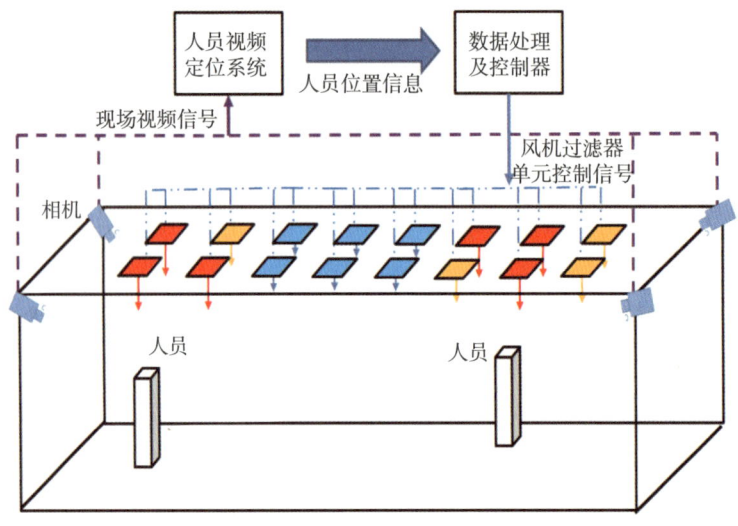

图 3.7 通过视频定位系统实现单个风机过滤器单元的变频调控

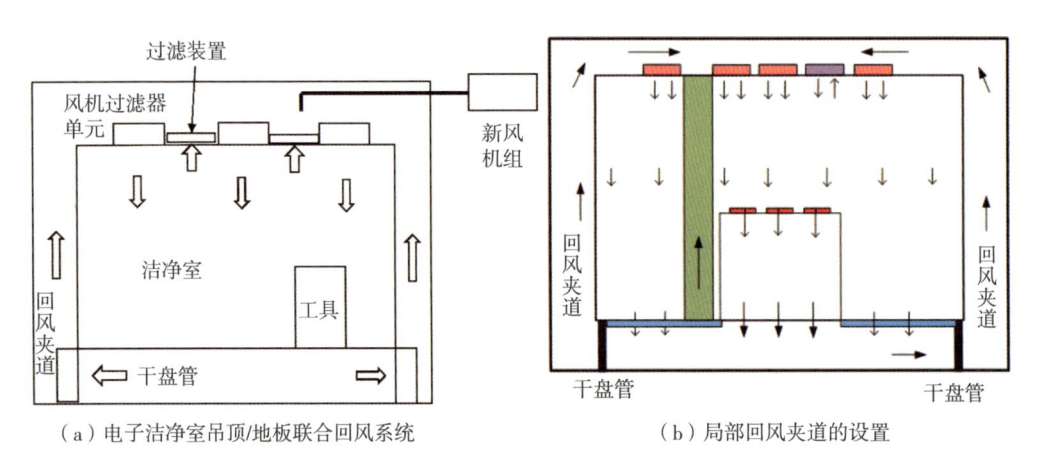

（a）电子洁净室吊顶/地板联合回风系统　　（b）局部回风夹道的设置

图 3.8 降低循环阻力的洁净室气流组织形式

3.5.3 工业建筑运维技术发展方向

工业建筑大多为工业厂房，生产工艺复杂、功能分区多，对环境条件要求也不尽相同。工业建筑暖通空调系统的设备种类和数量较多、能耗大，对生产安全有重要影响。工业暖通空调系统的运行维护和管理的信息化、自动化和智能化是未来的主要发展方向。

3.5.3.1 基于大数据和人工智能的暖通空调系统故障检测诊断

工厂车间空调系统设备数量、种类众多，传感器、执行器、设备及系统都有可能发生故障，导致设备失效，甚至带来安全隐患。工业暖通空调系统往往采集了丰富的运行数据，为建立设备运行状态实时智能化监控和诊断模型奠定了基础。智能化算法能够判断设备是否处于最佳运行状态、是否存在故障、整个系统是否存在运行异常问题，并及时给出预警。同时，此类模型可根据实时数据和反馈信息自主学习，根据实时数据及故障处理反馈信息自主完善。智能化方法的应用将为工业暖通空调系统运维管理提供有价值的维保建议，能够大幅度提高运行维护过程的数字化水平，并给管理过程提供定量化的考核抓手。

3.5.3.2 基于制冷制热负荷需求事前预测的工厂车间环境预调节

工厂车间制冷制热空调系统拓扑庞大且设备分散，换热和水系统循环的大时空尺度使冷热调节具有一定的滞后性。未来能够在历史运行数据的基础上建立冷热负荷预测模型，以优化调节策略。该预测模型以能耗相关历史数据作为输入，进行有方向性的精度提升训练，事前预知冷热负荷需求，并基于运行策略提前发布控制调节指令，缓解空调系统运行管理的迟滞性。目前，传感器测量误差和设备变化是影响模型精度的关键因素。对预测模型的不确定性进行定量化估计，进而获得预测值可能发生偏差的区间，可以实现对测量误差的有效补充。根据模型实时预测结果和实际测试结果评价模型精度，并进行自主修正，是抵御设备性能衰减、实现模型长期可靠的根本保证。

3.5.3.3 基于冷热负荷预测的工厂车间末端精准送风控制策略

工厂车间内生产线的排布运作和空调系统末端送风装置运行存在高度的时空耦合。如何精确预估设备提前开启和关闭的时间节点，优化调度空调系统末端的空间排布，实现对末端供冷量最大限度地利用，是提高系统整体用能效率的关键问题。此类智能化算法基于空间工作分区的末端设备实时乃至日前调度，在已知生产工单的情况下，结合已经开发的冷负荷预测模型和系统热工模型，自动规划出最佳的空调末端设备时空分布策略。此类智能化方法的应用将为工业暖通空调系统制冷末端空间分时启停提供先知性建议，能够大幅度提高运行维护过程的自动化水平，有助于管理模式从事中到事前的推进。

3.5.3.4 智能化全局优化调度提高工厂暖通空调系统能效水平

工厂暖通空调系统存在设备种类多、耦合性强的问题，在实际操作时难以实现高效统一调度。开发基于数据和领域知识，混合物理模型、经验模型的节能优化算法，以全局能效最优为目标，对冷却设备进行节能控制。将不同集控系统之间的数据进行联动，依据生产计划预测供能计划，并结合空调系统运行历史大数据，对空调系统控制策略进行智能优化，实现多台设备之间的全系统的节能群控，打造生产设施按需、智能、精准用能模式。此类节能优化算法可以将智能优化控制后的能耗数据与现行控制策略下的能耗数据进行比较，评估智能优化节能效果，并采用自学习、自适应手段，回溯修正智能控制模型，进一步提高控制精度。

3.5.3.5 面向生产工艺需求的工厂车间温湿度季节性动态调节

在工业生产中，车间的温湿度控制与工艺需求密切相关。车间温湿度通常受室外气候的影响，并且新风的引入和处理对能效水平有重要影响。不同的生产工艺对车间温湿度的控制精度需求不同，因此可以根据控制精度等级动态调整温湿度设定值。通过根据室外气象参数自动划分全年的多个工况区域，并确定不同季节下的最佳温湿度设定值，可以制定最优的空气处理方案，最大限度地利用室外新风冷热资源。通过调节新风量，可以利用室外自然能量，从而减少人工制冷、加热和加湿的需求。同时，在控制精度允许的范围内，可以在夏季或冬季适当提高或降低设定值，以节省空调系统的能耗，并确保温湿度的波动不会超出允许范围。

3.5.3.6 基于能耗基准值和能效指标的工厂车间能源网格化管理

不同车间用能差异性强，运维人员难以快速察觉能耗异常的具体原因。需要制定能耗精细化管理策略，采用能源网格化管理方法，实时跟踪每个网格并对高能耗区域进行预警。建立能耗分拆模型，对全厂按生产区域（车间）、车间排产班次、产品牌号以及季节气象参数等多维度影响因素分析，归纳不同运行工况下唯一的能耗分类规则，构建能耗基准公式和运行能效评价指标体系，实现能耗实时评估和预测；根据现有生产计划，对生产区域进行精细化、多层次网格化划分，建立网格化能耗跟踪和预警管理体系，挖掘导致能耗异常的具体原因。此类智能化管理策略的实施，将为工业暖通空调运维管理提供细节范式，有助于大幅度提升能源管理的精细程度。

3.5.3.7 基于统一数字化平台的建筑综合能源管理

工厂车间空调系统运行过程会产生大量数据，并生成多种文件格式，且各类文件数据的储存方式存在着明显差异，如何打破数据壁垒，实现数据的高效传输是提升管理效率的关键。搭建统一的智能化精准控能平台，有机融合空调系统负荷预测、末端精准送风、故障智能诊断、全系统多层次优化调控、能耗基准建立及网格化预警管理等各项功能，提升整体运行管理效率。该方法可以推广至锅炉系统、真空系统、空压系统、除尘异味系统、变配电系统，形成精准控能的标准化模块，实现全厂水、电、气、汽、热的全方位精准管理，打造全体设施按需、智能、精准用能模式。

3.6 城市与工业园区冷热供应系统的低碳发展路径

在城市中，建筑与工业部门具有大量的冷热供应需求，是落实我国自主贡献目标和实现精准减排的关键落脚点。城市中的各种园区承担了密集的工业生产活动，资源能源消耗强度高，园区内工业用热需求具有总量大、排放高、行业多的特点。在能源转型、可再生能源逐渐占据主导的背景下，城市与工业园区冷热供应系统需要顺应这一趋势，逐渐摆脱对化石能源的依赖，探索低碳发展路径。

3.6.1 工业园区冷热需求与供应方式现状

3.6.1.1 工业园区冷热需求现状

满足冷热需求，尤其是热需求，是园区工业能源消耗的重要目的，也是园区工业碳排放的重要来源。2016年，全球二氧化碳排放量的21%来自热量生产过程，化石燃料燃烧产生了绝大部分热量和相关的二氧化碳排放。这些热量通过直接或间接方式，用来驱动工业生产中的加热、蒸馏、干燥、化学反应等流程。因此，探究园区内工业冷热需求现状和低碳发展路径对于园区和工业脱碳具有重要意义。在用冷需求方面，园区内工业企业主要通过冷机来满足用冷需求。随着未来可再生能源发电占比的逐步增长，工业供冷系统将随着电力的低碳化实现低碳发展。

园区用热需求则相对复杂。工业中低品位用热需求主要来自非流程工业，根据主要产品生产过程的温度需求，对九大类非流程工业的温度需求进行拆分（表3.1）。综合这九大类行业的用热需求，目前非流程工业的93%的用热需求集中在200℃以下，50%的用热需求集中在150℃以下，这部分用热需求完全可以考虑使用热泵和其他低碳热源等方式来解决。其中，化工原料及化学制品制造业有26%的用热需求集中在150℃以下。除化工外，其他非流程工业用热需求的86%集中在150℃以下。可见实现园区内150℃以下工业用热需求的低碳化是园区低碳发展的关键问题。

表3.1 非流程工业用热温度需求结构

非流程工业	主要产品	50~100℃	100~150℃	150~200℃	>200℃
部分化学原料及化学制品制造业	氯碱、合成橡胶、聚苯乙烯、聚氯乙烯		26%	71%	2%
纺织业	纱、布	57%	43%		
造纸和纸制品业	纸浆、纸板	4%	96%		
农副食品加工业	糖	6%	94%		
食品制造业	乳制品	25%	75%		
化学纤维制造业	涤纶				100%
医药制造业	中成药	65%	20%		15%
酒、饮料和精制茶制造业	果蔬汁	76%	24%		
橡胶和塑料制品业	轮胎、塑料	4%	72%	24%	

3.6.1.2 园区冷热供应方式及存在问题

加工业密集的工业园区有大量的蒸汽或者热水需求,一般通过自备锅炉/热电机组或集中供热的方式进行供应。在能耗"双控"和"双碳"战略的背景下,空气源热泵、水源热泵等分散式热泵制蒸汽也成为近年来新兴的供热方式。

1)自备锅炉或自备热电机组

传统工业企业往往采用自建燃煤锅炉和小型自备电厂解决蒸汽需求,面临着效率低、能耗大、高能低用、碳排放高、污染物排放高等诸多问题。对于温度需求在200℃以下的用热企业,通过燃烧化石能源制取低参数蒸汽存在着高能低用的问题,同时还产生了大量的污染物和温室气体。一些小容量的锅炉或机组普遍存在管理不善、效率低下的问题,考虑到烟气损失、冷凝水损失、散热损失等,蒸汽系统的平均热效率只有50%~60%。

2)集中蒸汽输送

在一些用热需求集中、负荷密度高的工业园区内,往往使用大型机组取代分散的小型锅炉产生蒸汽。然而,蒸汽输送在保温、水力、承压、凝水等方面面临着挑战,还存在着管道热损较大的问题,在一些园区内实测的管道热损已经达到了15%。此外,蒸汽输送调节难度大,但是工业热用户的用热需求复杂,在部分负荷下容易产生凝水水击问题,难以满足多参数用户的需求。因此,蒸汽输送仅适合用户集中、负荷波动小、参数需求单一的情景。

3)分散型热泵蒸汽发生器

这类分散型热泵从自然热源(空气源、水源、地源)取热,通过热泵提温、闪蒸蒸发、蒸汽压缩的方式制取蒸汽,是近年来新兴的工业蒸汽供应方式。自然热源是目前采用热泵的最主要方式,但仅适合低密度热量需求,高密度提取热量会严重影响周边环境状况,且昼夜、季节性温度变化范围大,给热泵的设计与选型带来了挑战。因此,分散型热泵只适合分散型、小微工业用户使用,难以在大型、高热负荷密度的工业用户群体中推广。

3.6.2 工业园区用热供应低碳发展技术路径

目前,工业园区的中低温用热需求的供应方式多为燃煤、燃气锅炉或热电联产,均存在大量碳排放,且长距离蒸汽管网往往伴随着巨大的压降与温降损失。针对以上问题,工业园区用热低碳发展路径对应为两条:零碳燃料和用热电气化。

3.6.2.1 零碳燃料

零碳燃料有两种主要来源:一种是直接生产无碳燃料(如氢气),另一种是利用生物质燃料。

我国现有的氢气产量约为2000万吨，其中99%来源于化石燃料的生产和工业副产品，仅有1%来自电解水制氢，其主要是作为原料参与合成氨、甲醇、炼油生产，而不用于供热。在当前情境下，氢能既不能满足5.5亿吨标准煤的中低温用热需求，也不能算作是零碳能源。未来，当清洁电力成为主要能源供给方式时，通过可再生电力制氢可以得到零碳的氢能。电解制氢效率为70%~80%，比电直热供热效率更低，氢气作为供热燃料目前尚不具有可实现性。此外，我国每年可以获得的生物质资源总量为6亿吨标准煤。生物质资源作为燃料，通过直接燃烧或化学/生物转化，可替代并集成到当今的化石燃料工业设施中。这些燃料将主要用于支撑调峰火电的运行和工业高温用热需求（如工业窑炉），利用这些宝贵的零碳燃料燃烧产生中低温热能是极大的浪费。

3.6.2.2 用热电气化

在未来可再生电力为主要能源供给方式的背景下，使用可再生电力满足工业园区中低温热需求可以有效实现工业园区低碳用热甚至零碳用热。工业用热电气化技术包括电蒸汽锅炉及高温热泵，其中高温热泵系统示意图如图3.9所示。目前所有中低温热能需求都通过电力直接供应，其耗电量将达到2.1万亿千瓦·时/年，接近我国2021年全国总发电量的25%。电力直接加热能效较低，且无法满足这些热需求，而热泵是一种技术经济上更可行的解决方案，可以以电厂、工厂的工业余热为热源，向用热末端输送热量，以获得更高的能效，在满足相同供热量的前提下仅消耗电直热方式耗电量的15%~70%，且可以在一定程度上参与电力调节，提高电力系统的运行稳定性。因此，从热效率、经济成本、能源供需平衡约束等方面来讲，以低温余热为热源，利用热泵解决工业中低温供热领域节能降碳是最优的选择。

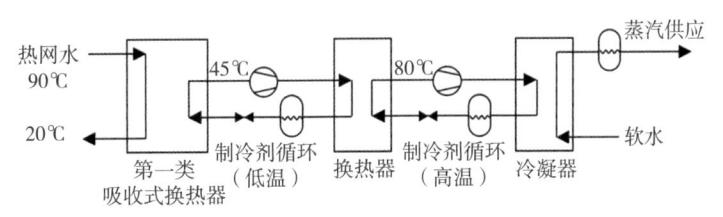

图3.9 应用于热网取热制蒸汽的高温热泵系统示意图

3.6.3 城市供热系统的低碳发展路径

城市是能源消费的主体，如何实现零碳供热是城市能源供给系统碳中和的一个关键议题。供热领域主要包括北方地区城镇建筑供暖和全国非流程工业生产用热的供应，目前三分之二热源来自燃煤热电厂和燃煤锅炉，其余主要来自天然气锅炉以及少量的燃气热电联产。煤炭、天然气等化石能源仍然是我国供热的主要能源，如何实现供热领域的"双碳"目标，怎样获得零碳热源，通向碳中和的道路该如何走，是需要认真思考的问题。

3.6.3.1 低碳供热的未来发展方向

1）燃煤热电厂仍将发挥重要作用

燃煤锅炉能源转换效率低、碳排放强度大，是未来"双碳"目标下首先要关停和替代的对象。燃煤热电厂如果能有效回收其排放的全部余热，则其能耗和碳排放比燃煤锅炉有大幅度的下降，未来的发展不仅要看是否有更加低碳、经济的供热方式替代，更应该从电力角度考虑燃煤火电厂对新型电力系统构建的作用。多数权威机构研究表明，以燃煤为主的火力发电厂在电力系统仍然发挥着不可替代的作用，作为供热重要热源的热电厂也会在相当长的时期内存在。

2）天然气供热不是未来的发展方向

虽然近年来国家和各地政府大力推动天然气供热，但目前在多数城市应用较少，主要有以下两方面原因：一是用气成本十分昂贵，使热用户和政府不堪重负；二是供气安全保障不足，特别是冬季供暖气源短缺问题频发。由于这种供热方式要排放二氧化碳，并且天然气本身也是一种温室气体，因此从缓解气候变化的要求看，天然气不是未来的发展方向。

3）以自然环境为热源的热泵应用受限

碳中和对于未来化石能源使用的约束，使得包括电直热和电驱动热泵等电气化供热得到高度重视。电直热是将电能直接转化为热能，例如普遍使用的电锅炉、电热膜、加热电缆等，这种供热方式投资小，对于消纳弃风弃光电力有益，但由于是高品位能源低品位应用，不符合能量品位对口梯级利用的基本原则，因此只要同一电网中有正在发电的火电，就不应该运行电直热方式。电驱动热泵是从土壤、空气、江河湖海中提取低品位热量，通过热泵提升温度后加以利用，因而其能源利用效率高。但是，这种空气源、土壤源等自然环境低温热源可提供的热量密度低，对于高容积率的城市建筑，高密度地从空气或地下环境中取热，会严重影响周边自然环境，同时也难以保证足够的低温热量供给。对工业供热而言，热负荷密度比供暖更高，直接通过空气或土壤作为低品位热源很难满足要求。因此，这种空气源、地源电驱动热泵供暖方式更加适合在建筑密度小的北方地区以及采暖负荷密度相对较低的南方城市应用。

3.6.3.2 城市低碳供热应立足于以余热利用为主

寻找品位更高、能量密度更大的热源替代空气和地热作为热泵的低温热源，是解决热泵方式低品位热源供给不足、减少参与季节调峰的火电厂负荷以及电网容量的重要途径。我国未来的调峰火电厂、核电厂、流程工业、数据中心等余热资源丰富，回收利用的潜力巨大，完全可以作为北方供暖和工业供热的主力热源。

未来我国工业用热需求可按品位划分。高于150℃的高温供热需求多集中在石油化工等流程工业，每年约50亿吉焦，未来可采取电锅炉、核能、生物质等热源提供；低于150℃的低温供热需求主要来自食品、印染、医药等非流程工业，每年大约76亿吉焦，主要通过热泵回收余热满足。未来我国北方城镇供热面积接近220亿平方米，随着建筑节能的逐步推进，建筑供暖热耗将会由目前的0.36吉焦/平方米降至0.25吉焦/平方米，北方城镇供暖需求共约54亿吉焦，可主要通过余热满足。

综上所述，工业供热（150℃以下）和北方供暖所需热量为130亿吉焦，而火电、核电以及其他工业和垃圾焚烧等排放的余热再加上未来春季弃风弃光电力的热量，可利用余热的潜力合计超过200亿吉焦。从供需平衡看，余热资源量大于供热需求量，因此完全可以作为热源解决我国150℃以下工业用热以及北方城镇供暖的热源需求。

3.6.3.3 基于以余热利用为主的低碳供热模式

构建以余热利用为主的城市低碳供热模式的关键是通过各种手段解决时间、空间和温度的匹配问题。

1）依靠储热解决余热与供热之间的时间不匹配问题

电厂排放的余热随着发电出力的变化而改变，工厂排放的余热也随着产品的产量而变化，回收弃风弃光电力得到的热量主要集中在春季。供暖的热量需求主要随着气温而改变，在非采暖季，采暖热负荷为零，此时电厂和其他工厂仍会排放大量余热而不能利用；反之在冬季的严寒期，热负荷最大，但余热排放量并未因此增加，从而又导致供热量不足。对于工业生产用热，也存在余热排放量和工业生产用热量在时间上的供需不匹配的矛盾，这就会出现冬季严寒期余热资源不足，非采暖季热量过剩的情况，需要依靠季节性储热才能最大限度地回收利用余热，满足全年的供热需求。

2）发展大温差长距离输送技术解决热源与热汇在地理位置上的不匹配问题

大型火电厂、核电站以及大型工厂等为了减少污染排放的影响，一般都远离城市负荷中心，而传统概念下热水输送经济半径一般不超过20千米，蒸汽输送距离则更小。因此应发展大温差长输技术，以解决余热利用的地理位置不匹配问题。

3）采取温度变换工艺解决余热利用各环节温度不匹配问题

余热排放温度大都在20~50℃，且每个余热热源排放热量的温度范围不大，而传统的热网为了保障输送能力，要求的供回水温差尽可能大，希望在110/20℃；

末端建筑供暖用户温度要求通常为 40~60℃，且不应该有太大的供回水温差；对于工业用户，其热量需求的温度就高得多，非流程工业需求的热量温度多是 80~150℃。采用余热综合利用系统为建筑采暖和工业用热提供热量，必然是多热源、多热汇的系统形式，想要全面回收利用余热，就必须解决余热采集、输送、储存和末端利用四个环节之间的各种温度不匹配问题。

3.7 建筑空调系统低碳技术对碳中和的预期贡献

对于不同类型建筑中空调系统运行过程能源消耗及制冷剂泄漏等导致的碳排放预测，可采用情景分析方法。通常设置三种不同发展水平的情景，包括"常规发展"的 BAU 情景、"节能提效"的节能情景，以及"自主贡献大幅度降碳"的碳中和情景。现将居住建筑和公共建筑中空调系统、工业建筑中工艺空调系统"自主贡献大幅度降碳"的碳中和情景下的预期目标和主要建议归纳如下。

3.7.1 居住建筑空调

住宅空调在碳中和情景下的目标，要求住宅空调的设备生产到运行、再到拆除的生命期碳排放为零或接近零，即达到零碳排放这一情节，这意味着住宅空调生产制造和拆除过程的"隐含碳"要降至零，同时运行过程能源消耗和制冷剂泄漏导致的直接碳排放和间接碳排放都要求为零。这首先要求住宅空调采用电驱动，并且尽量降低用电需求，从而有可能通过可再生电源解决空调系统用电问题，并且建成有效地推进住宅空调系统减碳的相应规范与机制。同时，住宅空调拆除后全部回收、再利用，再利用的过程导致的碳排放也尽量降低至接近零，从而使住宅空调生命期碳排放最低。

从降低住宅空调用电的角度来看：①尽可能降低空调的冷热负荷需求。使室内环境维持背景温度（夏季为上限温度，如 29~31℃；冬季为下限温度，如 13~16℃），在人员活动区域采用局部空调方案，维持人员热舒适；充分利用自然能源在室内空气排热、围护结构传热、室内局部热量摄取中的作用；结合气候特点，在采用合理保温的围护结构基础上，采用可变保温和通风换气性能的围护结构，以最大限度降低空调负荷。②坚持与我国传统相适应的"部分时间、局部空间"的空调用电模式，最终使我国住宅空调用电需求降低到 1~3 千瓦·时/平方米。

从住宅空调发展形式看：①应采用分散的、可实现各房间独立调控的空调，实现"部分时间、局部空间"的空调使用模式；②应提高空调系统全年运行中的能效，通过产品或系统设计显著提升小负荷率下的能效；③尽可能采用低温室效应气体的新型制冷工质,将泄漏导致的碳排放降为零。

从住宅空调应用的能源形式看,应利用可再生电源——风电/光电解决空调系统用电:住宅建筑实现"光储直柔"模式运行,在住宅建筑表面尽可能多地铺设光伏板,通过设置蓄电池,并利用电动汽车作为电的调蓄手段,可接收电网不稳定的可再生电源,满足建筑不同的用电需求,实现建筑用电的零碳排放。

3.7.2 公共建筑空调

公共建筑空调最理想的场景也是实现零碳排放,特别是要求公共建筑空调用电的直接碳排放和间接碳排放都为零,并已建成了有效推进公共建筑空调系统减碳的相应规范与机制。

从降低空调用电需求看:①尽可能降低公共建筑的空调负荷需求。在负荷性质上区分显热负荷、湿负荷;营造面向人员的非均匀环境,在保障人员舒适的条件下大幅降低空调负荷。②做好建筑的围护结构设计。采用气密性和保温性能合适的围护结构,并可实现围护结构保温和通风换气性能,以最大限度降低空调负荷;应尽量避免高大空间过量的夏季室外风进入和冬季冷风渗透;应采用自然通风、自然能源拦截围护结构负荷等方式最大限度降低空调负荷。③根据建筑功能需求,采用绿色节约的空调使用模式。

从空调系统形式看:①尽可能提高冷热源设备的效率。根据空调负荷的品位,采用与之相适应的冷热源,显著提高夏季冷源温度和降低冬季热源温度;有条件的地区,应大量利用自然能源代替或辅助传统冷热源,如地热能、干空气能等;有废热资源时,应充分考虑冷热回收利用和能源综合利用;应尽可能使用全年综合性能尤其是部分负荷性能高的冷热源设备。②尽可能采用非二气体作为工质,将泄漏导致的碳排放降为零。③应考虑显热负荷与潜热负荷品位的差异,采用温度、湿度独立控制的空调系统,避免冷凝除湿再热以及电热加湿。④通过合理的集中与分散,尽可能降低空调系统输配能耗,尤其是部分负荷时的输配能耗。⑤采用合理的蓄能系统,如蓄电、蓄热、蓄冷等,提高空调系统的灵活性。⑥通过智能化的调控系统,实现空调系统优化控制与能源管理。

从公建空调电力供应看,尽可能采用可再生电力,利用公共建筑一切可能的表面敷设光伏板,设计"光储直柔"的用电系统,实现建筑自身利用光伏发电、同时有能力消纳电网的可再生电力的能力,使公共建筑的用电需求全部来自可再生电力,"产消储"一体化、智慧运维,从而实现公共建筑空调用电的间接碳排放为零。

3.7.3 工业建筑中的工艺空调

工艺空调为满足各种工艺过程，对温度、湿度和洁净的要求非常严格。这类空调最理想的低碳场景应该是在满足上述需求下尽量接近零碳排放，能否完全实现零碳排放，取决于可再生电力是否能够稳定的供应。该场景推进工艺空调减碳的系列规范和机制也已基本建成。

从工艺空调负荷上看，由于要严格满足工艺过程的排热、排湿要求，提供恒定温湿度环境，因此应尽可能使空调负荷计算更加准确、合理，避免设备容量不合理选型导致的低效：①应与工艺要求一道确定尽量准确、合理的室内温度、湿度等参数要求；②应准确掌握工艺设备的发热、产湿量等。

从空调系统上看：①尽可能提高冷热源设备的效率。根据空调负荷的品位，采用与之相适应的合理温度的冷热源，尽量避免可能的品位上的掺混过程，不同需求利用不同品位的冷热源等；有冷热需求时，应充分考虑冷热需求间的能量综合利用；有条件的地区，应考虑利用自然能源代替或辅助传统冷热源；有废热资源时，应充分考虑冷热回收利用；应尽可能使用全年综合性能尤其是部分负荷性能高的冷热源设备。②应考虑显热负荷与潜热负荷品位的差异，减少冷凝除湿再热以及电热加湿的用量。可根据工艺情况考虑蓄能系统的应用，以提高系统的可靠性。③充分挖掘智能调控系统在空调系统优化控制与能源管理中的作用。

从空调用电来源看，应在可能的条件下多采用可再生电源，配合蓄电系统，实现工艺空调稳定的电力供应。

3.7.4 未来碳排放发展目标

综上所述，未来居住建筑空调和公共建筑空调系统具备实现零碳排放的条件，应通过技术和政策机制，确保住宅空调系统碳排放在0.4亿~0.8亿吨，公共建筑空调系统碳排放在0.9亿~1.8亿吨，并努力使工艺空调系统实现较低的碳排放。

3.8 总结

空调系统对人们的健康、舒适性和工业产品品质的保障起着至关重要的作用，其运行过程中产生的二氧化碳排放已达9.9亿吨，在碳中和目标的实现中起着重要作用。当前导致空调系统碳排放高的主要技术因素包括被动技术应用不合理、冷热源系统效率不高、空气处理系统效率不高、空调系统消纳可再生能源能力差、运行调节未优化等。

针对现有空调系统存在的问题，未来空调系统节能降碳的重点技术方向包括降低空调系统负荷、提高冷热源设备和系统效率、提高空气处理设备与输配效率、提高空调系统柔性、智慧运维等。

关于未来空调系统碳排放的发展场景，住宅空调系统和公共建筑空调系统具备实现零碳排放的条件，应通过技术和政策机制确保住宅空调系统和公共建筑空调系统碳排放分别在0.4亿~0.8亿吨和0.9亿~1.8亿吨，并努力实现工艺空调系统较低的碳排放。

参考文献

[1] 清华大学建筑节能研究中心. 中国建筑节能年度发展研究报告2022[M]. 北京：中国建筑工业出版社，2021.

[2] 方琦，钱立华，鲁政委. 我国实现碳达峰与碳中和的碳排放量测算[J]. 环境保护，2021，49（16）：49-54.

[3] 杨子旭. 房间空调器实际运行能效提升及舒适性改善方法研究[D]. 北京：清华大学，2022.

[4] Wang BL, Liu XR, Ding YC, et al. Optimal design of rotary compressor oriented to end-plate gas injection with check valve[J]. International Journal of Refrigeration, 2018, 88: 516-522.

[5] Yang XF, Wang BL, Cheng Z, et al. Upper-limit of performance improvement by using (quasi) two-stage vapor compression[J]. Applied Thermal Engineering, 2021, 185: 116426.

[6] Shen C, Li XT. Energy saving potential of pipe-embedded building envelope utilizing low-temperature hot water in the heating season[J]. Energy and Buildings, 2017, 138: 318-331.

[7] Baran B, Khairul H, R. S, et al. Cooling performance analysis of nanofluid assisted novel photovoltaic thermoelectric air conditioner for energy efficient buildings[J]. Applied Thermal Engineering, 2022, 213: 18691.

[8] 李泽阳，孟庆龙，孙哲，等. 考虑需求响应的蓄能空调系统灵活用能实验研究[J]. 暖通空调，2022，52（9）：153-160.

[9] 张朝晖，陈敬良，高钰，等. 《蒙特利尔议定书》基加利修正案对制冷空调行业的影响分析[J]. 制冷与空调，2017，17（1）：1-7, 15.

[10] Zhang GH, Liu WL, Xiao HS, et al. New method for measuring field performance of variable refrigerant flow systems based on compressor set energy conservation[J]. Applied Thermal Engineering, 2019, 154: 530-539.

[11] Yang ZX, Ding LR, Xiao HS, et al. Field performance of household room air conditioners in Yangtze River Region in China: Case studies[J]. Journal of Building Engineering, 2021, 34: 101952.

［12］于洋. 室外机安装平台对房间空调器运行性能的影响［D］. 北京：清华大学，2020.

［13］李子爱. 配管对多联机性能的影响及优化控制策略研究［D］. 北京：清华大学，2018.

［14］肖寒松，张国辉，石文星，等. 多联机控制技术进展与展望［J］. 制冷与空调，2019，19（11）：69-79.

［15］王贵玲，陆川. 碳中和目标驱动下地热资源开采利用技术进展［J］. 地质与资源，2022，31（3）：412-425，341.

［16］孙知晓，姚海清，张文科，等. 跨临界二氧化碳制冷系统优化方案的研究综述［J］. 制冷与空调（四川），2022，36（3）：469-475.

［17］Ji HY, Ross B. Atila N. Demand response for residential buildings based on dynamic price of electricity［J］. Energy and Buildings, 2014, 80: 531-541.

［18］Thiel G, Stark A. To decarbonize industry, we must decarbonize heat［J］. Joule, 2021, 5（3）: 531-550.

［19］Fuchigami Y, Hara K, Kita T, et al. Analysis of effect on CO_2 emission reduction and cost estimation for the use of Bio-coke: a case study of Osaka, Japan［J］. Journal of Wood Science, 2016, 62（1）: 93-100.

第 4 章 热泵技术与装备

在未来可再生电力高占比的场景中，热泵技术已然成为供热领域的关键手段。它不仅推动了供热方式从依赖化石燃料向更环保、更可持续的方向转变，也是实现这一转变的重要技术支撑。本章主要介绍了热泵技术的碳中和潜力、应用方法与匹配方案。论述了不同需求侧对热能（热量、温度）需求的差别，结合热泵与储热耦合方法，提出了热量需要依据的应用准则，确保热泵技术的高效运用。通过实际应用案例说明了热泵提升能质调控的效果，参与构建工业和民用清洁供热体系的方式。

4.1 热泵与碳中和

目前，我国的能源结构仍然以煤炭等化石能源为主，造成了大量的碳排放，为解决该问题我国提出了在 2030 年实现碳达峰，在 2060 年达到碳中和的宏伟目标。在"双碳"战略目标驱动下，太阳能光伏和风电等可再生电力在能源供给侧的占比逐渐增加，煤、石油和天然气的体量也随之降低。国际能源署的统计数据显示，终端能源需求中电力占比并不高，仅占终端能源需求总量的 20%，而热需求却占到 50%。为实现碳中和的远景目标，除电力供应的清洁低碳化，热能供应的低碳化更加重要，需要切实有效的清洁化替代方案和策略。

传统的热能提供方式主要是通过燃烧手段释放燃料中的化学能，该方式能量转化效率低，且燃料燃烧排放的废弃物会污染环境。随着电气时代的到来，电转热也成了热量产生的一种方式，较为清洁，且能量转换效率高，但不会超过 100%。

热泵是一种基于逆卡诺循环的成熟供热装置，可以使热能的生产清洁且高效。它消耗电能或废弃的中高温热能作为驱动能源，从环境、余热等低温热源中提取热量，借助工质循环吸放热，可以输出数倍于驱动能源的高温热量，能量转化效率得到了极大提升。热泵具备超过 1.0 的性能系数（输入热能与输入能量的比值，通常用 COP 表示），平均达到 3 以上。

目前，热泵可以提供高达 180℃的温度，制热量可以达到 50 兆瓦。热泵可以满足几乎所有的建筑用热需求，以及 40%的工业过程用热需求。由于热泵可以利用低温热能实现高效供热，其效率远高于电加热，因此热泵将会成为提升可再生电力利用效率和满足热需求的关键核心技术。随着我国可再生能源电力占比的进一步提高，热泵将在可再生能源利用与清洁高效供热体系中发挥枢纽地位，如图 4.1 所示。热泵可以采用可再生能源电力或热能，并进一步在各个用能环节发挥作用，以缓解可再生能源体量增加的压力。

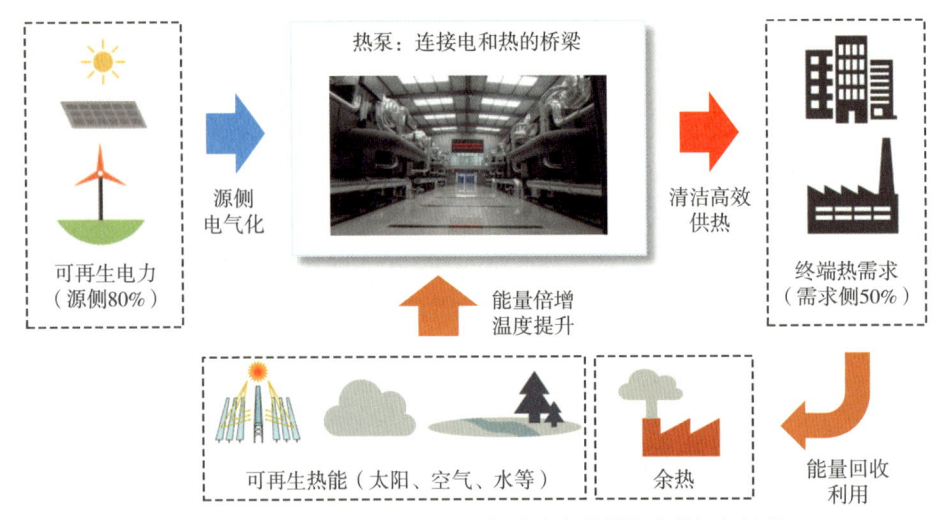

图 4.1 热泵在可再生能源利用与清洁高效供热中的枢纽地位

4.1.1 发展现状和趋势

早期的热泵技术主要面向民用采暖供热场景，随着供热容量、效率、温度提升能力和输出温度等性能参数的不断优化，热泵技术进一步推广到包括热水制备、热能与蒸汽制备、工艺供热和轨道交通供热等场景。迄今为止，热泵的循环结构、工质种类、核心部件都得到了极大的丰富和发展，衍生出了适合各种应用场景的热泵技术。如表 4.1 所示，可以根据工作原理、循环形式、热能调控方式、采用的热源条件等对热泵技术进一步细分。热泵技术主要包含电驱动的压缩式热泵、热驱动的吸收式热泵和吸附式热泵。

表 4.1 热泵技术的常见分类

分类依据	类型
工作原理	压缩式热泵（电驱动）、吸收式热泵（烟气、蒸汽或热水热能驱动）
循环形式	闭式热泵（热能交换）、开式热泵（热能与工质交换）

续表

分类依据	类型
热能调控方式	第一类热泵（驱动能源增量型）、第二类热泵（驱动能源品质提升型）
低温热源	空气源、水源、地源、太阳能热源、余热源
热输出温区	常规热泵（<80℃）、高温热泵（<100℃）、超高温热泵（>100℃）
热输出形式	热水、热空气、蒸汽、热油或直接热能供给
应用场景	建筑供热、生活热水、食品烘干、畜牧业渔业、车辆供热、工业用热等

为了更好地推广热泵应用，热泵需要在低全球变暖潜能值工作介质、高效压缩机和换热器、热力系统循环优化等方面进一步发展。主要表现在：①在工质方面，使用传统R134a工质时可以实现80℃的热输出，更高温度的输出可以考虑采用R245fa，但上述工质均具有较高的全球变暖潜能值，有被淘汰的风险，因此近年来低全球变暖潜能值工质替代成为研究重点。使用低全球变暖潜能值工质获得100℃以下的输出温度有较多选择，其中氨工质已有配套商用大型压缩机和规模化应用案例，可考虑应用于规模化区域供热中。使用低全球变暖潜能值工质获得100℃以上的供热温度可以考虑碳氢化合物、二氧化碳和合成工质，如R290、R600、R1234ze（E）和R1233zd（E）等。②为实现高温大体量供热输出，大容量、高效率压缩机至关重要，特别是离心式压缩机路线被认为是兆瓦级热泵应用的唯一选择，也是热泵技术的重点突破方向。③为促进热泵技术的规模化应用，还应因地制宜地进行热力循环优化创新与需求侧梯级匹配。相比环境热源，工业余热体量巨大，且温度更高，因此基于工业余热的热泵效率更高，也是热泵重点研究突破方向。

4.1.2 热泵的碳减排能力

热泵本质上是一种基于逆卡诺循环的供热装置，可以从低温热源吸收热量，并通过消耗高品位能源输入产生高温热量输出。这部分低温热源的热量可以来自河水、土壤、空气或工业余热，这也使得热泵的效率和环保性具备明显优势。以电驱动的蒸汽压缩式热泵为例，其依靠电能驱动，供热效率可以达到电加热的3倍以上（即性能系数>3）。即便以2022年度全国电网平均排放因子570.3克二氧化碳/千瓦·时估算，热泵供热的碳排放因子将小于190克二氧化碳/千瓦·时。相较之下，尽管天然气被认为是一种清洁的供热方式，其碳排放因子通常在200~220克二氧化碳/千瓦·时。因此，热泵在低碳供热方面无疑具有明显的优势。

进一步评估热泵的碳排放因子，需要从以下两个角度分析：①热泵本质上依托于电力的供热，其能否有效实现低碳供热，本质上取决于电力的清洁性。例如煤电的碳排放因子高达800克/千瓦·时，在这种情况下，热泵的全生命周期碳排放强度就有待考虑。这就相当于利用煤炭发电在用热泵供热，热泵的效率如果不能弥补足煤电生产中的损耗，其全生命周期碳排放因子并不占优势。如果基于光伏、风电、水电这种近零碳排放的绿色电力输入，热泵几乎可以视为近零碳供热。②热泵的供热碳排放因子与自身的性能关系很大。热泵的性能系数描述了热泵在一份电力输入下通过提升其他免费热能，最终实现热量倍增的倍数。热泵的性能系数越高，供热碳排放因子的缩减量也越大。

基于以上两方面分析，通过对比当前情况下的不同供热技术的碳排放因子水平（图4.2），电热锅炉的碳排放因子相对较高，甚至高于燃煤锅炉和燃油锅炉，而燃气锅炉的碳排放因子最低。当热泵性能系数为3时，其等效的碳排放因子就已经小于燃气锅炉。

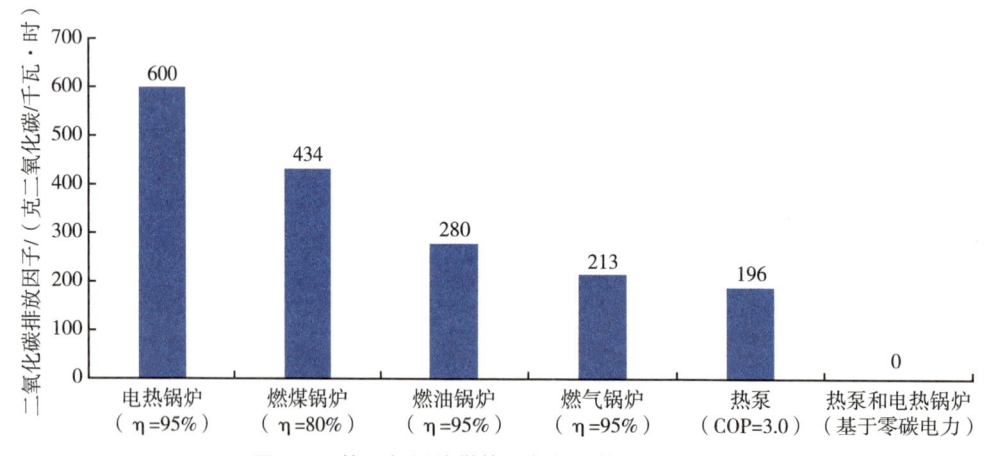

图4.2 热泵与其他供热设备的碳排放因子对比

以上数据是基于目前我国电力结构进行计算的，随着我国电力结构进一步优化，电力碳排放因子将进一步降低，热泵供热碳排放因子也随之递减，并最终达到近零排放，此时热泵和电热锅炉等可再生电力供热设备在供热碳排放上具有明显的优势。如图4.3所示，蓝线为学者预测的我国电力全生命周期的碳排放因子变化情况。总体趋势上，随着电力碳排放因子的削减，热泵供热碳排放因子将随之递减，最终均低于天然气的碳排放因子。

需要指出的是，上述分析受限于目前电力系统较高的碳排放因子，热泵在全生命周期供热下优势还不够明显，但现在推行热泵仍然具有重要意义，主要表现在：①热泵、锅炉等供热设备的服役周期往往长达10年甚至20年，考虑到碳达峰的需求，热泵恰好可以在现在投入供热市场，与电力系统减排过程配合下，我国可以相对顺利进入低碳供热水平，这种优势是传统供热设备如天然气锅炉等所不具备的。②我国的区域差异性相对较大，云南地区目前冗余水电资源丰富，当前在此区域推广热泵供热的碳排放优势已经很明显。此外，我国的东南沿海区域具备良好的工业和人口聚集基础，同时当地的余热资源丰富且温度水平较高，发展空气源和余热工业热泵也具有明显的优势。

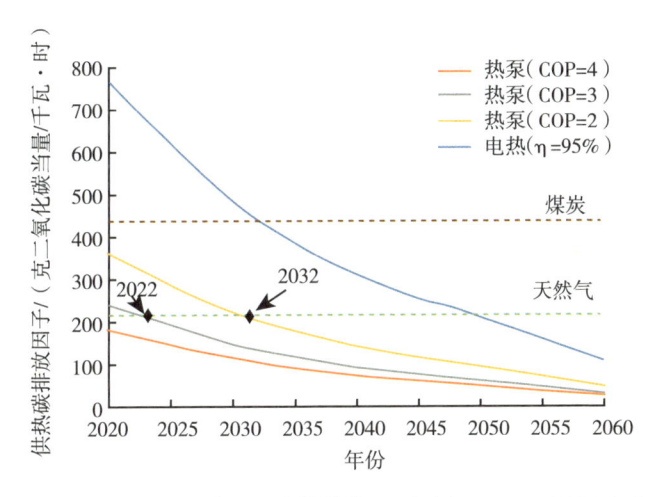

图 4.3 我国电力结构和碳排放总量预测（2020—2060 年）

4.1.3 热泵的碳减排潜力

通过进一步分析热泵的碳减排潜力，按以下应用场景进行了预估。

在建筑用热方面，居民用热温度大多在 100℃以下，50~60℃的温度水平已经可以满足大多数情况的取暖需求，而现有热泵技术很容易满足上述标准。参照丹麦制定的供热标准，第一代供热采用蒸汽供热系统并达到 200℃；第二代供热采用加压热水系统并超过 100℃；第三代供热将供水温度降到 100℃以下，并采用换热站、计量系统和监控系统提升效率；第四代供热完全摒弃化石燃料，充分利用太阳能等可再生能源和热泵，形成分布式智能能源网，并大大降低供热碳排放。参照上述标准，我国大部分集中供热系统处在第二代，只有少部分能达到第三代水平，推广热泵有助于我国供热迅速进入第四代清洁低碳供热。

在工业用热方面，我国 50%~70% 的工业能耗是以热能形式消耗的，并且 45% 都是低于 250℃的中低温热量。如图 4.4 所示，在食品加工、纺织、化工等工业过程中，其用热需求大多集中在 80~170℃，且通常以蒸汽作为载热体。随着我国产业结构的升级，低端高耗能产业将受到限制和淘汰，工业能耗的中低温用热占比将进一步提高，完全可以通过余热式工业热泵替代，甚至可以考虑直接采用空气源热泵蒸汽锅炉替代，从而为工业用热脱碳提供有力支持。需要指出的是，冶金炼钢等工业过程有时需要更高的温度需求，这部分热量供给替代有赖于热泵装备水平的改进和热泵供热水平的进一步提升。

图 4.4 建筑与工业部门用热情况

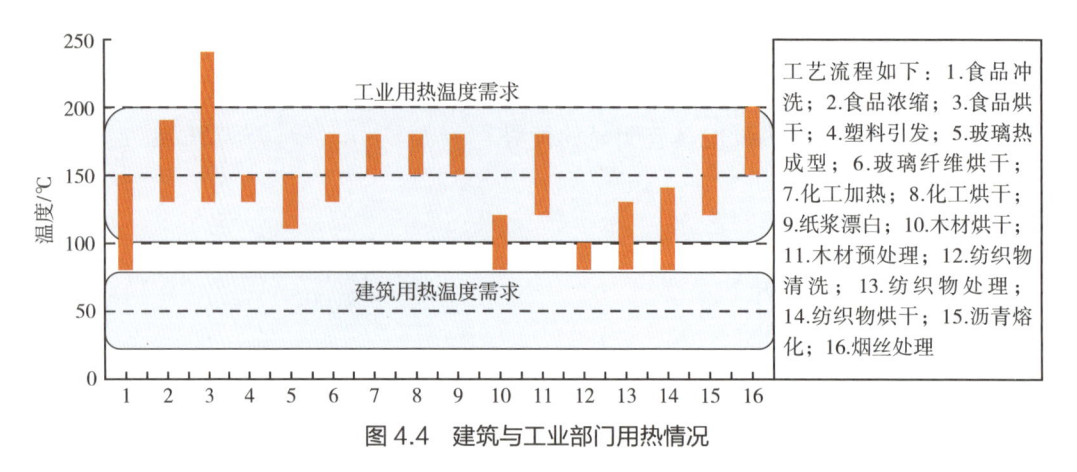

工艺流程如下：1.食品冲洗；2.食品浓缩；3.食品烘干；4.塑料引发；5.玻璃热成型；6.玻璃纤维烘干；7.化工加热；8.化工烘干；9.纸浆漂白；10.木材烘干；11.木材预处理；12.纺织物清洗；13.纺织物处理；14.纺织物烘干；15.沥青熔化；16.烟丝处理

据估计，我国的热能需求在终端能源消耗占比应超过 41%，低于 150℃ 的中低温热能需求占比应超过 23%。随着城镇化程度的提高，我国未来建筑领域能源消耗将进一步增加，同时随着我国工业部门的产业升级和结构调整，中低温热能需求的比重将进一步提高。由此，进一步结合电力碳排放因子和能源结构变化趋势，可以推算出热泵的碳减排潜力。如图 4.5 所示，随着电力部门碳排放因子的逐步降低，如果热泵能在 2060 年达到其工作温度应用内 90% 的替代规模（场景3），热泵在建筑部门和工业部门的潜在等效二氧化碳减排量将高达 20 亿吨，超过 2020 年我国二氧化碳排放总量的 20%，是支撑"双碳"战略实施的重要技术。

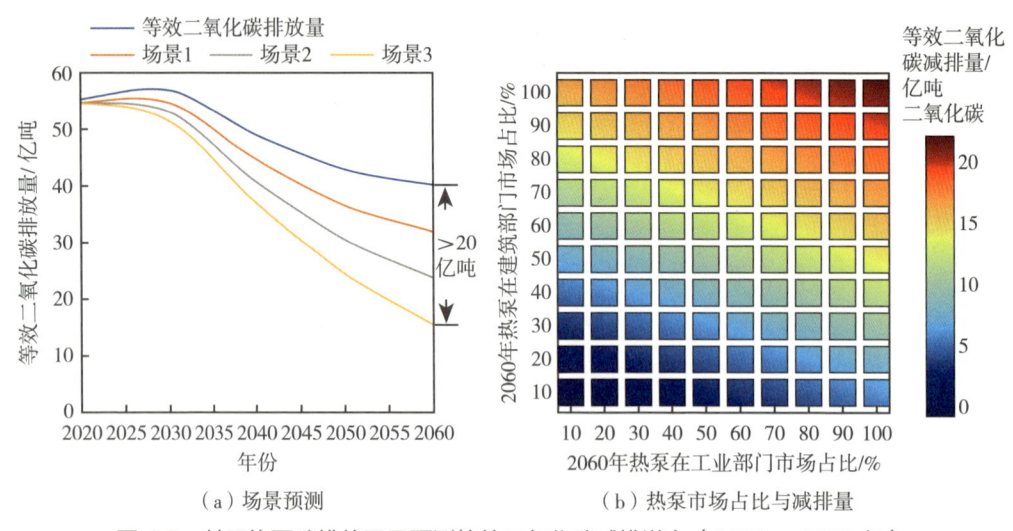

(a) 场景预测

(b) 热泵市场占比与减排量

图 4.5 基于热泵碳排放因子预测等效二氧化碳减排潜力（2020—2060 年）

4.2 热泵技术与热源的选型匹配

热泵技术是一种灵活且应用广泛的能源转换技术，通过消耗高品质的电能或热能，从低温热源吸热并向高温热源放热，从而实现热能品质的提升。热泵技术的应用广泛，包括空调制冷、供暖、热水供应、工业废热回收等领域。

在热泵的应用中，热泵技术与热源匹配是热泵应用的核心问题之一。这其中也涉及许多问题，包括热泵工质的选择、热泵系统的设计和优化、热源的管理和协同利用等。在实践中，由于用热场景与需求的不同，需要配备不同类型的热泵技术，并结合配套不同种类、不同品位的热源，以最大化热泵的整体输出效益。因此，正确地选择热泵技术，并匹配合适的热源和热需求负荷，对实现热能供应、高效能的匹配具有决定性的意义。

对于热泵的可用热源，主要分为以下两类。第一类是环境热源，主要包括空气源、水源以及地热资源等。这类热源的总量庞大且相对容易获取，但其温度品位相对较低。第二类是各工业和生活部门的余热热源。相比于环境热源，这类热源的来源更为广泛，温度范围广泛，存在形式也更多样化，比如冶金、化工、建材、机械、纺织、造纸、食品、电力等行业的余热，且这类热源的热能品位通常较高。因此，针对不同形式的热量需求，需要对热源类型和条件进行精确匹配，以选择最适合的热泵技术。例如，在温和的气候条件下，空气温度较高的地方，空气源热泵会是一个理想的选择。它既能有效地供应热量，也能实现空调制冷。在水资源丰富的地区，比如靠近海岸或湖泊的地方，可以考虑使用水源热泵，利用水体中的热量来有效地供暖或提供热水。如果是地热资源丰富的地区，可以使用地热热泵，收集地下的热量用于供暖或制冷。在工业场景中，热泵也有着广泛的应用前景。一方面，热泵可以利用工业废热，将其转化为高品位的热能，用于供暖或工业生产的其他环节；另一方面，热泵可以减少工业生产过程中的热能消耗，降低能源成本，提升能源利用效率。

综上所述，热泵与热源的选择和配套需要充分利用可用的热源，并将这些热源的使用最大化。同时，经济性也应纳入考量，确保选取的热泵系统既能提供高效的热能转换，又具有良好的成本效益。这不仅需要技术精准，还要能够满足各种用热需求，实现能源的高效、环保利用。接下来我们将分别对压缩式热泵、吸收式热泵、吸附式热泵的匹配选型展开叙述和介绍。

4.2.1 压缩式热泵的匹配选型

压缩式热泵作为目前被普遍应用的热泵技术受到了广泛关注，具有广阔的研究与应用潜力，但是对于不同热源温度、循环工质、循环系统和压缩机类型的匹配与优选，并没有一个系统性的技术应用指导，这给压缩式热泵在工业领域的应用推广带来了一定的局限。基于前期我们在低品位余热网络化利用的研究工作，这里对目前较为流行的、应用前景较大的压缩式热泵进行介绍，以期能为技术研究人员与企业工作人员的设计选型提供参考。

表4.2根据压缩式热泵的循环工质进行分类，全面概述了每种循环工质适应的热源温度范围、可提供的温度升高范围（冷凝温度与蒸发温度之差）、典型的热泵应用系统、该工质热泵的性能系数范围、适用的压缩机类型以及单机组的机组容量等信息。此外，通过实际工程案例和实验研究，对热泵机组进行详细的实例介绍。

表4.2 热泵技术的常见分类（低品位余热网络化利用）

热源温度/℃	温升/℃	工质	典型系统及性能系数	压缩机类型与单机容量
80~120	40~80	R718	带喷水降温的单级压缩式热泵系统 1.9~6.1	螺杆式和多级离心式，100~350千瓦
60~100	20~60	R1336mzz（Z）	带中间换热器的单级压缩式热泵系统 2.1~4.7	活塞式，20~200千瓦
40~100	20~80	R1233zd（E）	双级压缩中间补气增焓热泵系统 2.53~4.8	离心式，200~4000千瓦
50~80	40~80	R245fa/HP-1	带中间换热器或经济器单级压缩式热泵系统 2~7	螺杆式、活塞式、涡旋式、离心式，50~1200千瓦
40~80	20~70	R600/R600a/R601	带中间换热器和过冷器的单级压缩热泵系统 1.9~5.7	螺杆式、活塞式、回转式，20~400千瓦
40~90	40~60	R1234ze（Z）	单级压缩热泵系统 3.7~6.6	活塞式，<10千瓦
30~50	40~60	R1234ze（E）	两级压缩中间补气压缩式热泵系统 2.9~6.2	活塞式、离心式，50~3600千瓦
20~50	30~40	R124	单级压缩式热泵系统 3.9~4.5	涡旋式，<20千瓦
20~50	30~70	R134a	带经济器的单级压缩式热泵系统 4.1~5.8	离心式、螺杆式，340~2000千瓦
-20~20	10~60	R410a	带补气增焓的单级压缩式热泵系统 1.6~3.2	涡旋式、滚动转子式，7~17千瓦
0~40	20~60	R717	两级压缩中间冷却压缩式热泵系统 3~6	螺杆式、活塞式、离心式，250~15000千瓦
0~40	20~60	R152a	两级压缩中间冷却系统 2.6~5	—
-20~20	20~80	R744	单级或两级压缩跨临界热泵系统 1.6~4.9	螺杆式、活塞式、离心式、涡旋式，50~2200千瓦
-20~20	20~50	R290/R1270	单级压缩式热泵系统和复叠式热泵系统 1.5~6	螺杆式、活塞式、回转式、压缩机，<30千瓦
-20~20	20~60	R1234yf	带中间换热器的单级压缩式热泵系统 1.4~7.5	—

通过以上分析，可以形成如图 4.6 所示的压缩式热泵技术应用匹配图。通过表 4.2 和图 4.6 可以快速定位在一定工况下可以使用的压缩式热泵的类型，形成压缩式热泵选型的指导方案。在选型流程中，先根据热源和供热温度确定热泵的工作区域，从制冷剂候选库中选择符合环保、无毒、不可燃等要求的工质。接下来，根据所需的容量和性能选择合适的压缩机类型，确定系统循环型式。最后将选定的工质、压缩机和系统循环型式输入稳态计算程序中，验证其是否满足供热温度、容量和系统性能的要求。

通过这种方法，可以进行压缩式热泵的选型，借助计算机程序使压缩式热泵的选型过程快速而有效。即使采用穷尽和遍历的方法，也能够迅速确定压缩式热泵的选型。

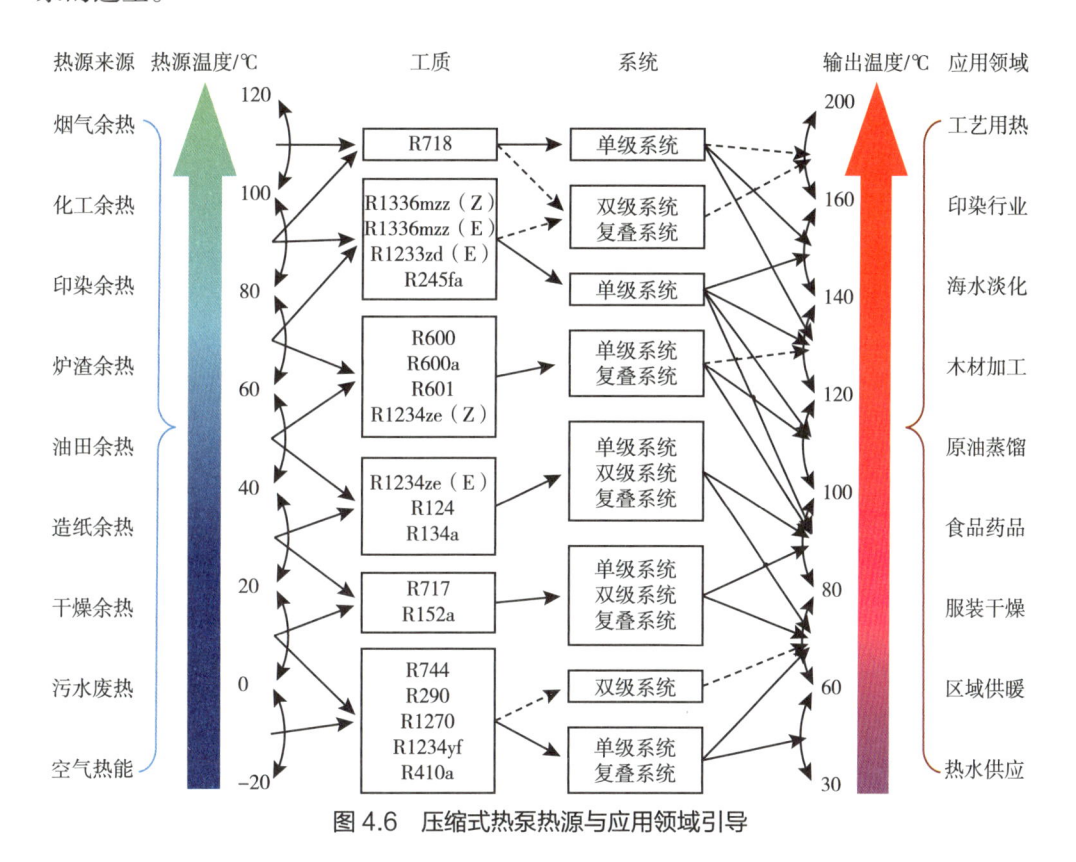

图 4.6 压缩式热泵热源与应用领域引导

4.2.2 吸收式热泵的匹配选型

吸收式系统是一种具有广泛应用潜力的热能转化技术，包括热泵和制冷两大核心功能。与压缩式热泵技术相比，吸收式热泵系统的成熟工质种类并不多，但考虑到吸收式系统是一种三热源系统，涵盖了与高温、中温和低温热源的热交换过程，其可采用的技术种类和应用范围却异常丰富。因此，为了选择最适宜的技术方案，需要采取一种递进式的分析策略，包括从技术功能分类、可用热源、需求、技术匹配分析、可行性分析和综合评估等多个维度进行深入考虑。

我们先要深入理解吸收式热泵与制冷技术的基本功能。这些系统是热驱动的，具有增量型热泵（又称第一类吸收式热泵）、升温型热泵（又称第二类吸收式热泵）和制冷三大主要功能，而可用热源的利用方式多样。因此，可以根据可用热源的种类，将可用热源回收的吸收式系统分为四个类别，如表4.3所示。

表4.3 吸收式热泵与制冷技术的余热利用形式

技术功能	高温换热	中温换热	低温换热
增量型吸收式热泵-场景1	热输入	热输出	余热回收
增量型吸收式热泵-场景2	余热回收	热输出	从环境吸热
升温型吸收式热泵	热输出	余热回收	向环境散热
吸收式制冷	余热回收	向环境散热	冷输出

在场景1中，增量型吸收式热泵被用于回收低温可用热源。这个系统需要高温热水、蒸汽或燃烧产生的高温热源来驱动运行，并产生中温热量输出。在场景2中，增量型吸收式热泵的驱动热源来自高温可用热源。系统从环境或低温可用热源中吸收热量，然后产生中温热量输出。这种场景对于高温可用热源的品位有更高的需求。在升温型吸收式热泵的应用场景中，可用热源作为中温驱动热源使系统运行。热泵既提供高温输出，又需要受到环境低温热源的冷却。在吸收式制冷的应用场景中，可用热源作为高温驱动热源，向低温热源提供冷量输出，同时需要受到环境热源的冷却。由于冷量输出的温度低于环境温度，环境热源转变为中温热源。在深入理解了吸收式热泵和制冷技术的工作原理及其与可用热源的匹配模式后，我们能够根据不同的应用环境进行基础的技术匹配度分析。此项分析主要基于对现有可用热源资源及需求的全面认知，以便评估吸收式热泵和制冷技术是否具有充分利用可用热源并转化为有用能量的能力。

在工业生产流程中，可用热源主要来源于烟气、冷却水等，这些可能源于燃烧或化学反应等过程。与此同时，工业生产中的热能需求则涵盖了广泛的领域，包括流程用热、预热、干燥、生活热水、供暖、空调和冷冻等。在对可用热源及其需求进行全面分析后，可以根据热源与需求的温度级别来选择适合的技术类型。例如，当热需求的温度高于可用热源的温度时，可以选择使用增量型吸收式热泵或升温型吸收式热泵。反之，如果热需求的温度低于可用热源的温度，则可以选择使用可用热源驱动的增量型吸收式热泵。而当所需的冷量温度低于环境温度时，只能选择使用可用热源驱动的吸收式制冷系统。

综合以上分析，可以将可用热源、需求、技术的匹配分析以图表的形式进行整理，方便我们对其进行更直观的理解和选择，如表 4.4 所示。

表 4.4　吸收式热泵与制冷技术的热源、需求、技术的匹配分析

需求	余热 – 需求分析	额外热输入	技术类型
流程用热、预热、干燥、供热等	$T_{需求}>T_{余热}>T_{环境}$	有高温热源	增量型吸收式热泵
		无高温热源	升温型吸收式热泵
	$T_{余热}>T_{需求}>T_{环境}$	低温余热/环境热源	增量型吸收式热泵
空调、冷冻等	$T_{余热}>T_{环境}>T_{需求}$	无	吸收式制冷

热源、需求、技术的匹配分析只考虑了所需热源和需求温度的相对关系，这种相对关系包含的温度范围宽广，但每种吸收式热泵和制冷技术的工作温度范围是有限的。这种吸收式热泵与制冷技术的工作温度范围与所采用的循环和工质紧密相关，并且不是每种工况都可以通过成熟的技术进行实现，因此还需要考虑具体的技术选项分析可行性，形成如图 4.7 所示的技术适用图。增量型吸收式热泵涵盖了高、低温热输入和热输出，其中高温热输入来自热源或高温热源，低温热输入则来自热源或环境热源。升温型吸收式热泵关注的是高温热输入和热输出，

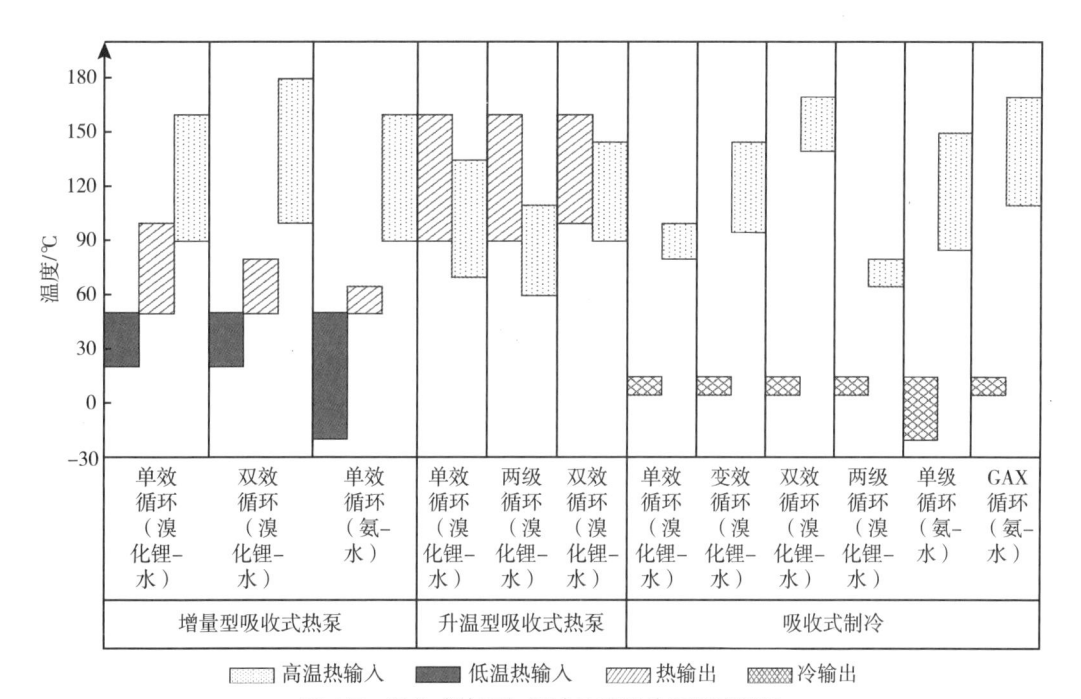

图 4.7　吸收式热泵与制冷的典型热源温度范围

这里不包括向环境排放热量的过程。吸收式制冷的重点是高温热输入和冷输出，同样省略了向环境排放热量的部分。值得注意的是，这些范围是基于技术高效运行的常见条件确定的，并用于快速的技术选型，具体的可行性需要通过更深入的模拟计算进行分析和评估。

在评估吸收式热泵和制冷系统的可行性时，先要确认系统是否能在对应的热源温度下正常运行。然而，这只是问题的一部分。在实际的热源匹配中，还要考虑如何提高系统的经济性，是否可以达到所需的热源回收体量，以及设备的投资成本等因素，以评估整个项目的技术经济可行性。表4.5提供了一些典型的吸收式热泵与制冷技术的性能系数、容量和应用场景，供综合分析参考。

表4.5 典型吸收式热泵与制冷技术的性能系数、容量和应用场景

系统	工质	循环	性能系数	容量	应用场景
增量型吸收式热泵	溴化锂-水	单效循环	1.6~1.75	50千瓦~50兆瓦	电厂或化工流程的冷却水或烟气冷凝余热回收，用于供暖
	溴化锂-水	双效循环	2.2~2.3	50千瓦~50兆瓦	
	氨-水	单效循环	1.4~1.6	50~500千瓦	燃烧过程烟气余热驱动空气源热泵，用于供暖
升温型吸收式热泵	溴化锂-水	单效循环	0.4	50千瓦~10兆瓦	化工反应和燃烧流程产生的冷却水或烟气余热回收，提供流程用热、预热和干燥等
	溴化锂-水	两级循环	0.25	30千瓦~10兆瓦	
	溴化锂-水	双效循环	0.6	50千瓦~10兆瓦	
吸收式制冷	溴化锂-水	单效循环	0.65~0.75	30千瓦~20兆瓦	烟气、蒸汽或高温热水的余热驱动，对余热温度需求从双效、GAX、变效、单效到两级依次递减，产生冷水
	溴化锂-水	变效循环	0.75~1.1	30千瓦~1兆瓦	
	溴化锂-水	双效循环	1.2~1.3	50千瓦~20兆瓦	
	溴化锂-水	两级循环	0.45	20千瓦~10兆瓦	
	氨-水	GAX循环	0.8~1.1	30~300千瓦	
	氨-水	单级循环	0.4~0.6	30~300千瓦	烟气余热驱动的制冷或冷冻

在与低温热源匹配的应用中，根据驱动热源和输出温度需求，可以选择单效或双效溴化锂-水吸收式热泵，其性能系数分别为1.6~1.75和2.2~2.3。双效循环效率更高，但需要较高的热源温度。电厂和化工厂因其丰富的低温热源和可提供的高温蒸汽，是此类热泵的理想应用场所。在与高温热源匹配的应用中，吸收式热泵采用环境作为低温热源，其热输出用于供热。可选择溴化锂-水吸收式热泵或氨-水吸收式热泵，各自适用于不同环境温度的场景。升温型吸收式热泵适用于高温输出场景，但要求较高的热源温度。它的效率和温升能力可通过选择单效循环、两级循环和双效循环进行调整。吸收式制冷主要应用于空调、冷却和冷冻需求。其效率与热源温度成正比，不同的循环方式对应不同的热源温度要求。机组容量与所采用的工质有关。溴化锂-水吸收式热泵和制冷技术已较成熟，容量

可达 50 兆瓦。氨－水吸收式热泵和制冷技术受压力限制，容量稍小。

在选择高效的热源匹配技术后，还需分析系统的整体经济性，确保热源回收改造带来的收益能覆盖改造成本，从而提升系统经济性。

4.2.3 吸附式热泵的匹配选型

吸附式热泵和制冷技术与吸收式热泵和制冷技术相似度较高，同样分为增量型热泵、升温型热泵和制冷。因此，在技术功能分类和热源、需求、技术匹配分析方面可参考 4.2.2。与吸收式热泵和制冷技术相比，吸附式热泵和制冷技术在工质对研究方面发展程度更高，有着众多的吸附工质对。以下以常见的吸附工质对为例，对余热回收利用的吸附式技术选择进行阐述。目前，吸附式系统主要以制冷功能为主，能产业化的机组包括硅胶－水和类沸石－水两种。其他工质对和热泵用途的吸附式技术还处于理论和实验研究阶段，但具有较高的应用潜力。

4.2.3.1 技术可行性分析

吸附式热泵和制冷技术的工作温度范围与所采用的循环和工质对紧密相关。常用的循环包括回热回质循环（即单效循环）和两级循环，而常用的工质对包括硅胶－水、沸石－水、MOF－水、活性炭－甲醇和活性炭－氨等。因此，可以根据这些循环和工质对对吸附式热泵和制冷技术的工作温度范围进行归纳总结，如图 4.8 所示。

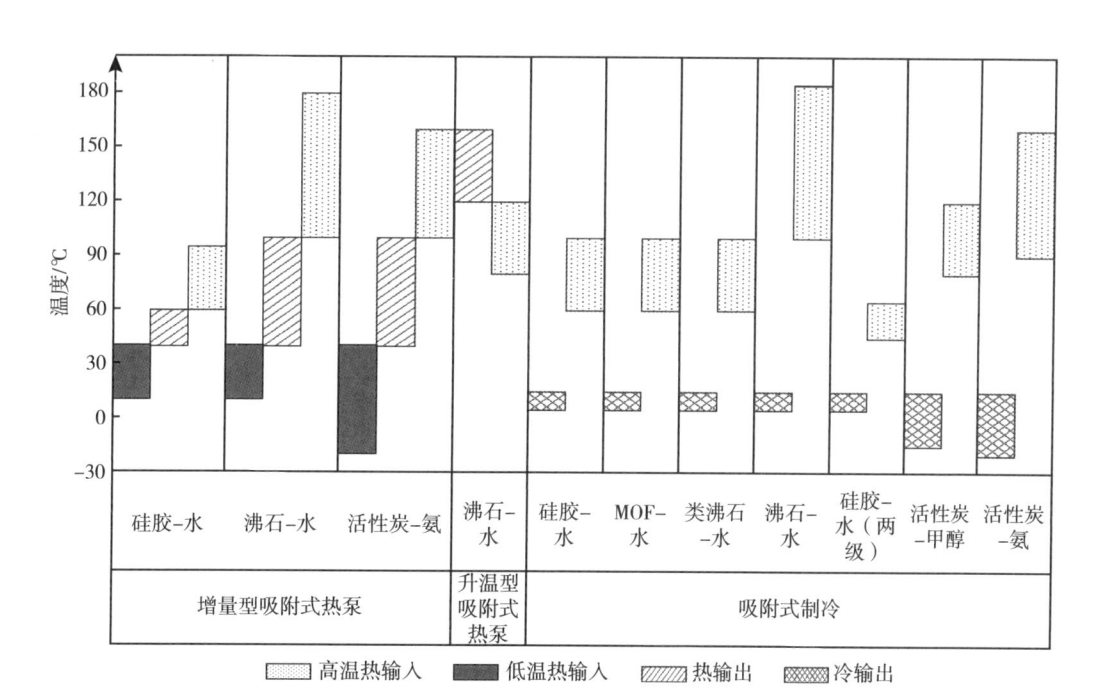

图 4.8 各类吸附式热泵和制冷技术典型工作温区图

4.2.3.2 经济性的综合分析

对于增量型吸附式热泵,硅胶-水、沸石-水和活性炭-氨等工质对具有较低的成本。硅胶-水相比沸石-水和活性炭-氨具有更高的性能系数和适用于更大的容量。因此,硅胶-水系统可用于回收工业流程中100℃以下的余热,并用于供暖。对于以烟气为载体的余热回收,可选择沸石-水和活性炭-氨系统,用于产生供暖热量。在使用活性炭-氨系统时,还需要进一步考虑其安全性。在这三类系统中,硅胶-水具有较高的效率和较低的驱动温度,是增量型吸附式热泵的优选工质对。

对于升温型吸附式热泵,目前主要采用沸石-水。其性能系数和容量相对较小,因此更适用于分散式余热回收场合。沸石-水升温型吸附式热泵可应用于高温空气余热回收,提供流程用热、预热和干燥等。

吸附式制冷涉及多种工质对的选择,如表4.6所示。针对0℃以上的制冷需求,通常选择以水为制冷剂的工质对。MOF-水系统具有较高的性能系数,而硅胶-水则能满足更大容量的使用要求,沸石-水系统可实现烟气余热的回收利用。然而,从工质材料成本的角度来看,磷酸硅铝/含铁类沸石和MOF的价格较高,目前推广应用较困难。因此,在0℃以上的吸附式制冷应用中,硅胶-水系统是目前最佳的选择。对于0℃以下的制冷需求,可选择氨或甲醇作为制冷剂的工质对,均可用于烟气余热回收应用。

表4.6 吸附式热泵与制冷技术的性能系数、容量和应用场景

系统	工质	性能系数	容量/千瓦	应用场景
增量型吸附式热泵	硅胶-水	1.3~1.5	100以下	电厂或化工流程的冷却水或烟气冷凝余热回收,用于供暖
	沸石-水	1.2~1.4	50以下	
	活性炭-氨	1.1~1.3	50以下	燃烧过程烟气余热驱动空气源热泵,用于供暖
升温型吸附式热泵	沸石-水	0.2~0.3	50以下	高温空气余热回收,提供流程用热、预热和干燥等
吸附式制冷	硅胶-水	0.4~0.6	500以下	100℃以下热水的余热驱动,产生冷水
	磷酸硅铝/含铁类沸石-水	0.4~0.6	50以下	
	MOF-水	0.4~0.7	10以下	
	沸石-水	0.3~0.6	100以下	烟气余热驱动的制冷
	活性炭-氨	0.2~0.3	50以下	烟气余热驱动的制冷或冷冻
	活性炭-甲醇	0.2~0.3	50以下	

根据不同的热输出温度需求,不同的工质对对高低温热源的温度要求也不

同。从表4.7中可以看出，沸石-水和活性炭-氨两种工质对需要较高温度的高温热源，并适用于较低温度的低温热源。相比之下，硅胶-水、SAPO-34-水和FAPO-34-水三种工质对对高温热源的温度要求较低，其中FAPO-34-水的要求最低，其次是SAPO-34-水。此外，与SAPO-34-水和FAPO-34-水相比，硅胶-水可以适应更低温度的低温热源。通过综合考虑工质的循环吸附量和热源温度要求，可以选择最合适的工质对来优化增量型吸附式热泵的工作温区。

表4.7 增量型吸附式热泵经济性工作温区

热输出温度	硅胶-水	SAPO-34-水	FAPO-34-水	沸石-水	活性炭-氨
35~40℃（地暖用）	高温热源≥75℃ 低温热源≥15℃	高温热源≥75℃ 低温热源≥20℃	高温热源≥65℃ 低温热源≥20℃	高温热源≥130℃ 低温热源≥0℃	高温热源≥140℃ 低温热源≥-15℃
40~50℃（风机盘管供暖用）	高温热源≥85℃ 低温热源≥25℃	高温热源≥80℃ 低温热源≥25℃	高温热源≥70℃ 低温热源≥25℃	高温热源≥140℃ 低温热源≥0℃	高温热源≥145℃ 低温热源≥-5℃
45~55℃（生活热水用）	高温热源≥90℃ 低温热源≥25℃	高温热源≥85℃ 低温热源≥30℃	高温热源≥75℃ 低温热源≥30℃	高温热源≥150℃ 低温热源≥5℃	高温热源≥150℃ 低温热源≥-10℃
70~80℃（热网或工业流程用）	—	—	—	高温热源≥180℃ 低温热源≥15℃	—

4.3 热泵与储热技术耦合

热能储存与转换中涉及的能量体量和能量品质不同。热能储存技术在能量供需侧时空匹配中起着至关重要的作用，然而储热系统中的热能的量和质依赖于上游热源，难以很好地匹配需求端的用能要求，因此亟须对储存的热能进行量与质上的调控，满足能量供需平衡，提升用能质量。与此同时，供热电气化的发展让以热泵为代表的热能转换和品位提升技术成为可再生能源电力消纳的重要途径。因此，为了实现可再生能源的高比例消费和确保可再生能源系统"源-储-荷"供能与用能之间能质匹配和快速响应，需要高效、灵活、可控的热能储存转换技术与能质调控方法。

针对供热端与用热端品位不匹配的问题，常规的思路是热能梯级利用，通过电加热将电能转化为热能。由于热能品位与温度相对应，中低温储热结合热泵技术能够实现热能的增量储存和品位提升。热泵作为热能品位提升的有效工具，可通过吸收低品位热能（余热及自然热能）实现电能到热能的增量储存，有效提高系统能效；通过热泵对储热的品位调制作用可以破除梯级利用的传统思路，使得"充热 – 储存 – 释热"的调控灵活性大大提高。对于工业和建筑的热/冷需求，热泵通过切换冷凝器和蒸发器来实现供热和制冷双功能，储热/储冷可直接进行能量的对口匹配，中低温储热/储冷的应用场景非常丰富。

4.3.1 储热原理

能量的储存和释放均是通过填充在储热装置中的储热介质来实现的。根据储热介质的储热原理不同，储热技术一般包括显热储热、潜热储热和热化学储热三种形式。储热技术的分类和储热原理如图4.9所示。

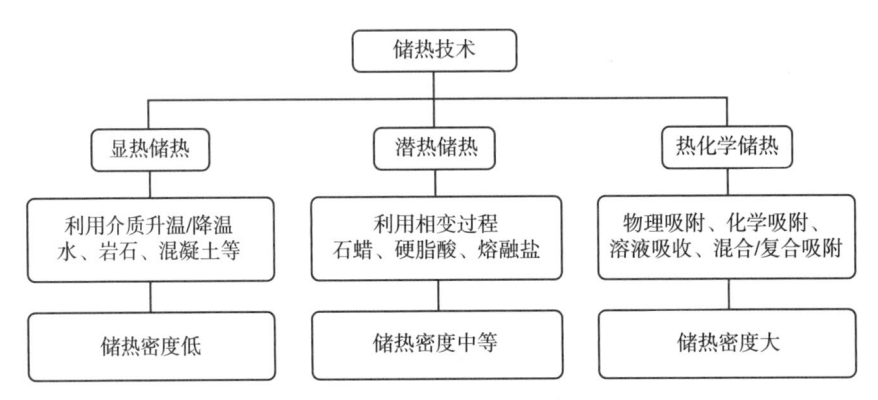

图 4.9 储热技术的分类和储热原理

4.3.1.1 显热储热技术

显热储热利用介质的热容来实现能量的储存和释放，常用的介质包括水、岩石、土壤和合金等。这类介质在有热量输入时，自身温度会升高，热量便以显热的形式储存在介质当中。

显热储热介质的质量储热密度（q_m）由介质的比热容（c_p）和介质的温升（ΔT）决定。

4.3.1.2 潜热储热技术

潜热储热是利用介质在物态变化（固 – 液、固 – 固或气 – 液）时，吸收或放出大量潜热而实现的。采用的介质被称为相变材料，是指随温度变化而改变物质状态并能提供潜热的物质。相变材料发生物质状态转换的温度称为相变温度。潜热储热的大致过程为：充热时，相变材料在输入热源的作用下发生状态变化（固→液、固→固或液→气），热量以潜热的形式储存在相变材料中；放热时，相变材料发生相反方向的状态变化过程（液→固、固→固或气→液），并将热量用于加热水或者空气。

根据储热的温区，可以将相变材料分为低温材料（25~80℃）、中温材料（80~220℃）和高温材料（220~420℃）。根据相变过程中的物质变化，可以将相变材料分为固-液相变材料和固-固相变材料。根据材料成分，可以将相变材料分为无机相变材料、有机相变材料和共熔物三类，如图4.10所示。

潜热储能技术在建筑节能中的应用主要包括三个方面：①较低温度的相变材料用于建筑物的储冷；②室温相变材料主要用于减小房屋中温度的波动，降低空调负荷；③50~60℃相变材料用于太阳能收集、采暖、供应热水等方面。除了解决热能供需两侧在上述时间上不匹配的矛盾，潜热储热还可应用于调节热能利用在空间上的矛盾。移动式相变储热系统（M-LHS）作为低品位余热网格化利用的重要组成部分，近年来得到了广泛的关注。如图4.10所示，移动式相变储热系统一般采用廉价的热源（如工业园区废热、集中热力管网、地热等）作为供应端，其主要应用场景有以下两个方面：①城市集中供热管网检修或难以短时间覆盖新增建成区时，可采用移动供热的方式满足居民供暖及生活热水供应；②某些偏远地区的营业性场所的间断供热需求，如游泳池、洗浴中心等。

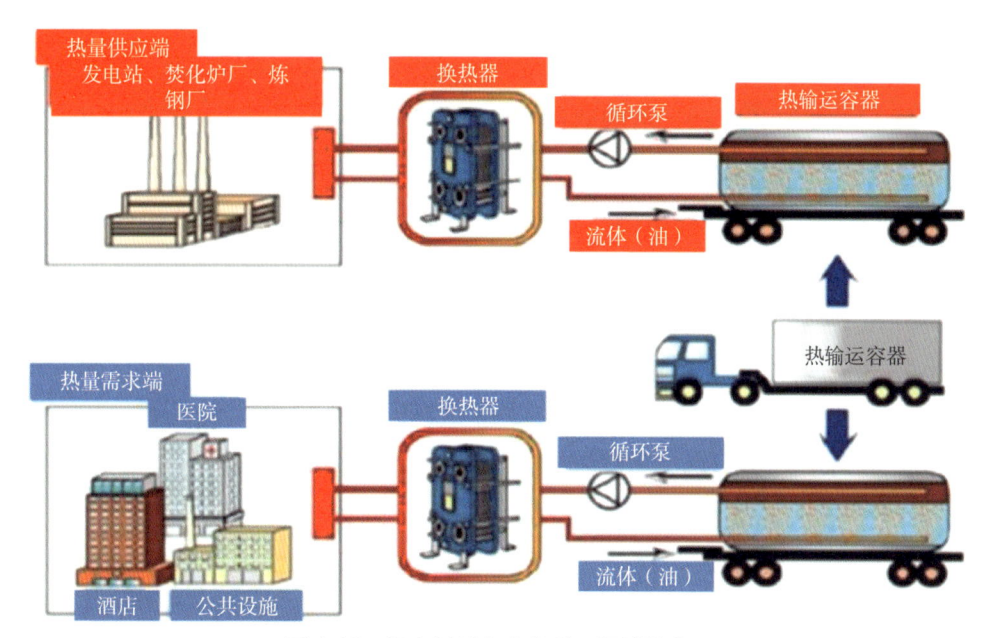

图4.10 相变材料在废热利用领域的应用

4.3.1.3 热化学储热技术

热化学储热利用储热介质接触时发生的可逆化学反应来实现热能的储存和释放，实质上是热能和化学能相互转变的过程。热化学吸附储热是利用吸附剂对吸附质的释放或吸收来实现热量的储存或释放的，吸附剂一般为固体（或液体），吸附质一般为气体。常用的吸附剂 – 吸附质工质对有硅胶 – 水、沸石分子筛 – 水、氯化锂 – 水和氯化钙 – 水等。

热化学吸附储热系统的工作循环图如图 4.11 所示，其中物质 A 代表吸附剂，物质 B 代表吸附质，物质 C 代表吸咐反应生成物。

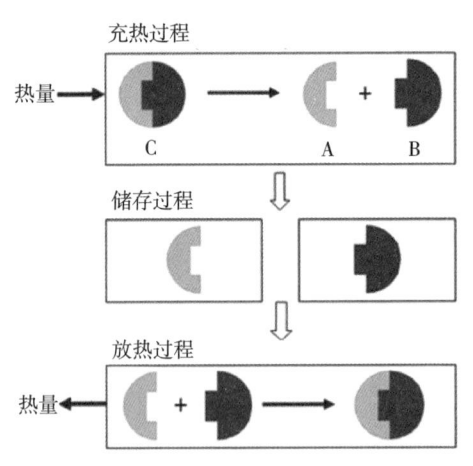

图 4.11　热化学吸附储热系统工作循环图

根据吸附剂和吸附质之间作用力的不同，热化学储热可以分为物理吸附储热、化学吸附储热、溶液吸收储热和复合 / 混合吸附储热四种形式。物理吸附过程中，气态吸附质和固态吸附剂通过分子间作用力结合在一起。化学吸附储热是利用吸附剂与吸附质之间的可逆化学反应来实现能量的储存和释放，释放出来的热量即化学反应热。溶液吸收储热是利用溶液浓缩过程和溶液吸收气态溶解质放热来分别实现能量的储存和释放。复合吸附剂一般由物理吸附剂和化学吸附剂复合而成，对应的吸附过程也是多阶段的，通常包括物理吸附、化学吸附和溶液吸收；混合吸附剂是将吸附剂同导热增强材料（膨胀石墨和铜粉等）或传质增强材料（泡沫铜等）以一定的比例混合，达到强化传热或强化传质的效果。

根据系统的工作方式，热化学储热系统可以分为闭式系统和开式系统。闭式系统中吸附剂与吸附质均与周围环境隔离，主要由两部分组成，即反应床和蒸发 / 冷凝器。开式系统则直接从周围大气中捕获水分，释放吸附热用于加热空气，不需要蒸发 / 冷凝器，结构更简单，主体为反应床及驱动空气流动的风道、风机和加湿器等配件。

4.3.2　热泵与热能增量储存及能质调控

热泵技术可以从环境中取热参与到能量储存和输送中，实现能量的增量和提质。这种增量能质调控方法随着储热温度、用热温度、能量转换温度的不同，其能质调控的技术手段不同。热泵与热能增量储存及能质调控分为储热-热泵取热端耦合供能和储热-热泵供热端耦合供能。

4.3.2.1 储热-热泵取热端耦合供能

储热系统与热泵系统的取热端集成，其作用主要包括：

1）利用储热系统为热泵系统提供稳定的低温热源

储热系统的热源来自太阳能热水器、PVT、地热能等可再生能源利用组件或余热。系统利用储热装置将富裕的热量储存以解决可再生能源的间歇性和不稳定性的问题，并可以在供能阶段作为热泵的蒸发器辅助热泵使用，如图 4.12 所示。低温储热可以避免在长期储能过程中严重的热损失，但通常该储能温度不适合直接用于传热供热系统的加热，如生活热水的供应及空间加热。此外，即使在具有良好隔热措施的高温储存装置中，储存的温度通常也不足以在整个供暖季节直接使用，因此储热系统需要热泵等辅助系统。储热系统可以回收低温热量，利用热泵能量升级的特点，将温度提高到可利用水平，进而低温热源可以在较高的温度水平下被重新利用。一些研究者开发了的光热-储能-热泵耦合系统为住宅采暖供应热量，相变储热装置作为热泵的蒸发器，提高其运行的蒸发温度，也为热泵提供可调节的、稳定的热源，消除可再生能源、余热波动引起的系统不稳定性，并显著降低能源系统成本和碳排放量。

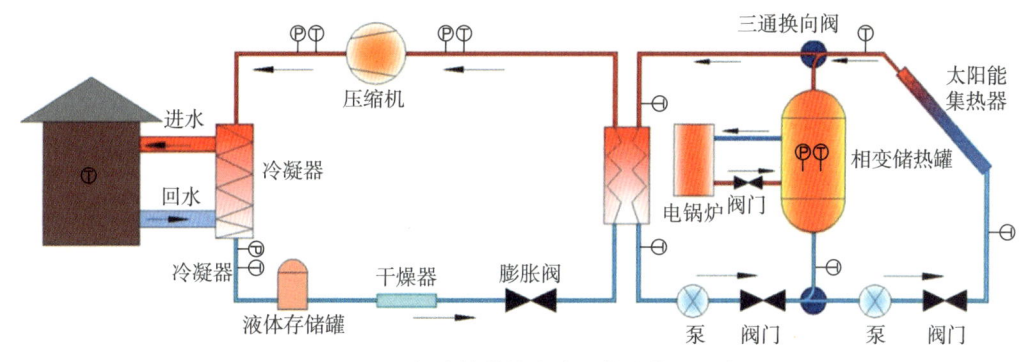

图 4.12 相变储热储存太阳能的热泵系统

2）基于储热装置的热泵可根据用户需求灵活供能，提升供热系统的整体性能

如果储热装置的热量直接输出至用户侧，则释出的热量局限于热能的梯级利用，导致热能温度品位降低，往往无法实现按需供能。如果储热装置通过热泵和用户连接，通过热泵对热能进行提质调控，耦合系统可以实现按需匹配供热。此外，传统储热装置为实现匹配用户需求的供热，储热温度和用热温度往往对应，呈强耦合关系，而储热系统与热泵系统的取热端集成，利用热泵作为电与热连接的桥梁，具有能质调控灵活性的特点，储热温度和用热温度为弱相关，因此减少

了系统性能优化约束指标，可以大大提高系统供能的灵活性。

3）利用储热装置的加热作用，优化热泵的工作条件

空气源热泵在冬季寒冷工况下进行空间供热时，室外盘管会结霜，进而减少室外盘管的空气通道面积，严重影响热泵性能。研究表明，与传统逆循环除霜法相比，利用相变储热装置对热泵进行除霜可以缩短除霜时间，并避免除霜过程影响加热空间的热舒适性。

4.3.2.2 储热 – 热泵供热端耦合供能

储热系统作为储能单元，可以直接与热泵供能端结合，其主要作用包括：

1）实现热能的增量储存，提高系统能效热泵

从供热端到储热端，传统储热方式局限于等量输入输出且电加热方法的热力学效率限制在 1 以内，而热泵通过从低品位热源（余热、自然热能）吸热可以实现电能到热能的增量储存。低品位热源可以分为空气、地表水（江河水、湖泊水、海水等）、地下水、城市自来水、土壤、废热等。对于空气源热泵，通过 1 份电力回收 2~5 份低品位热量，可提供 3~6 份高品位热量。简单地说，热泵可以利用周围环境中的热量增加储热装置中的储热量，进而节省能源消耗。

2）利用储热系统实现供需在时间尺度上的解耦，实现运行成本的降低

热泵供能端和储热装置的结合对于发电侧可以削峰填谷，在电价低时可以利用热泵对储热装置进行充热，在电价高峰或环境热源恶劣条件下，储热装置可以维持室内舒适度，保证生产供应的正常。与传统的热泵系统相比，在峰谷电价条件下耦合系统可以实现有效电力运行成本降低，因此储热单元与热泵供能端的结合可以促进用户用电用热模式的改革，使分时电价的有效性进一步得到发挥。

此外，热泵技术在储能系统的经济性上也具有调控的作用，特定温度的相变材料较便宜，而需求温度的相变材料较昂贵，此时可以以热泵技术将热量储存于便宜的相变材料中，在供热时通过热泵技术将热能品位提升进行输送，形成电 / 热 – 热泵 – 储热 – 热泵 – 输送模式。因此，无论是能量的高效利用还是储能系统的经济性构建，热泵技术使储能系统设计具有非常高的灵活性。

4.3.3 基于能质调控的热泵技术发展

热泵系统受限于其工作温度范围，难以解决储热系统的高温（>180℃）调控需求，因此发展高温热泵、大温升热泵是提高储热 – 热泵耦合能质调控系统灵活性、扩大应用范围的关键。早在 20 世纪 90 年代，许多国家已经看到中高热泵在低品位热能提质中发挥的重要作用，如日本超级热泵蓄能系统项目、国际能源署热泵中心、国际制冷协会热泵发展计划和欧洲大型热泵研究中心都将中高温热

泵作为重点研究内容。如今，碳中和是人类社会可持续发展的一个必须实现的目标。随着可持续能源发电占比增大，供热作为耗能大、碳排放高的领域，实现可持续化发展，离不开电气化的发展趋势。因此，高温热泵在替代高品位供热方面将发挥越来越重要的作用。

基于目前热泵发展现状研究（图4.13），在相同的温升条件下，性能系数随着输出温度的增加而增加。整体来看，温升较小的高温热泵主要集中在图的左侧（T_c<120℃），因为小温升的高温热泵实现高温输出需要高温热源（90℃以上），然而，这种高温下的余热通常直接使用或用作吸收热泵、化学热泵和有机朗肯循环的热源。因此，温升大的高温热泵更适合回收低温余热，可显著提升热能品位。但是，大温升会造成效率相对较低，因此能够同时产生高温输出和实现大幅度热能提质的热泵系统主要位于图的右下方。图的上方以高温输出和小温升（如30℃）为主，对于温升高于40℃存在空白，显示为阴影区域，也是当前高温热泵的技术瓶颈，输出温度高于100℃，性能系数高于4.0。因此，短期内提高40℃温升的高温热泵系统能效将是第一步，其次是50℃、60℃，甚至更大的温升提质。从2017年开始，研究不断突破大温升热泵的极限，填补了热泵系统80℃以上温升的空白，体现了热泵在低品位热源吸热、利用电能实现热能提质的不断突破是目前热泵领域的重点发展方向。

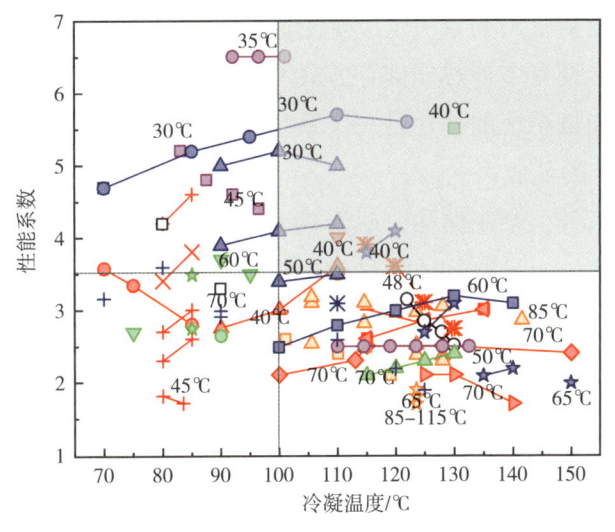

图4.13　不同冷凝温度（T_c）高温热泵实验性能总结

（红色：单级压缩系统；蓝色：单级+辅助压缩系统；绿色：双级压缩系统；黑色：喷射系统；橙色：复叠系统；粉色：并行系统）

复叠式热泵系统由两个独立运行的热泵系统组成，通过一个中间换热器连接,其中低温级系统的冷凝器释放的热量被高温级系统的蒸发器吸收,通过两个热泵系统实现热能的梯级提质,是实现从低品位热能大幅度提质的有效系统形式。同时综合考虑传热效率、热能载体成本等因素,一般来说热泵系统的热能输出由水来实现,当供热温度超过100℃时,热水端需要增加压力以防止常压下汽化,在热能供应的时候,增加了系统设计难度和运维成本,如果能通过80~90℃热水在负压下闪蒸成低压蒸汽,再进过水蒸气压缩机升压提温输出高温、高压蒸汽。以蒸汽作为热能载体,用热端不仅可以使用高品位蒸汽的显热,还可以使用蒸汽液化释放的大量潜热,提高了高品质热能的利用率。因此,复叠式热泵与蒸汽压缩结合的创新系统型式是进一步突破利用热泵热能提质限制的重大创新,具有蒸汽发生能力的大温升高温热泵可进一步提高输出温度,扩大温升,为大规模高品位供热提供更多可能性。

4.3.4 基于能质调控的能质分析方法

储热 – 热泵耦合供能的能质调控技术的灵活性与多样性同时也带来了评价、分析与优化的困难。一方面,热能储存与转换中涉及的能量品质不同,必须兼顾对能量体量和品质的分析,才可以对复杂能量转换过程进行全面评价与分析。能质分析中涉及基于热力学第一定律的能量体量分析以及基于热力学第二定律的能量品质分析,因此,能质分析是解决上述问题的有效思路。另一方面,多样化用能需求以及供能复杂应用场景决定了基于储热 – 热泵耦合供能的能质调控是一个复杂的能量系统,具有多种热能储存方式和材料的优选、多种能量形式和品位的转换等特点,该能量系统的构建是一个系统性的优化问题,需要实现热力学上的高效率以及经济上的低成本。

除热力学分析外,基于储热 – 热泵耦合供能的能质调控还需要额外考虑技术的容量匹配和经济性,最终形成能量效率与经济性全面提升,并满足实际应用场景电与热/冷等能量形式的转换需求,实现高效低成本运行。深入的技术经济性分析有助于理解多能源形式需求下储能路径的选择,指导储热 – 热泵耦合供能系统在动态需求和时域变化电价下的灵活匹配与调控。

目前根据热能来源、储热形式以及用热品位与能量需求,存在多种储热 – 热泵耦合供能的能质调控技术路线,热泵技术的能质调控能力没有得到充分展现,需要围绕"供热 – 储热 – 调控 – 用热"4个环节的中低温热能储存利用系统构型开展研究,发展用于指导不同品位热能的调控方法。在此过程中,需要通过构建热能储存及转换调控的能质分析方法,阐明热能储存及转换调控的能质耗散机制、优化能量"输入 – 储存 – 输出"过程以构建不同场景下热能储存与转换调控的最优热力学路径。

考虑到各地资源禀赋与用热工艺的差异性，热泵装备在实际应用中的策略应是灵活多变、因地制宜的。不同地域的资源和工艺条件对于热泵装备的优化配置和最佳应用有着显著影响。为了更全面地解决与热泵装备相关的技术问题，可以根据热泵对其在不同场景下的适配案例总结推广，逐步推进。下面列举一些压缩式热泵、吸收式热泵以及吸附式热泵的经典装备和应用案例。

4.4 压缩式热泵装备及应用案例

压缩式热泵是较成熟的热泵技术，已被广泛应用于余热回收场景，这里我们汇总了几个典型的热泵系统应用于其他工业场景的案例。

4.4.1 钢厂余热回收用于厂区供热应用案例

鞍山钢铁集团公司采用格力永磁同步变频离心式热泵机组，利用工业生产中的余热，产出 60℃的热水用于厂区供暖和生活用水。该机组两个蒸汽压缩循环相互独立，各自具有一个独立的制冷循环系统，冷媒经过双级压缩、冷凝、双级节流，最终回到蒸发器。机组整机相当于将两台离心式热泵机组组合在一起，对水侧实现串联梯级加热。每台离心式压缩机独立使用一套供油、回油系统，各自具有能量调节装置，运行时独立控制互不干扰，一套系统的故障不会影响另一系统的正常运行，因此相对而言具有更高的可靠性。该方案中，蒸发器、冷凝器的管程串联贯通，进行梯级加热或降温，并在水系统流动方向上形成逆流；壳程冷媒系统则是通过位于壳体中间的隔板完全分开、相互独立。由此，两个独立系统运行在不同的蒸发温度和冷凝温度下，但低蒸发压力侧系统冷凝压力较低，高冷凝压力侧蒸发压力也相对较高，达到运行压比相对接近的效果，可选用完全相同配置的压缩机，设计及控制方案均更简单。

在鞍山钢铁集团灵山供暖改造项目运行的首个采暖季，满足 18 万平方米（按照 50 瓦/平方米计算）的居民冬季供暖热量需求，按照市政采暖价格 22 元/平方米计算，改造前采暖费用共计 396 万元。项目实施后首个采暖季（2017 年 12 月—2018 年 3 月）共消耗电能 242.9 万度，电费 145.7 万元，年净收益达到 250 万元左右，供水热量达 4.5 万吉焦，节省标准煤 3500 余吨，减排二氧化碳 9450 余吨；在第二个采暖季（2018 年 11 月—2019 年 3 月）共消耗电能 296.8 万度，电费 178.1 万元，节省标准煤 4200 余吨，减排二氧化碳 11500 余吨。按每年推向市场 100 台计算，年运行费用节省 2.5 亿元，年节省标准煤 35 万吨，减排二氧化碳 95 万余吨。每台机组按照价格为 300 万元，利润按 30% 计算，可以实现年产值 3 亿元，利润 0.9 亿元。

4.4.2 冷凝热余热回收用于工艺用热应用案例

制冷行业也是一次能源消耗的大户，并且制冷过程伴随着冷凝热的排放，这部分冷凝热通常情况下都排放到环境中，由于冷凝热温度低（20~40℃）加之以前并不重视低品位废热的回收，这部分热量被浪费，为改善这一状况，烟台冰轮环境技术有限公司开发了宽温区高效制冷供热耦合集成系统。该系统集天然工质低温制冷系统、全/显热回收的氨高温制热系统、谷电水蓄热系统、微压蒸汽发生系统及水蒸气增压系统于一体，利用所研发的制冷系统冷凝热全热回收、冷热系统间热量优化匹配等技术，实现了宽广温区范围内（-50~160℃）高效环保的制冷和供热，达到了能源的高效及梯级利用和冷热量优化输配的目的，整套系统除消耗电能外，无须额外消耗其他一次能源，可广泛应用于需要制冷、供热的行业，尤其适合冷热联供、水气同需的行业，如食品生产、畜禽屠宰、化工等行业。该系统采用天然环保工质，可大范围替代氟利昂工质的应用。

本项目的热回收系统最大可提供热负荷为 1610 千瓦（约合蒸汽 2.3 吨），因此，与其他方案对比时，负荷均按照 1610 千瓦计算，比较了 6 种蒸汽发生系统的效率，其运行 1 年（300 天）的成本（包括人工、维护、维修、燃料费等）热回收系统的效率非常高，达到 300%，远超其他系统。通过热泵对余热品位进一步提升，提高了能量的利用率，进而节省一次能源消耗。通常来说，蒸汽发生系统的初始投资费用一般会远低于其运行维护费用，因此尽管余热回收系统的初投资最高，但其运行成本是最低的，与燃煤锅炉的运行费用相当，且远低于其他方式。由于燃煤锅炉会造成严重的环境污染问题，面临被取缔的境地。因此，高效节能环保的热回收系统是替代现有的燃煤锅炉的最佳方案。

4.4.3 空气源热泵蒸汽锅炉替代燃煤锅炉应用案例

在高温蒸汽供应领域，上海交通大学的王如竹研究团队研发了一款空气源热泵蒸汽锅炉，其目标是替代传统的小型工业燃煤锅炉。如图 4.14 所示，该系统利用了负压闪蒸和水蒸气压缩技术，对蒸汽的生成和输出过程进行优化。在此系统中，空气源热泵和高温水蒸气压缩机是两个关键部件，它们通过闪蒸罐连接在一起。空气源热泵从环境空气中吸收热量，然后使用这些热量来加热水，从而产生高温水。这些高温水储存在闪蒸罐中，然后在负压的作用下进行闪蒸，生成低压液体和蒸汽。从闪蒸罐中产生的蒸汽被送入水蒸气压缩机，经过压缩后，蒸汽变成高温高压状态。在整个过程中，通过降低初始供热温度，并利用水蒸气压缩方法，使蒸汽的输出更加高效和灵活。与传统的常压型和加压型锅炉相比，这种方法显著降低了热泵的冷凝温度，从而提高了热泵的性能系数。尽管引入的水蒸气压缩机增加了一部分压缩功耗，但总体来看，这种方法带来的效益是显著的。在环境温度为 5~35℃时，该系统在供应标准蒸汽（120℃、200 千帕）的情况下，其性能系数可以达到 1.5~2.1。

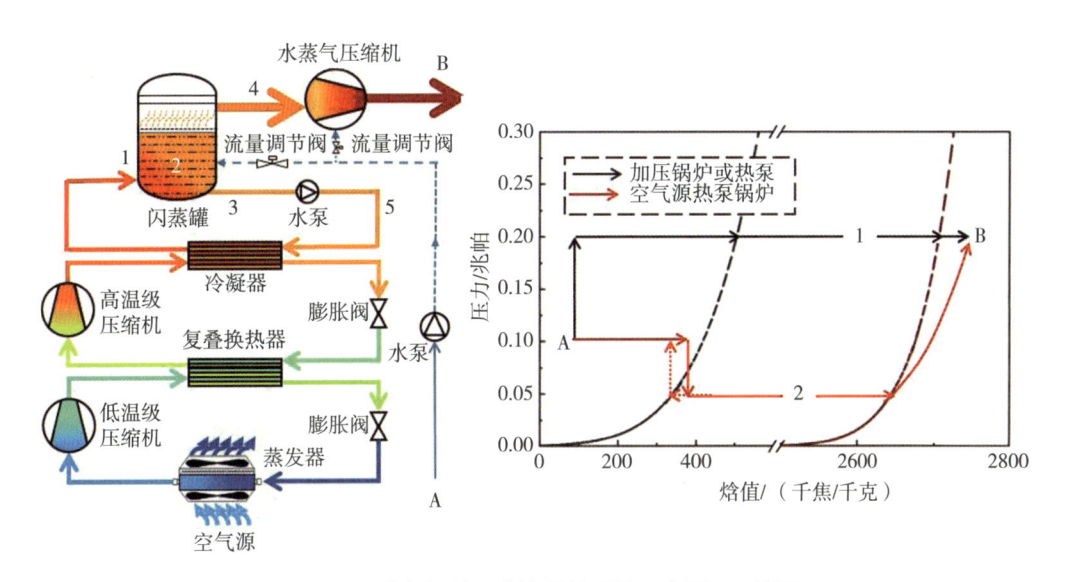

图 4.14　空气源热泵蒸汽锅炉系统示意图及压焓图

在宏济堂酒坊的酿酒工艺中，上述技术被采用，以满足生产扩大后的大规模蒸汽需求及节能要求。在传统的酿酒流程中，包括研磨、搅拌、制曲块、培曲堆曲、磨曲和发酵等步骤，都需要大量约 120℃的高温蒸汽。然而，酒坊的现有电力变压器容量为 200 千瓦，不能提供所需的 300 千克/时饱和蒸汽。因此，空气源高温热泵蒸汽发生技术被引入生产系统中。复叠式空气源热泵热水器先从空气中吸收热能，生成中温热水，并进一步闪蒸生成中温蒸汽。然后，蒸汽压缩技术被用来增加蒸汽的压力和温度，以满足酿酒过程中的需求。这种方法与现有的燃料式锅炉或电热锅炉的工作方式存在显著差异，后者主要是通过燃烧化石燃料或电加热进行热交换。根据实时测试结果，环境温度在 15℃时，该设备的能效比可达到 2。自 2020 年投入使用以来，该技术已成功保障酒坊日常生产所需的蒸汽供应。最大的蒸汽供应量可达到 300 千克/时，且最大电功耗不超过 150 千瓦。此外，该系统在节能方面展现出显著的效果。整体而言，这种基于热泵和蒸汽压缩技术的空气源高温热泵蒸汽发生技术为宏济堂酒坊的酿酒工艺提供了有效的蒸汽供应及节能解决方案。

4.4.4 钢厂余热回收用于厂区供热应用案例

在原油生产行业，何永宁等人在辽宁锦州油处理站进行了热泵回收油田余热试验。该装置设计为两个独立的单级循环，两个循环的蒸发器安装在同一壳内，余热水实现梯级降温。该系统选用R245fa作为系统工质，采用双螺杆压缩机。从原油中分离的废水温度为55~65℃，需提供的热水温度为85~95℃，制热量1350~1785千瓦，系统性能系数在3.5~4.4。该机组的总能耗仅为燃油锅炉的57%，投资回收期在一年内。

在印染行业，Wu等人使用以R245fa为工质的单级热泵机组应用于染色过程的煮制，核心部件采用双螺杆压缩机。为确保高温条件下的安全运行，采用液体制冷工质喷射冷却压缩机电机，并安装过冷器保护电子膨胀阀。该机组从75℃的废皂水中回收热量，最高输出温度达到95℃，平均性能系数为4.2。经济性分析表明，该热泵机组的运行成本仅为传统蒸汽加热的53%。

在干燥行业，涉及木材、农产品干燥。Umezawa等人开发了一台R134a高温热泵机组，用于回收干燥炉出口的废热，并提供热空气用于干燥。该机组采用两级涡轮压缩机。产生的115℃的废气先将水加热到55℃，作为热泵机组的热源，利用该机组产生130℃热水，性能系数达到3.0，最终使20℃空气通过换热器被130℃热水加热到125℃并输入干燥炉内。

4.5 吸收式热泵装备及应用案例

4.5.1 第一类吸收式热泵应用案例

第一类吸收式热泵的主要优势在于回收低温余热和热能增量，限制在于其热输出温度不高，且一般需要如蒸汽的驱动热源，因此第一类吸收式热泵较多地应用于回收含湿热空气或冷凝水等形式的余热，热输出多应用于供热、生活热水供应或工业流程的预热。

第一个案例是将吸收式热泵应用于奥地利一家生物质能发电站（图4.15）。该发电站采用77%的木材和23%的内部加工残留物作为燃料，可提供5兆瓦的电能输出和30兆瓦的热能输出，同时该发电站的蒸汽轮机还可以通过蒸汽管网向发电站提供工业蒸汽，用于发电站公司自身。本案例中使用容量为7.5兆瓦的吸收式热泵回收电站烟气中的余热。吸收热泵的驱动热源来自蒸汽轮机中温度为165℃的蒸汽，并向区域供暖提供95℃的热输出。当吸收式热泵蒸发温度低于50℃时即可达到烟气的露点温度，这时热泵可以从烟气中回收水的冷凝热。本案例中机组运行了37000小时，平均性能系数达到1.6，初始投资约21.5万欧元，每年可以节省约 3.96 万欧元的燃料费用，投资回收期约为 5.4 年。

图 4.15　第一类吸收式热泵回收生物质能发电站烟气余热案例流程

第二个案例为兰州西固电厂对热电厂供暖系统进行余热回收的案例，在原有的系统中供热管网的回水全部由汽轮机的采暖抽汽加热，经过改造后的流程如图 4.16 所示，吸收式热泵由汽轮机的采暖抽汽驱动，回收朗肯循环约 35℃冷凝水的余热，热泵的热输出将供暖管网的回水从 45℃加热到超过 80℃，之后再由采暖抽汽加热达到 105℃并返回供热网络。在现阶段的余热回收中，吸收式热泵的使用和边界参数确定往往需要和整体的余热换热网络结合考虑，以达到对余热的充分利用并减小整个换热网络中的不可逆损失，提升整体的能源利用效率。该案例中的供暖回水温升幅度较高，采用了双段吸收式热泵的设计以达到对供暖回水的分级加热，并降低过程中的不可逆损失。在实际工作中共采用了 6 台设计容量为 48.46 兆瓦的两段溴化锂吸收式热泵机组，根据第三方测试结果，在余热热水进出口温度为 34.63/28.33℃和回水进出口温度为 45.94/81.34℃的工况下每台机组的平均热输出可达到 63.57 兆瓦，性能系数可达到 1.77。根据运行数据，该系统在一个供暖季回收余热 127 万吉焦。产生这部分余热需要消耗 4.82 万吨标准煤，排放

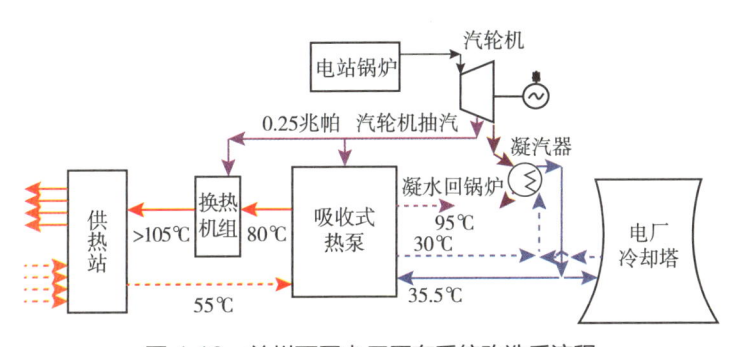

图 4.16　兰州西固电厂原有系统改造后流程

12.2万吨二氧化碳。考虑水的汽化潜热为2400千焦/千克，排放这部分热量需要消耗至少52.8万吨的水。改造后的系统通过回收这部分余热而减少52.8万吨水消耗和12.2万二氧化碳排放。考虑到余热利用所减少的能源消耗和水消耗，投资回收期在3年以内，具有良好的节能减排效应和较短的投资回收期。

4.5.2 第二类吸收式热泵应用案例

第二类吸收式热泵由于具有较强的温度提升能力，且输出温度高，可以和很多工业流程结合起来。国内最早的第二类吸收热泵工业应用案例位于燕山石化。在本案例中吸收式热泵回收来自合成橡胶凝聚釜的蒸汽和有机气体混合物余热，温度约为98℃。吸收式热泵的热输出用于把凝结器出口的水从95℃加热到110℃并返回凝结器。本案例中的第二类吸收式热泵采用溴化锂水溶液作为工质对，额定输出为5000千瓦，在25℃的温度提升工况下性能系数可以达到0.47，投资回收期约为2年。

使用吸收式热泵进行余热回收并应用于工业流程具有显著的节能降碳属性，同时可以带来可观的经济效益。此外，与工业流程结合的工业余热回收还具有可复制的特性。图4.17为双良节能的第二类吸收式热泵应用于橡胶合成工业案例，该项目和燕山石化的案例相似，凝聚釜顶部产生温度约为96.5℃的热气需要被冷却从而回收其中温度约为80℃的冷凝水，凝聚釜底部需要持续地供给102.5℃热输入，这部分原本需要采用蒸汽进行加热，如果采用第二类吸收式热泵一方面回收反应釜顶部气体释放的冷凝热，另一方面为反应釜底部提供高温热输入就可以达到节省蒸汽的目的。经过第二类吸收式热泵回收余热的改造后，该项目每年可节省4.24万吨蒸汽输入。

类似地，对于需要高温热输入，同时又会产生低温余热排放的工业流程，只要温度和体量合适，都可以考虑采用第二类吸收式热泵进行调节。

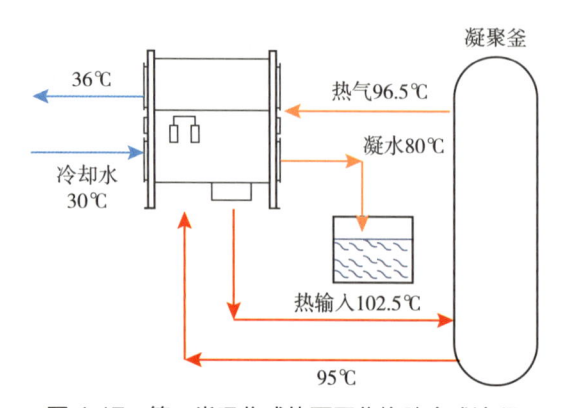

图4.17 第二类吸收式热泵回收橡胶合成流程

现阶段，基于常规流程的吸收式热泵的应用已经逐渐成熟，包括第一类和第二类热泵和单效、双效以及两级等多种流程也可以满足常规用热和余热回收的基本需求。此外，从本节提供的吸收式热泵应用的案例可以看出，目前吸收式热泵已经在工业和建筑供热中广泛使用，并且具有多种不同循环流程可供选择，一些实施的案例也具有可观的经济效益和环境效益，验证了吸收式热泵用于用热降碳的可行性。虽然基于吸收式热泵的余热回收和供热技术已经具备可行性并具有显著的节能降碳特性，但其进一步推广仍然依赖于系统的经济性，因此结合实际场景进一步提升吸收式热泵效率、适应性和整个系统的能量利用效率是进一步推广吸收式热泵的关键。

4.6 吸附式热泵装备及应用案例

吸附式热泵对低温余热利用十分有效，具有成本低、环保、稳定、无须动力驱动、热能储存能力高以及热损失低的优点。相比于传统的热泵循环，吸附式热泵循环可以利用低品位能源，能够节省采暖、空调、供热水和工业回热所需的一次能源，有效提高了能源的利用效率，现阶段已经受到广泛关注并应用于实际当中。另外，吸收式热泵和吸附式热泵都采用热源驱动，但吸附式热泵不像吸收式热泵那样存在结晶、精馏和腐蚀问题，也不需要价格昂贵的溶液泵，而且对液面的高低、倾斜要求不高，因此能应用于震动、旋转等场合。目前固体吸附式热泵因其简单的系统结构和无污染、寿命长的优点得到广泛应用，以下介绍几个目前应用吸附式热泵系统和装备的案例。

国外方面，日本前川制作所和三菱公司生产的 AQSOA 系列热泵属于大中型的热泵，主要用于工业生产，该热泵采用自主研发的 AQSOA 模块生产 7~15℃低温冷水，AQSOA 为一种合成的沸石基吸附剂，具有较高的吸附水量和解吸效率，吸附床内安装喷涂式换热器。该热泵有 88 千瓦、175 千瓦、350 千瓦三种制冷功率机组，循环时间 250~300 秒，热水入口温度和制冷水出口温度分别为 60~80℃和 5~25℃。以太阳能为热源的热泵机组示范项目已在其子公司 Nagahama Plant 厂区应用。德国 SorTech AG 公司主要生产中小型吸附式热泵，能够生产 6℃以上的冷水，吸附式热泵机组制冷功率为 1~250 千瓦，制冷性能系数为 0.65。德国 Invensor 公司生产的吸附式热泵机组，制冷能力为 7~100 千瓦，制冷性能系数为 0.62。

国内方面，上海市建筑科学院安装了利用太阳能热驱动的硅胶－水热泵机组，其平均制冷量为 12 千瓦。由于国内起步较晚，吸附式热泵在国内的工业化应用比较少。

近年来，国内团队研发了一种基于储湿换热器的轨道交通车辆用高效空调热泵机组。该机组采用的储湿换热器表面涂有一层干燥剂，当其用作制冷系统的蒸发器时，由于干燥剂的作用，空气中的水分可在高于空气露点温度的条件下被蒸发器表面的干燥剂吸附。当用作蒸发器的储湿换热器吸收了足够的水分后，该储湿换热器与用作冷凝器的储湿换热器位置和功能进行互换，原来的冷凝器切换为蒸发器，而原来的蒸发器则切换为冷凝器。新切换过来用作冷凝器的储湿换热器干燥剂涂层内含有大量水分，其水分在冷凝热的作用下进行脱附，脱附吸热可降低冷凝温度。这种巧妙的构思可有效提升制冷系统的蒸发温度，降低制冷系统的冷凝温度，将轨道交通车辆空调的制冷性能系数从现有的 1.9~2.5 提升到 3.5~4.0。同时，为满足空调系统的高蒸发温度和低冷凝温度的设计要求，其换热器的换热面积相对传统空调有所增加，这也有效提升了热泵制热的能效，可将其制冷性能系数从现有的 1.6~2.0 提升到 2.5~3.0，换热器的增加也有利于提高热泵的抗低温性能。另外，在热泵模式下，当室外换热器有结霜趋势时，室外换热器和室内换热器位置和功能切换，可防止室外换热器结霜，可在不安装辅助电加热的条件下有效解决传统空调除霜送冷风的问题。

尽管已经有了多项实施案例验证了吸附式热泵的可行性，但目前来看离进一步推广并将其广泛应用于工业中还有一段较大的距离，不仅要考虑提高其效率，关键还在于能够结合到具体的实施场景提高系统的经济性和适应性。现阶段的研究方向一方面在于研发更加稳定和高效的吸附工质，另一方面在于因地制宜地应用吸附式热泵，提高系统的效率以及经济性，这都是未来努力的方向。

4.7 热泵低碳技术发展路线

尽管热泵具备明显的碳减排优势和长期碳减排潜力，目前热泵的市场份额仍然很低，其原因既有技术经济层面的因素，也有社会政策的因素。关于技术经济问题，热泵的初始投资通常是其他供热设施的数倍，高昂的初始投资将导致长期的投资回报期。在社会政策问题上，目前电力系统的碳减排所受到的关注远超过供热设施的电气化，而热泵的最新进展尚未完全纳入大部分关于碳减排途径的研究中。应当充分认识到，供热设施的运行寿命通常设计为 15 年甚至 20 年，因此需要把握好在 2060 年碳中和节点前仅有的几次供热设备更换窗口期，进一步推动热泵的使用。

在推广热泵用于供热低碳化时，需要考虑不同气候条件、社会和经济发展、能源价格等维度的差异性，同时思考政府、研究者、制造商、用户的角色定位，分近、中、远期对热泵供热技术路线进行推广。同时，考虑到我国幅员辽阔，自然条件复杂，经济发展水平各异，在热泵推广中，应着重考虑区域差异性，在适宜区域展开前沿性技术推广，实现规模化热泵清洁体系。

4.7.1 技术研发与进步

在技术研发方面，循环工质优选与配套设备研发应是重要着力点。尽管有报道当前的循环工质可达168℃的供热温度，与吸收式热泵结合甚至可达180℃，但其大规模应用和适配还有待进一步验证。总体而言，对于100℃以下的供暖输出温度，现有的匹配工质选择相对较多，其中氨工质已有配套商用大型压缩机和规模化应用案例，可着重考虑推广与规模化区域供热。100℃以上的供热温度可考虑碳氢化合物（例如R290和R600，但其容量受到限制）、二氧化碳和合成制冷工质［例如R1234ze（E）和R1233zd（E）等］。为确保高温，大体量供热输出，大容量、高效率压缩机至关重要，特别是离心式压缩机，被认为是目前兆瓦级应用的唯一选择，也是热泵技术的重点突破方向。同时，为促进热泵技术的规模化应用，还应因地制宜地进行热力循环优化创新与需求侧梯级匹配。相比环境热源，工业余热体量巨大，且温度更高，因此基于工业余热的热泵效率更高。另外，工业余热的巨大体量与余热回收的改造属性也带来了更多挑战：首先工业热泵的容量与规模远大于分布式的小型家用热泵；其次工业热泵应用于余热回收时，由于涉及资金投入和供热覆盖面相对较大，因此需要特别考虑投资回收属性和应用可靠性。例如，家用热泵的能效仅是用户考虑的一方面，工业热泵的能效可以直接决定项目投资回收期是否能够满足余热回收改造的投资预期，反而需要更高的能效。在工业中，应着重考虑高温、大温升热泵供热技术路线，广泛耦合利用工业余热资源、地热资源、环境热源等，通过梯级匹配与多程换热降低系统不可逆耗散，因地制宜地实现工业清洁供热体系。

同时，热泵制造商应为热泵应用开辟更多的应用场景，并一步提高热泵供热的热舒适性。在建筑和交通应用场景中，前文提到的基于储湿换热器针对热湿共同调节场景，通过高效吸附剂涂层换热器设计，可以有效解耦热湿负荷处理过程，并提升系统蒸发温度，降低冷凝温度，将性能系数提升一倍多，有望在建筑和交通领域得到广泛应用。除了热泵在建筑中的应用，工业中空气源热泵蒸汽锅炉针对仅空气源可用场景，通过耦合闭式加热与开式压缩在不同温区的技术互补优势构建了新型大温升热力循环，并进一步优化匹配内部循环工质与外部水蒸气多级补水压缩，生成120℃以上蒸汽时可实现性能系数1.5~2.0的供热系数，也有助于在极端情况下实现高温供热，在燃煤锅炉替代、应对疫情等突发性高温蒸汽供应需求方面有巨大的应用潜力。

4.7.2 规模化推广商业模式

对于热泵推广而言,持续的商业运营将带来稳定的资金输入,因而需要着力研究商业模式和对应产品。其中,热泵用于建筑供暖与热水制备、工业热能与蒸汽制备、热泵与储热耦合应是重点的发展方向。

就建筑供暖与热水制备而言,目前在建筑领域,热能需求在终端能源需求的占比接近50%,且用热需求通常要求温度低于80℃,目前热泵用于建筑供热已经规模化,为了实现更大的节能环保替代作用,还需要在低温适用性、高密度能量需求适用性及复合高效性方面进行提升,着重解决空气源热泵的结除霜问题引发的性能衰减问题,探索智能除霜技术、中深层地埋管换热技术。就工业热能与蒸汽制备而言,目前在工业部门,50%~70%的能源消耗在工艺用热流程中,据文献统计,超过40%的工业热能消耗所需温度低于150℃,且多以蒸汽为热载体。通过前文对闭式和开式高温热泵系统的介绍中不难发现蒸汽压缩机在高温热泵中的关键作用。在这里,考虑到工业应用中蒸汽的广泛需求,我们重点介绍蒸汽压缩机的相关情况。就蒸汽压缩机而言,目前欧美产品占有较大市场份额,而我国产品存在零部件防腐防锈、密封、耐高温等问题。对关键部件采用抗腐蚀和抗生锈的特殊材料进行加工制造,或对普通材料的表面进行特殊化处理是一项简易可行的措施。另外,蒸汽容易侵入压缩机内润滑油或润滑脂工作的地方,这对其安全运行非常不利,近年来业内新开发的无油润滑和水润滑技术为解决该问题指出了方向,可着重考量采用无油双螺杆水蒸气压缩机。通过干气密封、喷水降温等技术,实现水蒸气变频、变压比的高效、可靠压缩,水蒸气升温升压匹配蒸汽输送与供应需求。水蒸气压缩技术匹配高温热泵,可实现低温水蒸气的闭式发生以及高温水蒸气的开式供应,同时实现供热蒸汽管网按需供热的灵活调控。

此外,在工业应用中,低于150℃的低品位余热体量巨大,在钢铁、水泥和玻璃等行业甚至占到总体余热的50%。余热排放不仅会造成能源浪费,还需要消耗额外水资源和电力维持冷却塔运行,回收这部分余热的意义十分重大。考虑到工业流程复杂度高且差异性大,可以从两方面开展工作,一方面挑选典型流程进行优化,另一方面发展通用性的技术和优化方法,从而推广技术的相关应用。热泵系统与储热系统的耦合应用可有效助力这一过程,可考虑将热泵技术产生的热量预先储存在储热系统中,不仅可以增加能源系统的灵活性,实现按需匹配供热,还可以利用峰谷电价的差异性,进一步降低整体系统的应用成本。

新兴的商业模式也有助于进一步降低热泵规模化应用的相关阻碍。在我国北方,大型热力公司可以考虑开发基于热泵的区域供暖模式。许多研究表明,基于热泵的供暖体系可以取得比传统的基于煤炭的区域供暖更低的价格。在这种商业模式下,通过热力公司,结合区域热力管网,将热量作为类似于电力的能源商品供应,用户的接受度更高。对于工业供暖而言,基于工业余热的高温工业热泵和热泵蒸汽锅炉具有明显的推广优势,可以考虑开展相关示范性应用工程,为后续热泵的规模化应用铺平道路。

总体而言,热泵的应用不应局限于单一的产品路线,应该探索形成复合式规模化的热泵供热体系,以城市信息中心、城市污水及工业排热等城市余热资源,结合空气源、地源和太阳能,形成以热泵驱动的多热能互补的区域集中供热系统,可有效弥补单一低位热源供给量不足,提高系统供热保障能力和系统的性能。

4.7.3 区域差异性与政策支持

除了热泵技术的进一步优化,产品与商业模式的进一步丰富,热泵的性能表现与其所采用的热源有着密切关系。因此,需要结合区域特点制定相应发展策略。近期内,热泵在我国南方省份的推广优势更加明显,环境温度是影响空气源热泵能量性能的重要因素之一。考虑到相对较高的环境温度,南方省份的热泵往往具有较高的性能系数,从而具有更好的经济竞争力。因此,这些省份的热泵在短期内更有可能大规模开发。另外,压缩式热泵本质上是电力驱动的供暖设施,因此其脱碳潜力在很大程度上取决于当地的电力排放强度。在我国南部地区,如江西、湖南、广西、云南都有丰富的水电资源,因此,热泵的二氧化碳减排优势在这些省份更加明显。而且,南部地区具备良好的工业基础,热驱动式热泵在这些区域也有机会与温度品位更高的工业余热资源进行耦合。

在中期,热泵的规模化应用可以进一步推广到气候温和的省份,如河北、山西、山东、陕西和湖北。在当前阶段,这些省份的发电组合以化石燃料为主,随着这些省份电力部门的逐步脱碳,热泵脱碳潜力将更大。从长期来看,在我国东北部和西北部地区,如新疆、青海、甘肃、宁夏也将最终走向热泵规模化供热体系。然而,这些省份拥有丰富的化石燃料资源,天然气价格比电价更便宜,热泵推广的经济性优势并不明显。同时,这些地区的人口密度较小,工业化水平较低。因此,至少在短期内,这些地区更适合使用天然气、生物质等方式进行供热。相比之下,在冬季环境温度相对较高(主要在0℃以上)的华南地区,更适合推广分布式的热泵模式。对于东北省份来说,热泵推广的主要障碍来源于较低的环境温度。对于住宅供暖的应用场景,采用多级循环和地源热泵可能是一个潜在的解决方案,但这种热泵配置将增加系统的复杂性并破坏其可靠性。因此,这些省份的大规模热泵应用需要进一步研发和示范。随着热泵通过规模化应用所带来的效率提高和成本降低,热泵的经济性优势将进一步增强。

热泵的推广也离不开政策的支持，现有热泵支持政策，例如建筑能源性能法规、供热排放标准、碳税/财政激励等还存在进一步强化的空间。相比于民用的政策支持，由于工业用热的流程复杂度远超过建筑供暖和制冷，工业高温热泵的使用可能需要更多的政策关注与扶持，也可通过积极的媒体传播与信息发布，提高公众对热泵技术的认识和接受度。同时，产品标准的更新、产业人员的培育也至关重要，相关投入将进一步促成热泵产业集群与资本市场的扩大投入。简而言之，与热泵相关的政策设计需要进一步纳入我国的碳中和战略中，热泵也将在我国能源转型路径中发挥重要作用。

4.7.4 热泵与储热结合

在化石能源转向可再生能源的能源结构转型中，热泵的大规模使用将深刻改变能源利用形式，这也面临着诸如电力负荷峰值转移、需求与供应时空不匹配等问题。储热与热泵的结合能够优化热能储存技术供需侧时空匹配特性，促进热泵对热能"量"和"质"的综合调控。然而，热泵和储热组合的热能储存与转换调控系统的商业开发进展非常缓慢。目前针对中低温热能的调控存在多种储热-热泵耦合供能技术路线，而现有的储热-热泵耦合供能系统的分析多针对某一具体供热场景，储能系统具有单一性，热泵技术的能质调控能力没有得到充分展现。同时，针对热能储存与转换调控的灵活性与多样性的评价、分析与优化理论仍不完善。

为了解决热能利用体系存在的储热与供能温度不一致、储热量与用热量不匹配等问题，需要围绕"供热-储热-调控-用热"4个环节的中低温热能储存利用系统构型开展研究，发展用于指导不同品位热能的调控方法。目前亟须构建高效率、能质耗散小的热能储存利用系统，探究热能储存利用系统的变工况特性，提升热泵提质水平，开展基于热泵的热能增量/提质调控研究，扩大热泵-储热耦合系统的匹配灵活性，提出基于供热端与需求端特性的热能储存利用技术图谱，提出电热协同热能增量储存调控策略，实现储热端与用热端在质或量上的良好匹配，以实现热能的规模化、高效、灵活利用。针对热能储存利用场景，在热能储存阶段，建立储热材料优选体系，针对特定温区选用最佳的储热材料，并结合余热及自然能源采用热泵实现增量储热；在热能利用阶段，针对用户端品位提升的需求，基于构建的热能储存利用技术路径图谱，选用最佳的热泵集成形式，通过热泵实现品位匹配供能。另外，建立包含详细能量传递过程的非稳态仿真模型，分析变工况下储能、热泵系统之间的动态反馈机制，并揭示热能储存转换系统的变工况动态特性，结合模型预测控制算法、极值搜索算法等先进控制技术，实现热能储存转换系统的快速、高效变工况调节。

在此过程中，针对传统能质分析方法无法区分能质耗散来源、难以对热学能质耗散进行表征的问题，需要通过构建热能储存及转换调控的能质分析方法，分析在热能储存及转换调控过程中分析热能高效传递、热能增量储存和热能梯级利用等过程的不可逆损失，阐明能质耗散机制并优化能量"输入 – 储存 – 输出"过程。针对热能储存与转换调控需求，分析储热 – 热泵耦合供能技术的传热传质强化、热力学循环优化、技术匹配和成本降低对系统综合性能的影响机制，结合热力学能质分析与经济性分析方法，最终构建不同场景下热能储存与转换调控的系统效率高、经济性好、能质耗散小的热能储存利用技术路径图谱。

4.7.5 小结和建议

在未来的能源体系中，可再生电力将成为能源供应的主体，而在用能端建筑、工业、农业和交通等不同行业仍然需要50%左右的热冷需求，因此电气化的高效热冷供应变得非常重要，热泵将起到连接二者的桥梁作用；同时热泵可以实现工业用热效率的提升，从而进一步降低能源消费体量，并降低可再生能源体量提升造成的供应不稳定的压力。

目前热泵在分布式热水制备方面已经有较好的技术积累与发展，但要做到更大范围的热冷需求覆盖，热泵在未来还需要面临多方面的挑战。几项较为重要的技术发展路线有面向区域集中供热的热泵热水制取技术、基于高温热泵的高温热能和蒸汽供应、面向工业余热就地消纳利用的热泵技术和高效轨道交通热泵技术。为了支撑这些技术路线的实现，热泵必将向超高温、兼顾大容量和高温输出及超大容量等方向发展，并最终为实现我国的"双碳"目标提供强力支持。

参考文献

[1] Shu Y, Zhang L, Zhang Y, et al. Carbon peak and carbon neutrality path for china's power industry [J]. Chinese Journal of Engineering Science, 2021, 23（6）: 1–14.

[2] Yan HZ, Zhang C, Shao Z, et al. The underestimated role of the heat pump in achieving china's goal of carbon neutrality by 2060 [J]. Engineering, 2023, 23（4）.

[3] Bamigbetan O, Eikevik TM, Nekså P, et al. Review of vapour compression heat pumps for high temperature heating using natural working fluids [J]. International Journal of Refrigeration, 2017, 80: 197–211.

[4] Arpagaus C, Bless F, Uhlmann M, et al. High temperature heat pumps: Market overview, state of the art, research status, refrigerants, and application potentials [J]. Energy, 2018, 152 (1): 985-1010.

[5] Zhang S, Wang H, Guo T, et al.Performance simulation and experimental testing of moderately high temperature heat pump using non-azeotropic mixture for geothermal district heating [C] // Asia-pacific Power and Energy Engineering Conference. IEEE, 2010.

[6] 谢晓云, 江亿. 真实溶液下吸收式热泵的理想过程模型 [J]. 制冷学报, 2015, 36(1):11.

[7] Yan HZ, Wang RZ, Zhang C. et al. The role of heat pump in heating decarbonization for China carbon neutrality [J]. Carbon Neutrality, 2022, 1: 40.

[8] Garimella S, Christensen RN, Lacy D. Performance evaluation of a generator-absorber heat-exchange heat pump [J]. Applied Thermal Engineering, 1996, 16 (7): 591-604.

[9] Lazzarin RM, Longo GA, Piccininni F. An open cycle absorption heat pump [J]. Heat Recovery Systems and CHP, 1992, 12 (5): 391-396.

[10] Herold K E, Radermacher R, Klein S A .Absorption chillers and heat pumps [J]. crc press, 1996.

[11] Pinel P, Cruickshank CA, Beausoleil-Morrison I, et al. A review of available methods for seasonal storage of solar thermal energy in residential applications [J]. Renewable and Sustainable Energy Reviews, 2011, 15 (7): 3341-3359.

[12] Lottner V, Schulz ME, Hahne E. Solar-assisted district heating plants: status of the german programme solarthermie-2000 [J]. Solar Energy, 2000, 69 (6): 449-459.

[13] 赵璇, 赵彦杰, 王景刚, 等. 太阳能跨季节储热技术研究进展 [J]. 新能源进展, 2017, 5 (1): 73-80.

[14] Sharif MKA, Al-Abidi AA, Mat S, et al. Review of the application of phase change material for heating and domestic hot water systems [J]. Renewable and Sustainable Energy Reviews, 2015, 42: 557-568.

[15] Nkhonjera L, Bello-Ochende T, John G, et al. A review of thermal energy storage designs, heat storage materials and cooking performance of solar cookers with heat storage [J]. Renewable and Sustainable Energy Reviews, 2017, 75: 157-167.

[16] Ma Q, Luo L, Wang RZ, Sauce G. A review on transportation of heat energy over long distance: Exploratory development [J]. Renewable and Sustainable Energy Reviews, 2009, 13 (6-7): 1532-1540.

[17] Zhang YN, Wang RZ. Sorption thermal energy storage: Concept, process, applications and perspectives [J]. Energy Storage Materials, 2020, 27: 352-369.

[18] Tarnawski V R, Wagner B. Heat pumps for energy efficiency and environmental progress [J]. Elsevier, 1993.

[19] MOTTAL R. Heat pump technology and working fluids. For a Better Quality of Life [C]. 19th

International Congress of Refrigeration.1995.

[20] Wu D, Jiang J, Hu B, et al. Experimental investigation on the performance of a very high temperature heat pump with water refrigerant [J]. Energy, 2020, 190: 116427.

[21] Hu B, Liu H, Jiang J, et al. Ten megawatt scale vapor compression heat pump for low temperature waste heat recovery: Onsite application research [J]. Energy, 2022, 238: 121699.

[22] Niu Junhao, Wu Huagen, Yu Zhiqiang, et al. Development of the energy-efficient integrated system coupling refrigeration with heating used in wide temperature range [J]. Refrigeration and Air-Conditioning, 2017, 17 (3): 1-3, 9.

[23] Jiang JT, Hu B, Wang RZ, et al. Multi-function thermal system with natural refrigerant for a wide temperature range [J]. Applied Thermal Engineering, 2019, 162: 114189.

[24] Wu X, Xing Z, He Z, et al. Performance evaluation of a capacity-regulated high temperature heat pump for waste heat recovery in dyeing industry [J]. Applied Thermal Engineering, 2016, 93: 1193-1201.

第 5 章 冷链低碳技术及系统

本章测算了我国冷链物流目前产生的碳排放，分析了采用低碳技术后冷链物流的减排效果，提出了易腐食品减损、节能与低碳能源应用和环保制冷剂的低碳技术，并引用物流冷库与冷链物流中心、大中型肉类联合加工厂、综合案例探讨低碳技术的应用，最后提出了未来冷链物流低碳技术方向。

5.1 冷链物流现状与碳排放分析

5.1.1 冷链物流发展现状

冷链物流是保障人民食品供应和安全，提升人民生活品质的重要措施和手段。党的十八大以来，人民生活水平进一步快速提升，人民的消费需求也开始由"吃得饱"向"吃得好"转变。人民对生鲜食品品质的追求推动了冷链物流产业的快速发展，近年来互联网技术的发展更是催生了生鲜电商的飞跃式发展。特别是在抗击新冠肺炎疫情中，冷链物流对保障疫苗等医药产品运输、储存、配送全过程安全作出了重要贡献。这些都凸显了冷链物流在当下经济生活中的重要地位和作用。目前我国冷链物流产业规模已达 4000 亿元以上，冷链物流产业已成为我国国民经济中不可或缺的组成部分。

随着国家《"十四五"冷链物流发展规划》的颁布，紧密围绕冷链物流体系、产地冷链物流、冷链运输、销地冷链物流、冷链物流服务、冷链物流创新、冷链物流支撑及冷链物流监管体系等方面，对冷链物流的全流程、全环节、全场景提出了更高的发展要求，不仅为人民群众的美好幸福生活提供坚实的支撑和保障，也为构建中国经济以国内大循环为主体、国内国际双循环相互促进的新发展格局提供了有力支撑。进一步发展冷链低碳技术与系统，可以减少食品腐损造成的浪费和碳排放，减少冷链设备与设施能耗以及制冷剂造成的直接碳排放，对我国"双碳"目标的实现具有重要意义。

冷链物流是指以冷冻及冷藏工艺为基础、制冷技术为手段，使冷链物品从生产、流通、销售到消费者的各个环节中始终处于适宜的低温环境下，以保证冷链物品质量，减少冷链物品损耗的物流活动。冷链环节包括易腐食品等物品生产、加工、贮藏、运输、销售、分配流通等多个环节。以果蔬冷链为例，图 5.1 给出了典型的肉禽全程冷链流程，每个环节始终处于规定的低温环境下，以保证食品的质量。

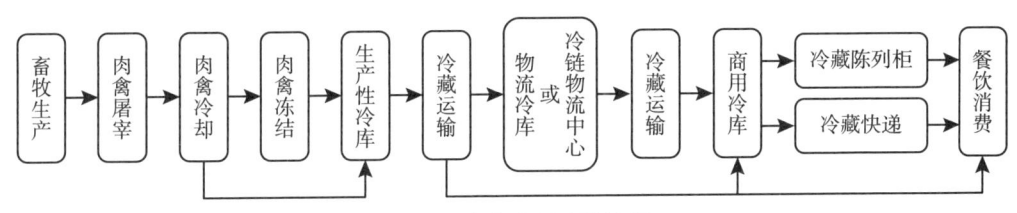

图 5.1 肉禽全程冷链流程

水果、蔬菜、肉类和水产等副食品均属于易腐食品，在我国的产量和消费量非常大。根据国家统计局发布的数据，我国各项易腐食品的总产量巨大且逐年递增，目前其总产量已超过 12 亿吨。这些食品大部分采用冷链进行流通，以确保其品质并降低流通腐损率。

我国冷链物流行业经过近 10 年的发展，取得了以下几方面的进步。

5.1.1.1 全程冷链体系建设取得进展

近 10 年来，随着冷链装备的发展和冷链物流体系的逐步建立和完善，易腐食品的流通腐损率呈下降趋势。果蔬流通腐损率已由 10 年前的 20%~30% 降低到蔬菜的流通腐损率接近 20%，水果的流通腐损率为 11%；肉类腐损率已由 10 年前的 12% 降低为 8%，水产腐损率由 10 年前的 15% 降低为 10%。上述数据表明，我国在降低易腐食品的流通腐损率上取得了明显进步。

5.1.1.2 冷链基础设施与设备发展迅速

"十三五"以来，冷链基础设施与设备得到快速发展，我国冷库总容量和冷藏车增速基本保持在 10% 以上。2016—2020 年，我国冷库容量从 4200 万吨增长至 8205 万吨，冷藏车数量从 11.5 万辆增长到 34.14 万辆，基础冷链装备与设施发展为我国冷链物流行业发展奠定了良好基础。

5.1.1.3 冷链装备与设施技术水平有所提升

在大型冷链设施安全性保障方面，针对涉氨冷库安全取得了较好的研究成果并推广应用，主要有采用氨/二氧化碳复叠式制冷系统和载冷剂系统大幅降低氨的充注量，采用氨泵定量供液制冷系统降低氨的循环倍率和氨的充注量。另外，自动化智能立体冷藏库发展迅速。

5.1.1.4 冷链信息化技术与应用逐步推进

随着互联网的快速发展，RFID、GPS、GPRS等信息技术在冷链物流中已得到应用，提升了冷链物流的信息化水平。基于GPRS和GPS的冷链监测系统，将定位信息、行车状态信息、车辆运输信息以及物品信息通过GPRS网络传输至监控中心，让冷链物流的运输管理过程变得透明化，进一步加强对冷链物流的监管，并提升了冷链物流的运输效率。

我国冷链物流也存在着明显不足，在冷链物流体系方面，存在基础薄弱、冷链规划和布局不合理、"最先和最后一公里"短板明显、全程冷链"断链"、冷链物流运营标准化和信息化水平低等问题；在冷链装备设施方面，存在冷链装备和设施能耗高、非环保制冷剂大量使用和替代安全、信息化和智能化程度低等共性问题。

5.1.2 冷链碳排放及减排分析

随着冷链物流的发展，提高易腐食品冷链流通率可以减少易腐食品由于腐损造成的浪费以及由其引起的碳排放，但是同时为了在全程冷链流通中实现低温环境增加的冷链设备与设施又会需消耗更多的能源，并且会造成更多的制冷剂泄漏，因此需要发展先进的冷链物流体系，实现碳减排。

冷链物流的碳排放计算，除了考虑全程冷链，还涉及冷链上游的生鲜农产品的种植与养殖，以及冷链下游的食品腐烂发酵和填埋处理。目前我国水果、蔬菜、肉类、水产流通腐损率分别为11%、15%、12%、11%，电力平均排放因子0.5839千克二氧化碳/千瓦·时。2030年，我国果蔬、肉类、水产腐损率分别降为8%、5%、6%，电力平均排放因子降至0.4千克二氧化碳/千瓦·时；2030年冷链装备与设施能效比目前提升10%。

根据上述数据以及我国目前冷链发展的具体情况，可以估算出我国食品冷链的目前碳排放、2030年采用现有技术发展的碳排放、2030年采用低碳技术发展的碳排放情况。我国目前冷链的二氧化碳排放共约4.02亿吨，其中食品腐损碳排放1.77亿吨，占44%；能源消耗碳排放1.94万吨，占48.3%；制冷剂泄漏碳排放0.31亿吨，占7.7%。

若按照现有技术发展，到2030年我国冷链的二氧化碳排放共约4.36亿吨，其中食品腐损碳排放减少至1.12亿吨，占25.7%；能源消耗碳排放增加至2.68万吨，占61.5%；制冷剂泄漏碳排放增加至0.56亿吨，占12.8%。按照现有技术发展我国冷链虽然能够显著降低食品的腐损，减少生产等过程的碳排放，但与此同时增加了大量的冷链设备设施，使得最终碳排放上升为4.36亿吨，对我国"双碳"

目标的实施不利。

如果我国冷链设备设施采用节能与低碳能源制冷技术，采用低全球变暖潜能值环保制冷剂，则2030年我国预计冷链有关的碳排放可降至2.72亿吨，较当前碳排放减少1.3亿吨，较现有技术发展减少1.64亿吨。

综上所述，我国冷链物流相关的二氧化碳排放量大，采用低碳技术发展先进冷链物流体系可以有效降低冷链物流的碳排放，是我国制冷空调行业实现"双碳"目标的关键因素之一。

5.2 冷链低碳技术

冷链物流的碳排放出现在冷加工、冷藏贮存、冷藏运输配送、冷藏销售、冷藏消费的全程冷链过程中，不仅如此，还涉及冷链上游的生鲜农产品种植和养殖，以及冷链下游的生活垃圾处理和冷链物流过程中产品的包装处理。按照排放来源，冷链物流的碳排放分为食品腐败变质、能源消耗和制冷剂泄漏三类。食品腐败变质不仅造成了生鲜农产品种植和养殖等生产过程中的额外能源和资源投入，同时部分分解成甲烷等温室气体排入大气环境，还因填埋处理造成能源消耗。冷链食品在各个环节始终处于适宜的低温环境中，需要各类冷链装备与设施，从而消耗大量电能。与此同时，高全球变暖潜能值的非环保制冷剂大量使用，其泄漏造成的碳排放也不容忽视。因此，"双碳"背景下我国冷链物流低碳化的发展需要针对食品腐败变质、能源消耗和制冷剂泄漏三类碳排放，采用易腐食品减损、节能与低碳能源应用和环保制冷剂的低碳技术，减少冷链物流的碳排放。

5.2.1 易腐食品减损

目前我国水果、蔬菜、肉类、水产品流通环节的腐损率分别为11%、20%、8%、10%，而发达国家的易腐食品腐损率平均在5%以下，我国易腐食品腐损率还有很大的下降空间。发展易腐食品品质控制工艺、精准环控技术、全程冷链体系可以有效减少易腐食品的腐败变质，从而减少食品种植和养殖过程中腐烂造成的碳排放。

5.2.1.1 易腐食品品质控制工艺

易腐食品种类繁多，不同食品的品质控制工艺受类别、品种、产地等多种因素影响，需要建立针对不同种类易腐食品的品质控制数据库和工艺体系。对于牛羊肉和猪肉等大多数可冻结食品来讲，-18℃是最经济的冻藏温度。近年来，国际上贮藏温度趋于低温化，如英国推荐-30℃贮藏冻结鱼虾类制品，美国也认为

应在 –29℃以下。

对于畜禽肉的品质控制，由于炒、炖、煮、涮等中式烹调方式不同于西方煎、烤烹调方式，我国的畜禽肉需要采用超快速冷却工艺，有效控制宰杀后肌肉僵直发生，最大限度保持生鲜肉僵直前的品质。

需要探究不同冷藏贮运条件下、不同成熟度果蔬、不同加工工艺易腐食品的品质变化规律，建立不同食品种类的品质控制工艺体系，为实现根据食品种类进行差异化冷藏贮运环境调控奠定基础。

5.2.1.2 精准环控技术

在易腐食品品质控制工艺研究基础上，如何精准控制冷链装备与设施内环境是实现易腐食品品质保障的重要手段。表征环境的主要参数有温度、湿度、气体浓度、风速、压力、光强度以及各参数的波动等，其中环境温度及其波动是影响食品质量变化和腐败变质的主要因素。稳定的低温环境可有效抑制食品中的各种化学变化、生理生化变化及微生物的生长繁殖，从而保持食品的质量和食用的安全性，同时对于冻品而言，较小的温度波动也是控制冻品冰晶生长从而控制冻品品质的主要因素。

综合制冷系统容量调节、均匀供冷末端设备、气流组织优化等技术，实现精准的贮运环境参数及其波动控制可以有效减少易腐食品的腐损。例如，在自动化立体冷库中采用台数与变频变容量控制的二氧化碳制冷系统，通过自动调节系统蒸发温度来控制冷库温度，采用翅片式顶排管，并采用小传热温差以拟制结霜。对该冷库库内18个温度测点进行7天测量，库内温度波动度的范围为0.05~0.4℃，所有波动度的平均值为0.149℃，很好地实现了库内很小温度的波动度。

5.2.1.3 全程冷链体系

冷链"断链"是造成易腐食品腐损的一个主要原因，因此建立从最先一公里到最后一公里、全程不断链的全程冷链体系，在生产、加工、贮藏、运输、销售等所有环节提供满足要求的低温环境，并进行全程信息化管理，能够显著降低易腐食品的腐损率。另外，冷链物流包装需要走"资源–绿色生产–环保使用–资源回收再利用"的循环经济模式，采用绿色活性包装材料、绿色智能包装材料和绿色缓冲运输包装材料等绿色包装材料，在保障冷链产品品质情况下尽量减少包装材料造成的碳排放。

在冷链物流信息化技术基础上，将整个冷链物流作为一个系统，融合食品科学、农业科学、能源科学、制冷与低温技术、信息技术、物流管理、经济学等多学科的理论和方法，分析易腐食品在整个储运过程中物流、温度流、能量流、信息流、品质流、价值流的变化规律（图5.2）。在保障易腐食品安全、食品品质、食品价值、近零腐损前提下,以冷链物流的低碳和低成本为目标,采用高效、环保、精准冷链装备,构建冷链物流系统理论模型。在信息技术和大数据的基础上,研究易腐食品冷链物流系统各环节的关联关系,分析温度流、能量流、品质流、价值流的相互影响,获得易腐食品冷链物流优化流程和优化体系。

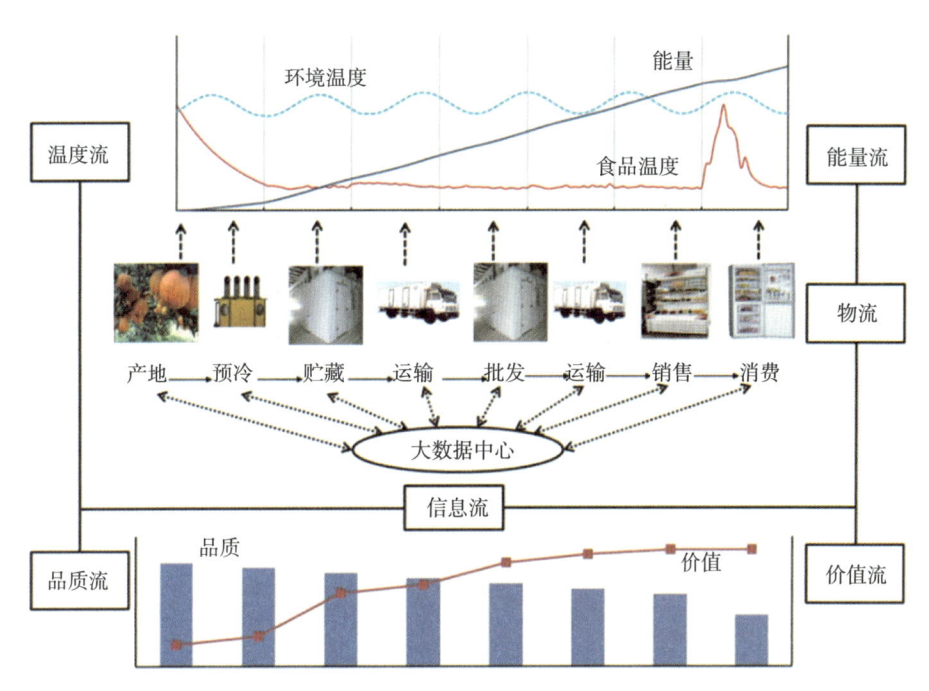

图 5.2　冷链物流系统优化分析

5.2.2　节能与低碳能源应用

5.2.2.1　节能技术

提高冷链装备与设施的能效,可以有效减少其能源消耗和碳排放,主要技术手段包括低冷负荷需求环境构建、制冷系统能效提升和冷热综合利用。

1)低冷负荷需求环境构建

一些新材料、新结构的发现和应用,可对换热能力进行削弱,将其应用在冷链装备与设施的围护结构中,能减少冷链物流贮运过程中的冷损失,进而减少能耗。另外,原来基于一次投资和运营费用的冷库隔热层经济厚度计算,应增加"双碳"目标进行重新核算。研究表明,库门开启时会产生大量漏冷,可以利用智能双重自动冷库门,减少库门开启时间。另外,现有冷链装备与设施的排管或冷风机的结霜造成制冷系统蒸发温度降低,增加能耗,且一些融霜技术需要额外热源,除霜结束后的重启也会带来冷负荷的急剧增加。可以采用控制排管或冷风机的传热温差控制或减缓结霜,采用变翅片间距蒸发器延缓除霜时间,并研究新型低能耗除霜方式，减少由于蒸发器结霜与融霜造成的能耗增加。总之，可以采用高热阻围护结构、低库门漏冷、减少结霜与融霜造成的能耗等方式构建低冷负荷需求的冷链贮运环境。

2) 制冷系统能效提升

开发高效制冷部件，例如发展永磁变频压缩机、磁悬浮压缩机等新型高效压缩机技术；采用强化微肋、多孔结构、纳米流体、异形传热管、换热面振动、电磁场作用等技术强化换热，基于 CFD 对换热器进行结构优化，开发高效制冷换热器。基于流程仿真软件提升制冷系统流程设计的合理性，进一步提高制冷系统能效。采用变频调节等节能技术提升部分负荷能效，开展按需供应的变容量控制策略优化，通过人工智能、神经网络、遗传算法等先进控制算法实现系统自动化和智能化，提升系统运行维护水平，降低运行能耗。

图 5.3 为永磁同步变频电机驱动的双螺杆制冷压缩机的示意图。永磁变频电机在宽转速范围下的高效稳定运转有效提升了螺杆制冷机全工况范围的运行性能，特别是通过变频调节容量、通过滑阀调节内容积比的变频变容积比螺杆制冷机，实现了容量和内容积比的相互独立调节，能精准高效地实时匹配制冷系统的运行工况和负荷，实现压缩机全工况能效提升。

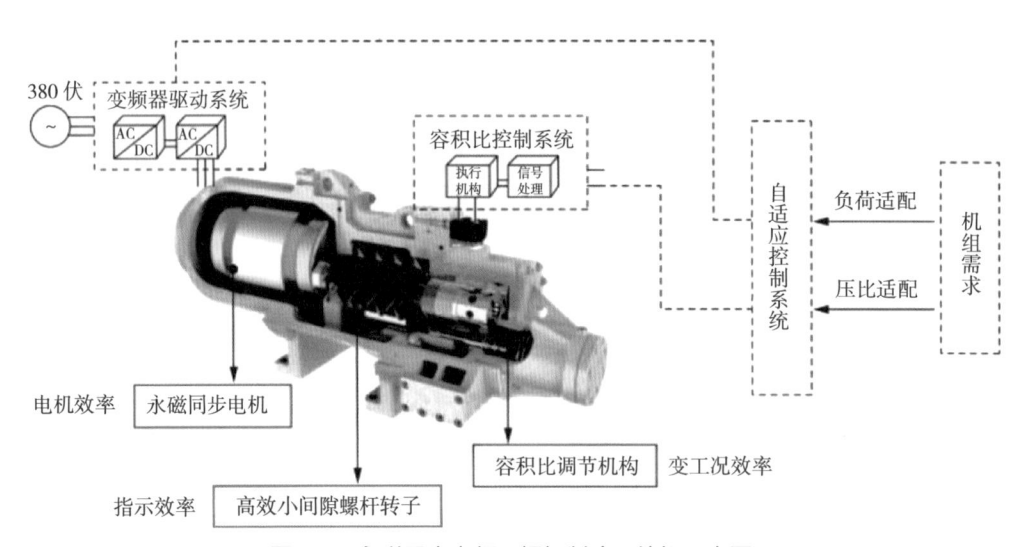

图 5.3 永磁同步变频双螺杆制冷压缩机示意图

3) 冷热综合利用

制冷系统是一个能量转换系统，存在大量的冷量、电能和热能的转化过程，如果从能量系统角度考虑冷链系统的能量供应，从热管理角度分析冷链的能量系统，将有效提高冷链过程冷热利用综合效率。

图 5.4 为制冷供热耦合集成系统温区与实现方式图示。开发多模式制冷组合

应用技术，实现冷冻冷藏组合温区供冷；对制热系统与制冷系统之间的能量匹配优化技术进行研究，不仅对制冷系统的冷凝热进行全/显热回收，更实现了多温区热水的同时制取；对蒸汽发生设备和增压设备的性能和应用进行研究，实现了高达160℃蒸汽的高效制取，达到了宽广温区范围内（-50~160℃）高效环保的制冷与供热，冷热联供、水汽同制。该制冷供热耦合集成系统应用于乳制品、畜禽屠宰等行业的运行结果表明，可充分回收利用制冷系统的冷凝热或者其他工业余热，制取的热水应用于工艺用热，可减少用热费用，实现能源梯级利用和冷热综合利用效率。

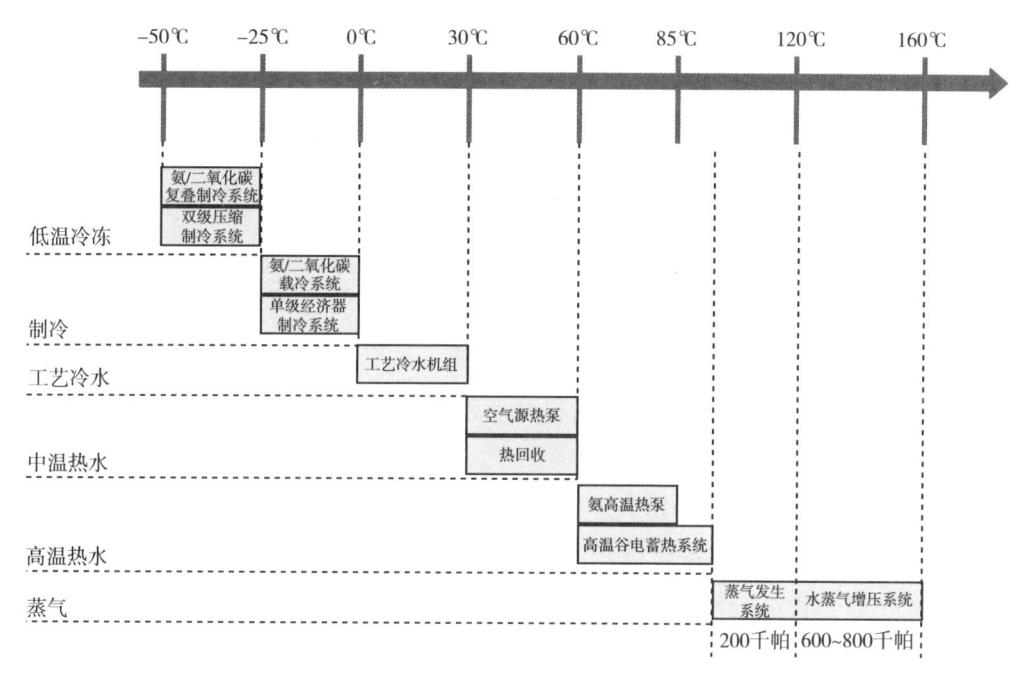

图 5.4 制冷供热耦合集成系统温区与实现方式

5.2.2.2 冷链低碳能源利用技术

低碳能源利用技术包括利用风能、太阳能、水能、生物质能、地热能等可再生能源，也包括利用天然低温工质冷能、自然冷能等"免费"冷能。随着我国发电的非化石能源消费比例的降低，冷链装备与设施的电耗产生的碳排放会随之减少，并且还可以通过主动采用蓄冷方式来满足风能、太阳能发电不稳定需要储能的需求。除此之外，冷链也需要主动利用除电力外的诸如太阳能、低温天然工质冷能、自然冷能等其他低碳能源，进一步降低能耗带来的碳排放。

1）太阳能利用技术

太阳能作为一种环保清洁的可再生能源，其分布广阔，将太阳能产生的电能或热能驱动制冷系统，将在一定程度上减少化石能源的消耗。

利用较大面积的冷库屋面安装光伏电池板，将获得的电能入网或应用于驱动冷库中的蒸汽压缩式制冷系统。我国某一大型冷库屋顶的光伏电池板共安装了1.65万平方米光伏电池板，总容量1461.80千瓦·时，发电入网。2016年6月该项目建成投入使用，到2022年4月，已实现总发电量约664.1万千瓦·时，二氧化碳减排总量达6621吨。同时光伏电池板放置于冷库屋面，可减少屋顶接受的太阳热辐射，降低屋顶表面温度。经测试，夏日某一时间冷库屋顶表面温度可达66.2℃，而屋顶下库房内温度为 -18℃，冷库室内外温差高达84.2℃；通过安装光伏板，屋顶表面温度降低为56℃，冷库室内外温差减小至74℃，降低温差可有效减少冷库屋顶冷损失。

基于太阳能光热的吸收式制冷，采用氨作为制冷剂，为冷库提供冷源。为了提高余热利用率，提出了大温跨变温热源的氨水吸收式制冷系统。初步实验测试表明，该系统热源的最佳利用率可达传统吸收式系统的1.8倍。以氨为制冷剂，除传统的氨-水工质对外，近年研究的吸收剂还有离子液体、硝酸锂、硫氰酸钠（NaSCN），这些吸收剂与水的不同是均不需要精馏器，系统流程简单，受到国内外研究者越来越多的兴趣。

太阳能利用技术可以显著降低冷链碳排放，虽然受限于目前的技术经济性低尚未得到广泛应用，但在以碳中和为目标的未来具有良好的应用潜力。

2）低温天然工质冷能

利用低温天然工质（如液氮）进行速冻，具有冷却介质温度低、冻结速冻快、冻结食品品质高、设备简单、使用寿命长等优点，可用于一些高品质要求和高附加值的生鲜食品冻结。并且，由于冷源不需要耗电，采用的是天然低温工质，所以属于低碳速冻技术。

图5.5为液氮喷淋隧道式速冻机满载降温情况，负载1~9依次放置在速冻机传送网带上，通过冻结腔内喷嘴使液氮直接与食品接触换热，并设置搅拌风扇使其换热均匀。在满载情况下，负载平均温度由18.7℃降至 -18.8℃，平均耗时1060秒，整个负载降温过程平均降温速率为0.035℃/秒。该液氮速冻机每千克冻品的液氮消耗量为2.10千克，负载平均冻结速率3.4厘米/小时。

在港口冷链园区，将使用天然气时转化为常温气体释放的冷能用作港口冷链园区的冷源，可以在很大程度上节省冷链园区能耗，虽然碳中和的最终目标是要替代天然气的大量应用，但是在"双碳"战略的过渡期天然气替代煤和燃油化石能源仍具有显著减排作用。

3）自然冷能利用技术

我国冬季北方地区气温寒冷，室外空气是理想的自然冷源。例如，冬季北方

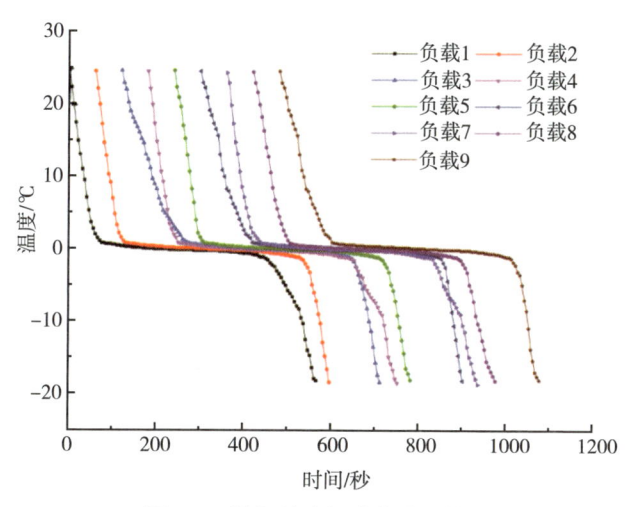

图 5.5 液氮速冻机满载降温情况

地区采用自然冷能进行果蔬冷藏，通过引入单相介质的方法（如采用室外新风、冷水）或引入两相介质的方法（如热管技术）利用室外冷源可以显著降低冷藏能耗。需要指出的是，自然冷能利用的供冷量需要根据冷负荷变化精准调控，实现满足生鲜食品冷藏需要的温湿度及其较小参数波动，并减少自然冷能输配能耗。

根据我国温度带和可利用自然冷源地区划分，每年日均气温 ≤ 5℃、天数 ≥ 90 天的地区，在冬春温度较低时间较长，也正是我国果蔬的主要产区，此地区室外空气温度低，自然冷源蕴含丰富，适合进行自然冷源的开发和利用。

自然冷源和机械制冷双向切换果蔬库如图 5.6 所示，冷库的冷源根据室外温度变化在自然冷源与机械制冷间进行切换。北京密云地区从 10 月 8 日至次年 1 月 14 日的运行情况表明，冷库内部温湿度控制良好，自然冷源利用时间占整个测试

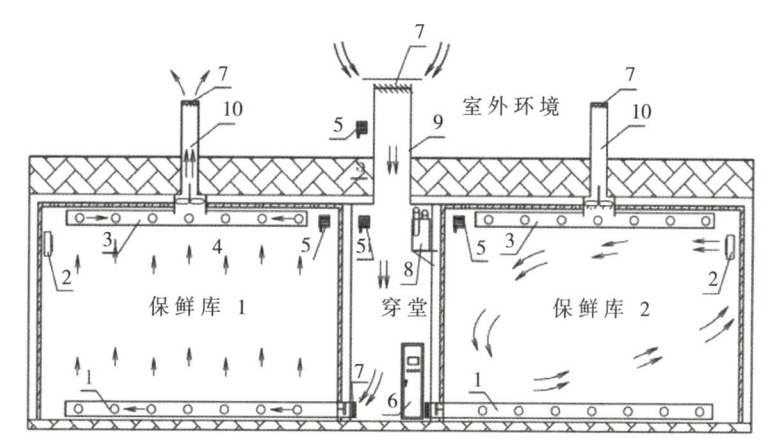

1. 自然冷源送风管；2. 机械制冷装置；3. 自然冷源回风管；4. 风机；5. 温湿度传感器
6. PLC 智能控制柜；7. 通风风阀；8. 加湿机；9. 主进风管；10. 排风管

图 5.6 自然冷源与机械制冷双向切换库

周期内制冷总时间的 81.42%，利用自然冷源进行贮藏比全部使用机械制冷节约 76.34% 的电能。

4）蓄冷技术

冷加工、冷冻冷藏、冷藏运输等冷链装备与设施可以采用较低成本的蓄冷技术，是提高"低碳电能"利用比例的潜在用户。0℃以上冷能需求可以通过冰蓄冷，流态冰是很好的选择并且技术成熟，0℃以下有低温载冷剂和相变蓄冷材料，因此蓄冷技术及其系统将会成为推进冷链装备与设施碳中和的重要组成。

图 5.7 为集相变蓄冷单元、车载制冷系统、隔热车厢、送风系统等于一体的蓄冷冷藏车结构示意图，蓄冷单元独立设置于车厢前端并保温，利用夜间低谷电进行充冷，当车厢需要控温时，通过送风系统将冷量导出并调控，控温范围在 −25~10℃。样车试验及仿真结果表明，当车厢内设定温度为 0℃ 和 −18℃ 两种工况时，该蓄冷车可有效控温 10 小时以上，与传统蓄冷冷藏车相比，该蓄冷冷藏车的平均温度波动值降低了 48.7%，温度不均匀度系数降低了 50% 以上。

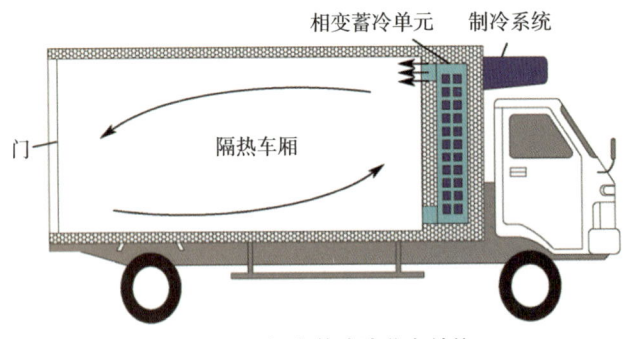

图 5.7 相变蓄冷冷藏车结构

5）新能源冷藏运输技术

传统冷藏车的车辆行驶和制冷能耗均来自燃油发动机动力，车辆尾气造成了环境污染和碳排放。对于城市和短途冷藏输配，可以采用车辆驱动和冷藏车厢制冷均为动力电池驱动的纯电动冷藏车。对电动冷藏车和燃油冷藏车进行测算比较，单台电动冷藏车每年可减排 10 吨二氧化碳。对于远距离冷藏运输，可以采用氢燃料电池冷藏车，其中的液氢燃料电池冷藏车还可以利用液氢的天然低温工质冷能为冷藏车厢供冷。

5.2.3 环保制冷剂

表 5.1 列出了我国冷链各环节冷链装备与设施常用制冷剂与替代制冷剂。虽然像 R717、R744、R290 这类环保天然制冷剂已在应用，但是 R22 这类破坏臭氧层和高全球变暖潜能值的氢氯氟烃类制冷剂仍然在用，高全球变暖潜能值的氢氟

烃类制冷剂 R404A 和 R507A 依然是替代 R22 甚至非理性替代氨的主要在用制冷剂。因此，为了减少冷链装备与设施制冷剂泄漏造成的碳排放，必须大力提倡以天然制冷剂为主的低全球变暖潜能值制冷剂。

表 5.1 冷链装备与设施常用制冷剂与替代制冷剂

冷链环节	冷加工			冷冻冷藏	冷藏运输	冷藏销售
	果蔬预冷	肉禽冷却	冷冻（速冻）			
在用制冷剂	R22 R404A R507A	R22 R507A R404A R717	R22 R404A R507A R717 HFCs/R744 R717/R744	R22 R507A R404A R717 HFCs/R744 R717/R744	R134a R404A	R134a R290 R600a R410A R404A
替代制冷剂	R717 R744 氢氟烯烃	R717/ R744	R717/R744	R717 R744 R717/R744 氢氟烯烃	氢氟烯烃 R744	氢氟烯烃 R290 R600a R744

环保制冷剂的推广应用，再加上制冷剂低充注、减少制冷剂泄漏、制冷剂回收与再利用等技术措施，可以有效减少制冷剂应用造成的非二氧化碳气体排放。

5.3 物流冷库与冷链物流中心低碳技术应用分析

冷冻冷藏设施由建筑、制冷、采暖通风、给排水和电气等系统构成。制冷系统是冷冻冷藏设施的核心，其能耗占比往往超过 50%，甚至达到 80%~90%。对于在社会生产中广泛应用的各种制冷系统，蒸汽压缩式制冷系统在冷冻冷藏设施的应用最为广泛，占比接近 100%，主要原因是其适应性强、成本较低、能效较高，因此冷冻冷藏设施对碳中和的影响主要体现在蒸汽压缩式制冷系统能效和高全球变暖潜能值制冷剂排放两个方面，这两个因素既分别起作用，又相互影响，再加上生产安全、投资和运营成本等因素，使低碳技术的选择变得十分复杂。

物流冷库是指建在批发市场、物流园区内，用作食品配送前集中储存的冷库，是冷冻冷藏设施最主要的业态。冷链物流中心是以物流冷库为核心，配套加工与交易、检验检疫、质押融资等单项或多项服务功能场所的综合性物流园区或市场。2013 年之前物流冷库制冷系统的形式主要与规模相关，大中型物流冷库一般采用氨集中式制冷系统，中小型物流冷库一般采用卤代烃集中式或分散式制冷系统。受2013年两起重大安全事故的影响，随后新建的物流冷库无论规模大小都大量采用卤代烃制冷系统，甚至把原有的氨改为卤代烃，与碳中和目标背道而驰。幸运的是二氧化碳亚临界制冷技术在2014年后基本成熟，为绿色低碳制冷系统保留了一席之地。企业选择制冷系统的主要因素是包括监管成本在内的综合成本，多年的行业实践表明万吨级的物流冷库采用氨或氨/二氧化碳复合制冷系统不但综合成本最低，而且绿色低碳；千吨及以下级的物流冷库目前适合采用氢氟碳化物类卤代烃制冷系统，但是氢氟碳化物类卤代烃的高全球变暖潜能值和低能效与碳中和目标冲突，因此跨临界二氧化碳、氢氟烯烃类卤代烃或其与二氧化碳复合的制冷系统将会成为合理的选择。需要注意的是，跨临界二氧化碳制冷系统的技术要求比较高，氢氟烯烃类卤代烃具有弱可燃性，并且不适宜在冻结物冷藏工况使用，上述问题阻碍了冷链降碳，必须寻找解决途径。

冷库负荷包括冷间围护结构热流量等多项热流量，除冷间内货物热流量和保障果蔬类呼吸的通风换气热流量是"有效负荷"，其余热流量对于食品冷藏都是"无效负荷"，减少"无效负荷"是实现冷链低碳目标的有效途径，但是需要注意"低碳均衡点"。例如，冷间围护结构热流量由保温性能决定，聚氨酯泡沫塑料虽然保温性能优异，但是既面临火灾安全问题，又面临环保问题，其发泡剂以往大量使用的R11属氯氟烃类，已经禁用，目前使用的R141b属高全球变暖潜能值氢氯氟烃类，已经处在削减阶段，环戊烷虽然没有环保问题，但是影响其阻燃性能，氢氟烯烃类发泡剂则成本高昂，还存在固废处理、挥发性有机物排放等问题，因此通过增加聚氨酯泡沫塑料保温层厚度，降低围护结构热流量的技术措施未必能够真正降低碳排放，需要进一步探索其均衡点。

冷库建筑不需要自然采光，其屋面和外墙是太阳能光伏板良好的载体，太阳能光伏板不但能够生产绿电，而且能够减少冷间围护结构的辐射热负荷，节省建筑通风构造投资，取得事半功倍的效果。工程案例表明，即使在光照条件较差的成都地区，在不考虑政策补贴的情况下，大型冷库配置太阳能光伏系统的投资回收期也能够控制在7年以内，因此对于国内绝大多数地区其技术和经济均可行。目前，风电、光电的发电成本已经与化石燃料发电成本不相上下，甚至更经济，问题是不稳定、储能成本高昂，冷库制冷系统是提高"低碳电能"利用比例的潜在用户，与蓄电相比，蓄冷的成本低、效率高，蓄冷还有利于减小冷库温度波动范围，从而提升冷藏品质。

冷链物流中心是以物流冷库为核心的综合性物流园区或市场，因此场区内或周边往往还有加工配送类厂房，以及商业、餐饮、宾馆等民用建筑，这些建筑都有生产和生活热水需求，北方地区还需要采暖，其冷热能源结构与肉类联合加工厂相似,完全可以通过冷热综合利用降低整个物流中心的碳排放。

5.4 肉类联合加工厂低碳技术应用分析

肉禽全程冷链的加工环节由肉类联合加工厂实现,现代肉类联合加工厂能够完成从活体畜禽到商品肉禽的所有加工工程,是连接畜牧生产与肉禽冷链的唯一节点,是肉类冷链的"第一公里"。生产过程中肉类联合加工厂不仅需要屠宰加工低温环境、肉类冷却和肉类冻结等制冷,还需要漂烫、消毒、清洗等加热,无论制冷还是加热都需要大量的能源,是冷链低碳行动的重要环节。

5.4.1 肉类联合加工厂低温空调低碳技术

屠宰加工所需的低温环境大体分两类:加工区和物流区。低温空调系统是屠宰加工低温环境装备的核心,其要求是低温、高湿和卫生,工程上通常采用盐水载冷或直接蒸发制冷系统,并根据需要配置独立的新风系统。从投资和能效角度比较,集中式的直接蒸发制冷系统优于盐水载冷系统,但是大中型屠宰加工厂低温空调采用直接蒸发制冷系统会面临制冷剂易泄漏和密闭车间内浓度超标、生产变化时不易改造、寒冷地区不能与采暖共用系统等问题,因此大中型屠宰加工厂多采用集中式盐水载冷系统;空调冷源单独设置时多采用盐水机组,或与制冷系统合并设置,从投资和能效角度看,与制冷系统合并设置往往是优选,尤其是制冷系统采用氨压缩机时;末端设备几乎全部采用吊顶式冷风机,不但布置灵活、成本低,而且便于清洗。大中型屠宰加工厂低温空调很少采用分散式直接蒸发制冷系统,主要是因为夏季能效偏低、维修管理工作量偏大、分散式空调机组在钢结构和金属夹芯板建筑体系布置困难等问题。直接蒸发制冷系统适用于小型屠宰加工厂,多采用分散布置的小型风冷冷凝机组,系统简单、制冷剂泄漏危害可控。

随着国内肉类产业的升级,肉类联合加工厂大型化和规范化的趋势越来越显著,导致屠宰加工低温环境空调的单位平方面积负荷往往要一两百瓦,甚至两三百瓦,动辄上万平方米的低温空调系统电机功率往往达到兆瓦级,在冷链低碳目标的要求下,节能减排是难以回避的问题。屠宰加工低温环境空调负荷包括车间维护结构传热,新风热量和除湿,内部人员、物料、照明、机电设备等散热散湿,从上述构成可以看出其节能减排的技术方向:一是减少外部环境传入和内部生产过程发散的热湿负荷,二是提高空调系统能效。具体到大中型屠宰加工厂低温空调系统,既要深入发掘目前常用的集中式盐水载冷系统的节能空间,也要研发新系统和新设备。

集中式盐水载冷系统的制冷剂充注量远远少于集中式直接蒸发制冷系统，温室效应制冷剂的影响相对较小，因此低碳技术的关键是提升系统效率，即提高制冷效率、降低载冷剂循环能耗。

对于蒸发温度 –10~0℃的制冷系统，开启式氨制冷压缩机与半封闭式卤代烃压缩机相比能效提升超过 20%，与冷冻冷藏设施的氨制冷系统合并后不仅能够进一步提升部分负荷运行时的能效，还能够降低投资和管理工作量。载冷比直接蒸发制冷增加了一次换热，相当于制冷系统蒸发温度再降低 5℃左右，蒸发温度每降低 1℃时系统效率会降低 2%~3%，因此减少制冷剂和载冷剂的换热温差是节能减排的有效途径；对于确定的换热量，减少换热温差则必须增加换热面积或（和）提高传热系数，增加换热面积意味着增加投资，这在一定范围内能够通过降低能耗费用进行回收，使全寿命成本反而降低，因此冷链低碳行动未必一定增加经济压力，反而会在一定范围内优化经济结构。

提高传热系数是换热技术永恒的主题，碳中和行动进一步证明了其重要作用，不仅适用于集中式盐水载冷系统，还是所有制冷系统减碳的有效途径，具体工作中需要注意载冷剂侧强化换热与循环能耗的关联，强化换热可能会导致流动阻力增加，从而增加循环能耗，只有在强化换热提升的制冷节能超过流动阻力增加导致的额外损失才能够真正减碳。

载冷剂循环能耗对整个系统能效的影响是双重的，一是载冷剂循环泵本身需要耗能，由于潜热小、黏度大，盐水载冷剂所需的循环泵能耗往往比制冷剂或相变载冷剂高一个数量级，如果通过加大载冷剂循环温差降低循环量，从而降低循环泵能耗，势必会增加制冷剂和载冷剂的换热温差，从而导致制冷系统效率降低；二是载冷剂循环泵本身的能耗会转化为载冷剂的机械能，机械能转化为热能，热能形成制冷端的热负荷，从而增加制冷端的能耗。实际生产活动中盐水载冷系统的能效往往比直接蒸发制冷系统低 20% 以上，是肉类联合加工厂节能减排的重点目标。其实目前已经有多种成熟的工程技术能够有效提升能效，例如对于不需要采暖的地区可以采用二氧化碳作为载冷剂，载冷循环泵能耗可以降低一个数量级，与直接蒸发制冷系统能效的差距仅 10% 左右；采用低黏度载冷剂减少循环阻力，从而提升系统能效，除传统的氨水溶液，还有近些年新开发的多种低黏度载冷剂都值得推广应用，但需要注意腐蚀、毒性、稳定性等问题，避免其不利影响；采用变流量系统也是提升系统能效的成熟技术，由于环境温湿度和生产量等变化，低温空调负荷也在不断变化，且绝大多数时间小于设计负荷，采用变流量系统可以减少无效循环量，避免不必要的能耗。

随着全封闭涡旋压缩机制造技术的发展，其效率高、成本低、重量轻、噪声和震动小的优势使屠宰加工厂低温空调采用集中水冷冷凝分散式直接蒸发制冷系统成为可能，系统由多台独立的水冷（水源）涡旋式制冷（热泵）空调机、冷却塔、循环泵、热回收装置等构成。空调机分布在需要低温空调的房间内，对于采暖地区应采用冷暖两用型，由于单台设备的制冷剂充注量较少，可以采用碳氢天然工质制冷剂和氢氟烯烃类制冷剂；冷却水系统集中设置，制冷工况时冷却水系统具备热回收功能，多余的热量储存或通过冷却塔排放，制热工况时冷却水系统转化为水源热泵的取热端。该低温空调系统不仅制冷（制热）效率高，避免了盐水载冷系统的载冷剂循环损失，还能够通过与整个厂区的热回收系统协调运行达到近零碳目标。

5.4.2 肉类联合加工厂制冷系统低碳技术

屠宰加工所需的制冷包括肉类冷却、冻结和微冻冷藏。

5.4.2.1 肉类冷却

肉类冷却设施主要指冷却间，内部采用冷风机降温，冷风机布置在顶棚下或地面上。冷却间要求冷风机不但具备充足的制冷量，而且其气流能够均匀通过肉禽身体或肉类制品，由于这类货物的散湿量大，还要求冷风机能够及时除霜。不同肉类和不同产品对冷却工艺的要求不尽相同，但绝大多数要求从37~38℃降至2~7℃。对于超过30℃的温降，降温速度、气流速度、气流湿度、气流温度和蒸发温度等参数的相互作用决定了产品冷却效果和能效。在冷却效果确定的前提下，减小产品、气流与蒸发温度之间的温差不但能够减少湿负荷，而且可以提升制冷系统效率，是冷链低碳行动的有效途径，例如猪两段冷却，新工艺的第一段冷却时间共计4小时，分3部分进行冷却，冷却间温度分别是10℃、4℃、0℃，产品冷却后中心温度低于26℃；第二段冷却温度0~4℃，产品冷却后中心温度低于7℃。旧工艺第一段冷却时间1.5小时，冷却间温度−20℃，产品冷却后中心温度同样也低于26℃，相对于旧工艺，新工艺第一段的制冷系统蒸发温度可以提高20℃以上。

禽类冷却设备主要指螺旋预冷机，总体分两段，前段的主要功能是清洗禽的身体，后段是冷却，每段的主体都是水平放置顶部开敞的扇形截面水槽，内部从头至尾设置一个螺旋输送器，清洗段水槽内灌注常温水，冷却段水槽内灌注冰水，禽的身体在螺旋输送器的推动下完成清洗和冷却过程。禽类冷却工艺要求降温时间短和产品终温低，两者是一对矛盾，因此降低冰水温度是关键，理论上0℃的冰水效果最好，以往多采用冷却段水槽内加片冰的方法，但是在动态换热的情况下冰水很难接近0℃，并且片冰机的蒸发温度通常需要低于−20℃，制冷能效相对较低。为解决上述问题，近年红水冷却器（红水是指冰水内混合着禽类屠宰后残留的血液）开始快速推广。红水冷却器本质上是能够精准控制冰水温度的壳管换热器，循环泵把冷却段水槽前端的冰水输入红水冷却器，冷却后返回冷却段水槽的后端，冷却后的冰水温度可接近 0.5~1℃，蒸发温度不必低于 –10℃，因此不但禽类的冷却效果好，而且制冷能效高。冰水在循环使用过程中需要持续排污，因此要求补充新鲜的冰水，温度越接近 0℃ 效果越好，通常采用蓄冰水箱或冰水机组制取，蓄冰水箱的水温能够达到 1~2℃，并且可以充分利用峰谷电蓄冰，与风电和光电的供给非常契合；冰水机组采用板式换热器，制取速度快，传热温差小，理论上制冷效率高于蓄冰水箱，为防止水在板式换热器内冻结，出水温度不宜低于 4℃，因此在冷链低碳目标的要求下，冰水机组加冰水箱可能是更好的技术选择。排污水富含"冷能"，回收后也能够有效减碳。

5.4.2.2 肉类冻结

肉类冻结装备与设施是肉类冻结技术在实际生产活动中的体现，冻结设施即冻结间，冻结装备即各种速冻机。冻结间的制冷方式除冷风机强制空气循环制冷，还有搁架排管，为加强传热效果，搁架排管冻结间往往还在顶部配置风机或冷风机，由于与肉类制品直接接触，相同蒸发温度时搁架排管的冻结速度更快、能耗更低，并且对工程技术要求不高，是以往广泛采用的冻结间制冷方式，目前仍在大量使用，但是受结构形式限制，搁架排管冻结间存在货物堆码和搬运效率低、卫生状态差、融霜困难等问题，目前进入逐步淘汰的趋势。肉类冻结装备即速冻机，速冻机的种类众多，性能各异，隧道速冻机和螺旋速冻机适合单体和几厘米厚度的小包装肉类产品冻结，对于厚度超过 10 厘米的大包装产品，以往多采用平板速冻机，平板速冻机属接触式冻结装置，传热效果和能效优于鼓风式冻结装置，但是自动化程度低，制冷剂易泄漏，因此逐步淡出肉类屠宰加工行业，目前的替代品是能够自动化连续生产的货架速冻机。肉类产品冻结后的商品品质与冻结速度强相关，速度越快品质越好，但是导致能耗增加，主要体现在需要提高冻结风速从而增加风机能耗，需要降低蒸发温度从而降低制冷系统效率。肉类商品品质是冷链价值的体现，冷链低碳行动不能以牺牲品质为代价，需要通过优化工艺和改进技术实现。

肉类商品品种繁多，形态各异，适宜的冻结工艺是实现冷链低碳目标的前提，例如对于厚度 100 毫米左右的块状产品，平板速冻机的能效最高，其接触式冻结的表面换热比空气换热效率高数倍，并且避免了风机能耗，制冷剂易泄漏是平板速冻机的一大缺陷，尤其是采用氨制冷剂时。目前二氧化碳制冷技术已经基本成熟，开发二氧化碳平板速冻机是可行的方向，二氧化碳制冷剂即使泄漏也不会导致毒害操作人员、污染食品等事故，并且价格非常低廉。除直接接触式冻结，载冷液浸泡冻结也能够有效加强产品表面换热。对于工艺要求必须采用风冷冻结的产品，例如单冻类产品，通过优化冰晶生成从而提高蒸发温度是冷链低碳行动的重要途径，虽然超声波辅助冷冻、电磁辅助冷冻、高压冷冻等辅助冻结技术在目前多处于探索阶段，相关设备还没有批量制造和大规模应用，但这些技术都能够在保障产品品质的前提下提高制冷系统能效，应该是低碳冻结技术的发展方向。强化换热也是风冷冻结低碳化的重要途径，例如连续除霜等技术能够有效减小速冻机蒸发器的换热温差和气流阻力。

5.4.2.3　肉类微冻冷藏

微冻冷藏工艺也是肉类联合加工厂实现冷链低碳目标的有效途径，其原理是利用食品冰点一般低于0℃的特性，使食品在其冰点温度附近冷藏，这时食品不会冻结，但是其生命代谢活动或生理及生化反应、微生物的生长和繁殖速度会降至最低，从而延长其保鲜时间。微冻冷藏能够在保持食品物理和化学属性的前提下最大限度延长食品保质期，与冷冻冷藏相比能耗大幅降低。微冻冷藏对冷链体系的设施和设备、操作管理的要求很高，在目前"粗放经营"的行业大环境下，其应用范围有限，但是随着冷链低碳行动的推进，相信微冻冷藏会得到应有的重视。

5.4.2.4　制冷剂氨的使用

在2013年之前，国内肉类联合加工厂几乎全部采用氨集中式制冷系统，一般包括冷却（-12~-8℃）、冻结（-42~-35℃）和冻结物冷藏（-33~-28℃）三个蒸发温度，其中低温空调和0℃的生产性冷库通常并入冷却系统，国内外经验表明，氨集中式制冷系统用于肉类联合加工厂是最优选择，不但高效、经济、可靠，而且绿色低碳，只要按规范和标准设计、施工、管理，其安全性没有问题。

2013年国内发生的两起重大安全事故对这个行业产生了深远影响，一方面使生产企业和监管部门开始重视安全工作，积极弥补之前的安全漏洞；另一方面也存在过度执法的问题，部分地区甚至"禁氨"，导致新建和改扩建项目大量采用卤代烃制冷系统，使得行业能耗升高、环保风险积累，与碳中和目标背道而驰。其实2013年的两起重大安全事故及其他中小事故的根源不在氨制冷系统本身，而是生产企业对规范和标准的漠视，是一种"病态的经济效益观念"及监管的缺失，作为制冷剂充注量往往达到几十吨、包含设备往往数百台的肉类联合加工厂制冷系统，碳中和目标必将要求采用以氨和（或）二氧化碳为主的天然制冷剂。

氨/二氧化碳复合制冷系统能够在不降低氨制冷系统能效的前提下减少80%~90%的氨充注量，并且把氨制冷剂的使用范围限制在制冷机房内，从本质上降低了安全风险。跨临界二氧化碳制冷系统既安全又环保，随着近年来跨临界二氧化碳压缩机、平行压缩和回收膨胀功等技术的突破，目前已经不存在"二氧化碳赤道"问题，即在任何纬度地区，二氧化碳制冷系统的全年能效都不低于卤代烃制冷系统，并且成本与卤代烃制冷系统基本持平，因此近些年在欧洲"飞速"推广，尤其是在中小型商业制冷工程领域，未来随着技术的进一步成熟和供应链的进一步完善，即使不考虑税收的影响其整体成本也会优于卤代烃制冷系统；对于大型制冷系统，虽然跨临界二氧化碳制冷系统的制冷能效不及氨，但是热回收后的综合能效比氨优秀，更适用于对提升安全和综合利用冷热都有需求的肉类联合加工厂。2022北京冬奥会国家速滑馆采用了大型跨临界二氧化碳制冷系统，其集中式制冷系统的制冷量约3000千瓦，目前稳定运行已经超过两年，是肉类联合加工厂可以借鉴的实际案例。

5.4.3 肉类联合加工厂加热系统低碳技术

肉类联合加工厂不仅需要制冷，其生产过程还需要漂烫、消毒、清洗等加热，厂内生活设施需要生活热水，北方地区还需要冬季采暖。目前肉类联合加工厂的制冷和加热没有关联，加热几乎全部采用矿物燃料，是碳中和行动的重点目标。制冷受卡诺循环的限制，系统能效存在极限，越接近这个极限初投资的增长会越快，往往导致经济不可行，因此提高整体能源利用率将会成为冷链低碳行动的另一个重要方向。该方向的低碳技术路线有两个途径，一是提高"低碳电能"的利用比例，二是回收利用制冷系统的排热。制冷系统排出热量的温度多在十几到四十几摄氏度，以往被认为是废热，随着碳中和目标的推进，温度低于200℃的热量供给大概率会由锅炉转向热泵，从而减少矿物燃料的消耗，热泵需要低品位热量，而制冷系统排热就是最好的来源，可以根据实际需要直接使用或作为热泵的热源。对于肉类联合加工厂，氨制冷系统冷凝端可以直接加热出40℃的热水，加一级热泵可以获得60℃和82℃热水，二氧化碳跨临界制冷系统则能够直接加热出40~82℃的热水。在冷热综合利用的要求下，制冷系统配套的冷却水系统既要提供冷却功能，又要作为低品位热量的贮存和换热载体，可按照"蒸发式冷凝器＋板式或壳板式水冷冷凝器＋蓄能水池＋热泵""板式或壳板式水冷冷凝器＋蓄能水池＋闭式冷却塔＋热泵""壳管式水冷冷凝器＋蓄能水池＋开式冷却塔＋热泵"等模式配置，多余的热量通过冷却塔排放，甚至用地源蓄热，不足的热量通过空气源、地源等获取，从而完全淘汰矿物燃料。

5.5 冷链低碳发展技术方向

冷链是工业化和城市化国家及地区整合农林畜牧渔等生产与餐饮消费的重要

生产方式，如果说城市化是小康社会的前提，冷链则是小康社会的基础。绿色发展和低碳全球化为未来世界经济发展方式提出了一个全新的战略要求。冷链物流作为我国快速发展的经济方式之一，是减少农产品产后损失和食品流通浪费，扩大高品质市场供给，更好满足人民日益增长美好生活需要的重要手段；是支撑农业规模化产业化发展，促进农业转型和农民增收，助力乡村振兴的重要基础；是满足城乡居民个性化、品质化、差异化消费需求，推动消费升级和培育新增长点，深入实施扩大内需战略和促进形成强大国内市场的重要途径；是健全"从农田到餐桌、从枝头到舌尖"的生鲜农产品质量安全体系，提高医药产品物流全过程品质管控能力，支撑实施食品安全战略和建设健康中国的重要保障。要实现冷链物流的低碳化发展，需要从以下技术方向入手。

5.5.1 发展完善的全程冷链体系

基于先进食品品质控制工艺、精准环控技术和信息化技术，构建不断链的全程冷链体系，保障冷链食品品质，减少食品腐损率。

5.5.2 推广应用环保制冷剂

采用低全球变暖潜能值环保制冷剂尤其是氨、二氧化碳、碳氢化合物等天然制冷剂，替代目前使用的破坏臭氧层和高全球变暖潜能值制冷剂；研究制冷剂低充注技术，采取制冷剂减漏、制冷剂回收与再利用等技术措施，有效减少冷链装备与设施制冷剂应用造成的直接碳排放。

5.5.3 减少使用端负荷

冷链装备与设施采用先进材料与结构的高热阻围护结构，采用智能双重自动冷库门减少库门开启时间，开发末端供冷设备减缓结霜技术，研究新型低能耗除霜方式，运行过程精确控制融霜，减少冷链装备与设施内部发热，构建低冷负荷需求的冷链贮运环境。

5.5.4 提升制冷系统能效

开发高效压缩机和制冷换热器等制冷部件，采用仿真软件优化系统流程，减少换热温差，采用按需供应的变容量调控技术提升部分负荷能效，实现系统自动化和智能化，提升系统运行维护水平，降低运行能耗。

5.5.5 利用可再生能源

在冷库屋面和冷藏车车厢顶部等处安装光伏电池板，将获得的电能驱动制冷系统，研究开发基于太阳能光热的吸收式制冷；发展满足可再生能源发电不稳定储能需要的蓄冷技术；采用新能源冷藏运输技术，减少冷链装备与设施应用过程的碳排放。

5.5.6 利用冷热综合

制冷系统冷凝热直接回收、储存与利用；利用冷凝器作为低位热源，采用高温热泵技术提升热水温度，满足工艺用热；将冷冻冷藏用制冷系统与热泵技术结合，冷热综合利用，提升系统总能效。

5.5.7 利用自然冷能

利用天然低温工质冷能、自然冷能等"免费"冷能，例如采用液氮进行食品速冻，在港口冷链园区采用天然气供冷；在冬季北方地区采用自然冷能精准调控冷藏环境进行果蔬冷藏；有效减少冷链装备与设施能耗。

参考文献

[1] 周远，田绅，邵双全，等．发展冷链装备技术，推动冷链物流业成为新的经济增长点[J]．冷藏技术，2017，40（1）：1-4．

[2] 田长青．中国战略性新兴产业研究与发展·冷链物流[M]．北京：机械工业出版社，2020．

[3] 中国物流与采购联合会冷链物流专业委员会等．中国冷链物流发展报告（2022）[M]．北京：中国财富出版社，2022．

[4] 田长青，孔繁臣，张海南，等．中国冷链碳排放及低碳技术减排分析[J]．制冷学报，2023，44（4）：1-8．

[5] 申江，吴冬夏，周成君，等．二氧化碳自动化立体冷库库温与能耗实验研究[J]．低温与超导，2018，46（2）：81-85．

[6] 田绅．冷库能耗分析与氨泄漏安全检测研究[D]．北京：中国科学院大学，2017．

[7] 刘明昆，李彦澎，王闯，等．"双碳"目标下螺杆制冷压缩机的技术发展趋势[J]．制冷与空调，2022，22（3）：55-62．

[8] 牛俊皓，吴华根，于志强，等．新型宽温区高效制冷供热耦合集成系统的开发[J]．制冷与空调，2017，17（3）：1-3．

[9] Qingyu Xu, Ding Lu, Gaofei Chen, et al. Experimental study on an absorption refrigeration system driven by temperature-distributed heat sources[J]. Energy, 2019, 170: 471-479.

[10] Meng Wang, Tim M Becker, Bob A Schouten, et al. Ammonia ionic liquid based double-effect vapor absorption refrigeration cycles driven by waste heat for cooling in fishing vessels [J]. Energy Conversion and Management, 2018, 174: 824-843.

[11] Sai Zhou, Guogeng He, Yanfei Li, et al. Comprehensive experimental evaluation of an exhaust-heat-driven absorption refrigeration cycle system using NH_3-NaSCN as working pair [J]. International Journal of Refrigeration, 2021, 126: 168-180.

[12] 张川, 李锋. 液氮喷淋隧道式速冻机性能研究 [J]. 冷藏技术, 2021, 44 (1): 10-14.

[13] 郑佳, 张蕊, 于晋泽, 等. 自然冷源与机械制冷相结合的冷库改造研究 [J]. 冷藏技术, 2020, 43 (3): 36-41.

[14] 刘广海, 吴俊章, Alan Foster, 等. GU-PCM2型控温式相变蓄冷冷藏车设计与空载性能试验 [J]. 农业工程学报, 2019, 35 (6): 288-295.

[15] 中国制冷学会. 冷链产业与技术发展报告 [M]. 北京: 中国建筑工业出版社, 2022.

第6章 数据中心冷却与综合能源利用

本章主要介绍数据中心发展的现状和能耗情况；针对数据中心耗能密度高和环境地域特点，给出了数据中心冷却系统整体架构与系统形式，论述了数据中心高效冷却技术与装备和综合能源利用技术的发展趋势，为数据中心的绿色低碳发展提供支撑。

6.1 数据中心发展的基本情况

6.1.1 数据中心发展现状与趋势

数据中心作为 5G 网络、人工智能、大数据、云计算、物联网、工业互联网等新一代信息技术的重要载体，是数字经济发展的引擎，具有非常重要的地位。在过去几年中，数据中心数量和规模保持着快速发展的势头，我国的数据中心增长速度远远高于全球的发展速度。近两年我国新增数据中心机架规模都超过 100 万架；而 2021 年我国数字经济规模达到 45.5 万亿元，同比增长 16.2%，占 GDP 的比重为 39.8%，成为稳定经济增长的关键动力。

由于数据中心数目不断增长，规模不断扩大，引起了巨大的能源消耗，现已成为数据发展面临的重大挑战。图 6.1 给出了 2014—2021 年我国数据中心能耗的变化和 2021 年的能效水平。2020 年和 2021 年我国数据中心能耗已经超过 2000 亿千瓦·时，分别占全国总用电量的 2.7% 和 2.6%。我国数据中心的能效水平也不断改善，2021 年全国数据中心平均电能利用系数为 1.49，预计未来几年将会进一步降低。

在节能减排的大背景下，国家发布了《关于加快构建全国一体化大数据中心协同创新体系的指导意见》等政策文件，提出应强化数据中心能源配套机制，推

(a) 2014—2021年度耗电量

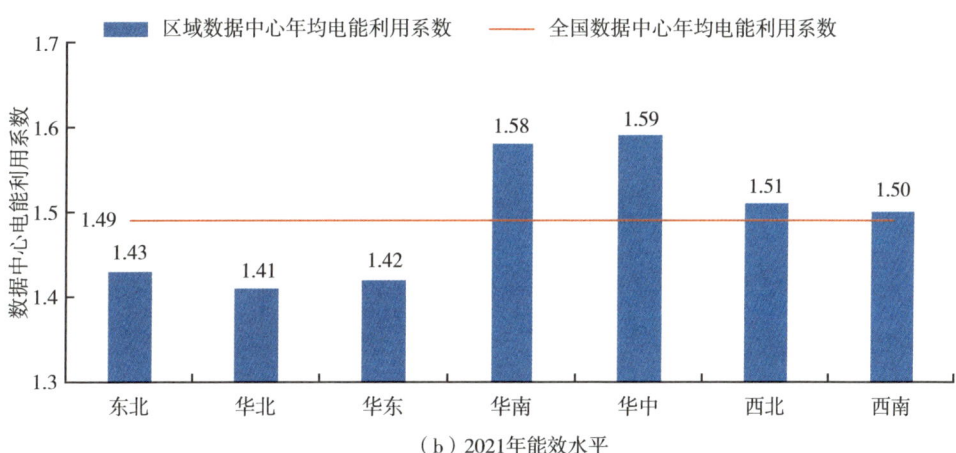

(b) 2021年能效水平

图6.1 我国数据中心能耗及能效水平

进建设绿色数据中心，实现数据中心行业碳减排。国家和各地方、各行业数据中心的"十四五"规划的相关措施促进了数据中心基础设施的快速稳定增长，加快了节能节水技术的推广应用和数据中心的绿色低碳发展。

2022年国家标准《数据中心能效限定值及能效等级》（GB 40879—2021）颁布实施，规定了数据中心的能效限定值即三级能效为1.5，二级能效为1.3，一级能效要达到1.2。

6.1.2 数据中心冷却系统在碳中和背景下的贡献

由于数据中心内部单位面积负荷大且需要全年不间断运行，传统数据中心冷却系统能耗约占数据中心总能耗的30%~40%，是除IT设备外能耗最大的部分。数据中心电能利用系数（PUE）和冷却系统的综合性能系数（GCOP）的计算分别如式（6.1）和式（6.2）所示。

$$\text{PUE} = \frac{E_{\text{total}}}{E_{\text{IT}}} \tag{6.1}$$

$$\text{GCOP} = \frac{E_{\text{total}} - E_{\text{cooling}}}{E_{\text{cooling}}} \tag{6.2}$$

其中 E_{total} 为数据中心总能耗，E_{IT} 为 IT 设备能耗，E_{cooling} 为冷却系统能耗。

图 6.2 中给出了数据中心能耗组成及数据中心电能利用系数与冷却系统的综合性能系数的关系。可以看出，随着数据中心电能利用系数的进一步降低，需要冷却系统能效提升的比例越来越大，冷却系统既是数据中心能效提升和节能减排的关键和突破口，又面临着巨大的压力和挑战。

(a) 数据中心电能利用系数=2.3，冷却系统综合性能系数=1.6

(b) 数据中心电能利用系数=1.5，冷却系统综合性能系数=3.0

(c) 数据中心电能利用系数=1.3，冷却系统综合性能系数=4.6

(d) 数据中心电能利用系数=1.2，冷却系统综合性能系数=7.3

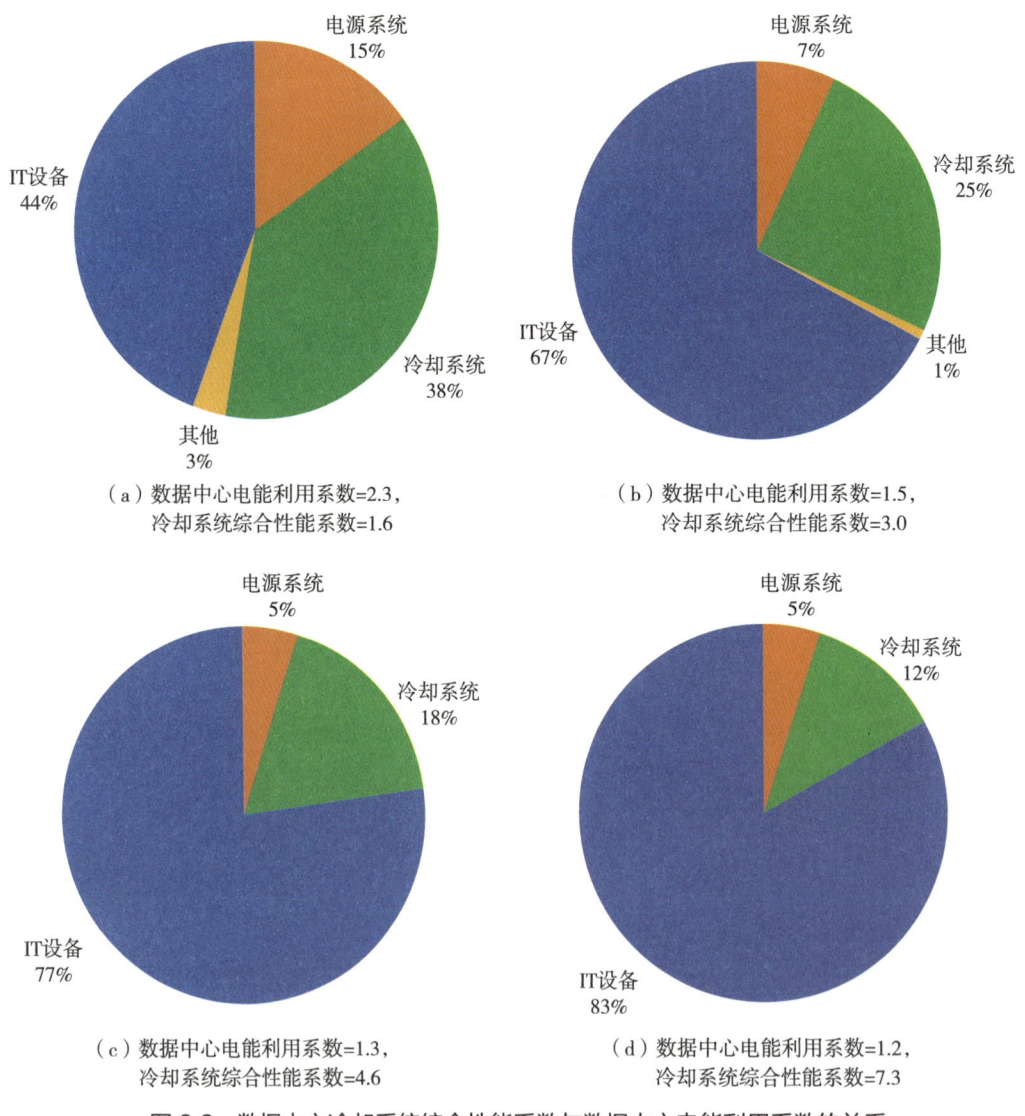

图 6.2　数据中心冷却系统综合性能系数与数据中心电能利用系数的关系

6.2 数据中心高效冷却技术与装备

6.2.1 数据中心冷却系统整体架构与系统形式

6.2.1.1 数据中心冷却系统架构

数据中心冷却系统收集数据中心内部的热量并移除到室外冷源中，保障数据中心内部 IT 设备、电源设备等设备的高效稳定运行，如图 6.3 所示。不同于传统的建筑用空调系统主要是为了实现人的舒适性热湿环境的营造，数据中心冷却系统的首要任务是保证 IT 设备运行的可靠性。数据中心冷却系统主要包括取热、输配、放热三个主要环节。

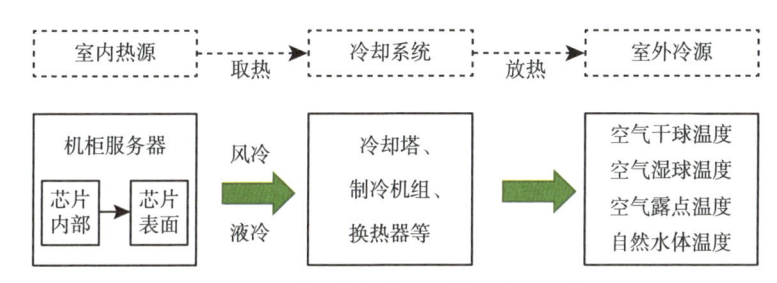

图 6.3 数据中心冷却系统及主要环节

取热环节：主要通过室内取热设备中的冷却介质（空气、水、制冷工质等）收集数据中心 IT 设备 / 供配电设备所散发的热量，以保证 IT 设备 / 供配电设备的运行效率和运行安全。因此，提高取热设备的性能，可有效降低 IT 设备 / 供配电设备与冷却介质的传热温差，为充分利用自然冷源以及热量的回收应用奠定基础。

输配环节：冷却介质通过室内取热设备收集数据中心中 IT 设备 / 供配电设备散发的热量后，可直接或进一步通过其他介质向室外设备进行输运，传输过程不仅消耗介质输运的能量，还会进一步增大传热的温差损失。因此，传输环节的节能降耗既要考虑输运能耗的降低，也要考虑传热温度损失的减小。

放热环节：冷却介质在室外散热设备中将热量散发到室外环境中去（如空气、水等）。当冷却介质温度高于室外环境温度且存在一定温差时，应充分利用自然冷源进行直接散热；当室外环境温度高于冷却介质温度时，应提高机械制冷设备的能效；或者利用直接 / 间接蒸发冷却技术降低室外冷源的温度，以便于充分利用自然冷却或者提升制冷设备的运行效率。

总之，数据中心冷却系统的节能降耗应考虑室内 IT 设备 / 供配电设备的散热特征和数据中心可供利用的室外自然冷源全年时间分布特征，从整体架构上综合考虑取热环节、输配环节和散热环节，以提升冷却系统的综合能效，达到节能减排的目的。

6.2.1.2 数据中心冷却系统的主要架构形式

数据中心冷却系统主要架构形式，从取热环节可以分为风冷、液冷等形式，从输配环节可以分为空气、水或其他单相载冷剂、相变冷却液等形式，从放热环节可以分为机械制冷、自然冷却等形式。数据中心冷却系统的架构形式有很多种（图6.4），每种系统架构都有优缺点，这使它们在不同的应用中都有可能成为优选的方案。

（a）相变液冷冷却系统

（b）单相液冷冷却系统

（c）回路热管/蒸气压缩氟冷冷却系统

（d）风冷冷冻水冷却系统

（e）水冷冷冻水冷却系统

（f）直接/间接风冷却系统

图6.4 数据中心冷却系统主要架构形式

6.2.2 数据中心冷却系统整体架构优化

不同的冷却系统架构可以满足不同功率密度和规模数据中心冷却需求、适合不同的气候环境与应用场景。因此，冷却系统的架构优化要立足于数据中心的冷却需求，充分利用周边的环境冷源与可再生能源，对整个系统进行综合优化，以实现数据中心冷却系统的可靠性、经济性、能效以及碳排放等多个维度的目标。

6.2.2.1 取热温度的提升和取热方式与需求的匹配

1）冷却系统的取热温度既满足 IT 设备安全可靠运行，又能充分提高冷却系统效率的需求

电子元件的故障发生率是随工作温度的提高而呈指数关系增长的，单个半导体元件的温度每升高 10℃，系统的可靠性将降低 50%。一般服务器的工作温度不超过 40℃，芯片正常工作的建议结温约 80℃。目前数据中心送风温度一般在 23℃左右，提高 IT 设备进风温度和冷冻水设定点的温度可以让制冷系统在自然冷却模式下额外运行更多的小时数。而且，冷冻水温度每升高 1℃，就可以节省大约 3.5% 的冷水机组能耗。

2）冷却系统的取热方式和取热温度要适应 IT 设备快速增长的功率密度需求

传统的风冷散热方式只能用于热流密度不大于 10 瓦/平方厘米的电子器件，然而 CPU 芯片的发热量已增到 100 瓦/平方厘米左右。因此，液体冷却服务器应运而生，液冷技术可以获得更高的传热系数，满足高功率密度电子器件的散热要求，可有效降低能耗，减少故障率，已成为全球数据中心发展的重要技术趋势。与风冷系统相比，液冷可节能约 30% 以上，将数据中心电能利用系数降至 1.1 以下。

3）数据中心冷却系统还需要考虑数据中心周边建筑设施的热需求

数据中心全年向外界提供的稳定的热源，最合适的应用是供生活热水，并可进一步通过高效热泵技术提升供热温度或利用热能驱动制冷技术，满足工农业生产的需要。通过数据中心排热的回收利用不仅节约了能源，进一步减少碳排放，还能为数据中心创造附加价值。

6.2.2.2 因地制宜的自然冷源与可再生能源利用

1）数据中心冷却系统要充分利用所在地区空气自然冷源的利用

合理、有效、最大化利用室外自然冷源，降低冷却能耗是数据中心冷却系统搭建的基本原则。室外空气温度越低，越有利于数据中心内部的热量向外部传递。机械制冷系统的能效随着室外温度的降低而升高。当室外温度低于自然冷却要求时，冷却系统可完全运行于自然冷却模式；室外温度越低，自然冷却系统的效率也越高，而且越是寒冷的地区，全年运行自然冷却模式的时间也就越长。中国制冷学会团体标准《数据中心用冷水机组性能试验与评价方法》中给出了基于

全年室外空气湿球温度和干球温度时间分布的数据中心冷却系统用气象分区，如表 6.1 和表 6.2 所示。

表 6.1 基于湿球温度的数据中心冷却系统用气象分区

分区	适用条件	代表城市
1 区	τ(12) ≤ 2000 小时	海口、广州、台北、香港、澳门、南宁、福州
2 区	2000 小时 < τ(12) ≤ 4400 小时	重庆、成都、武汉、长沙、南昌、合肥、南京、杭州、上海、贵阳、昆明
3 区	4400 小时 < τ(12) ≤ 6000 小时	西安、郑州、济南、石家庄、天津、北京、太原、沈阳
4 区	τ(12) > 6000 小时	长春、哈尔滨、呼和浩特、银川、兰州、乌鲁木齐、西宁、拉萨

注：τ(12) 为全年室外空气湿球温度 T_s ≤ 12℃ 的时间。

表 6.2 基于干球温度的数据中心冷却系统用气象分区

分区	适用条件	代表城市
1 区	τ(18) ≤ 3500 小时	海口、广州、台北、香港、澳门、南宁、福州
2 区	3500 小时 < τ(18) ≤ 4900 小时	重庆、成都、武汉、长沙、南昌、合肥、南京、杭州、上海
3 区	4900 小时 < τ(18) ≤ 6000 小时	西安、郑州、济南、石家庄、天津、北京、贵阳、昆明
4 区	τ(18) > 6000 小时	太原、沈阳、长春、哈尔滨、呼和浩特、银川、兰州、乌鲁木齐、西宁、拉萨

注：τ(18) 为全年室外空气干球温度 T ≤ 18℃ 的时间。

2）数据中心冷却系统要充分利用所在地区水体自然冷源

自然水体如海洋、高坝水库、大型湖泊等，其深层水温度常年保持较低水平，可以满足数据中心全年自然冷却的需求。在高坝水库周边建设数据中心，可以利用低温自然水源实现数据中心冷却系统节能；还可以提升水库排水温度，有助于下游水生生物及农作物的生态修复。目前，利用海水作为数据中心冷源的尝试已经取得了良好的运行效果，广东省印发的《广东省海洋经济发展"十四五"规划》中也提出"支持海底数据中心关键核心技术突破"的规划。

3）数据中心应与可再生能源的高效利用紧密结合

数据中心耗电量大，自身具备一定储电、储冷等能力，在可再生能源发达的地区建设数据中心，可有效消纳可再生能源电力，提升数据中心绿色低碳水平。

6.2.2.3 基于全局优化的系统架构设计

数据中心冷却过程就是将内部 IT 设备等热源所产生的热量通过冷却系统中的多个传热环节最终散发到室外自然环境的过程。热源和冷源之间的温差是热量传递的驱动力，当这个温差足够时，可以实现自然冷却；当这个温差不够时，需要启动机械制冷系统来提升温差以保证 IT 设备等热源产生的热量都能及时散发到室外。由于各个传热环节采用的技术形式所产生的传热损失以及额外的能耗各不相同,需要对整个冷却系统的热量传递过程进行全局优化,以合理利用热源和冷源之间的温差资源,使整个系统的全年运行能耗最小,实现数据中心冷却系统整体节能降碳。图 6.5 给出了水冷冷冻水冷却系统的全局优化示意。

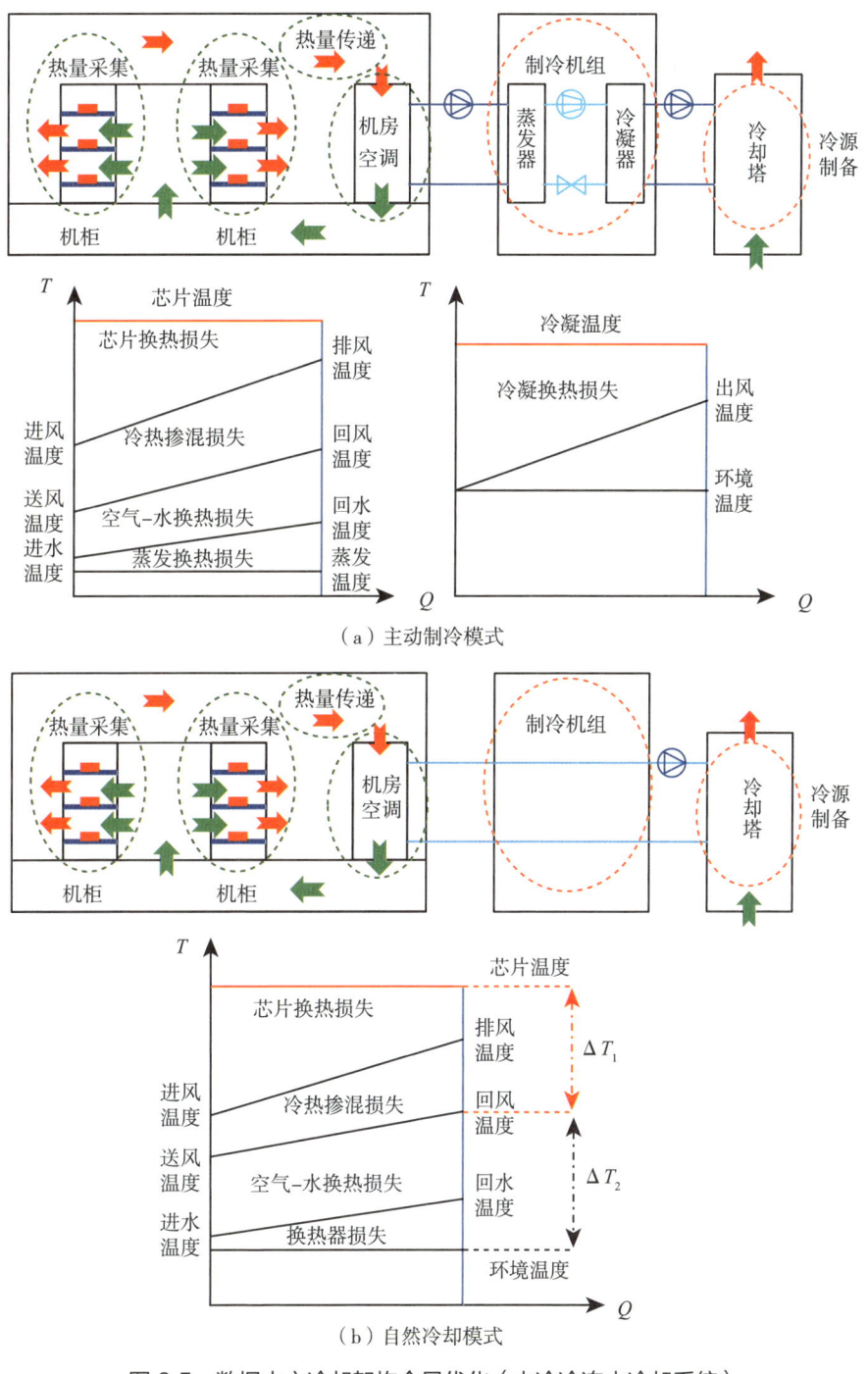

图 6.5 数据中心冷却架构全局优化(水冷冷冻水冷却系统)

目前的数据中心大多采用设备级的调控优化思路,即各个设备独立控制,依靠局部参数对设备进行调节,一般调节冷量和温度,这种调控方式只能做到设备最优,而要想达到系统最优,必须从系统层面对各个设备之间的相互影响关系进行综合考虑,在满足冷量和温度调控的基础上,使各个设备之间匹配运行,实现整体能耗的降低。

综上所述,数据中心冷却系统的架构要以提高可靠性、经济性与能效,降低能耗和碳排放为目标,匹配数据中心的功率密度不断上升的IT设备等方面的热管理需求和周边建筑设施的热回收需求,综合利用室外空气与水体等自然冷源和可再生能源,从取热换热、输配环节和放热环节所选用的技术产品形式和整个冷却过程进行全局优化乃至全生命周期优化。

6.2.3 取热环节关键技术

数据中心冷却系统的核心功能是将数据中心内部设备(主要是IT设备)产生的热量排放到室外环境中去,因此取热环节是整个数据中心冷却系统的关键和首要环节。针对不同功率密度的IT设备,取热环节主要包括风冷和液冷两种方式。

6.2.3.1 风冷取热技术

空气是最容易获得且和IT设备相容性最高的冷却介质。数据中心发展至今,IT设备主要采用空气进行冷却。风冷取热技术主要包括房间级冷却(含封闭冷/热通道)、行间级冷却和机柜级冷却等形式。由于房间级冷却技术存在冷热气流掺混(冷风短路、热风回流等),造成的冷量损失大,且容易导致数据中心内部局部热点的存在,冷/热通道封闭是冷热气流管理的两种方法,已被数据中心行业所接受并作为标准化的设计。为了进一步优化取热侧冷热气流组织并让冷却末端接近IT设备等发热元件以减少空气的输送能耗,冷却末端从房间级冷却进一步发展为行间级冷却和机柜级冷却等形式。

当前风冷取热技术面临的主要问题是,不断优化传热技术,缩小空气与IT设备之间的传热温差,优化空气流动阻力和流量以降低空气的输送能耗,主要包括以下几方面内容。

1)减小空调送风温度与服务器工作温度温差

2016年发布的《数据中心功率设备热管理手册及实践》(ASHRAE TC9.9)中推荐的送风温度范围为18~27℃,当前许多机房进风温度都偏低。对于"过冷"带来的冷量浪费,一方面需要精确的温度监测,采用分区域送风等方式改进气流组织,以提升送风温度;另一方面要细化温度监测点,引入各服务器出风温度或直接读取芯片温度,为温度精准控制提供参考,指导机房内部送风温度和风量控制,可实现提升送风温度,达到节能减碳的效果。

2)房间级热管理和服务器级热管理相统一

目前数据中心冷却系统未与服务器内部热管理耦合,导致机房热管理与服务器内热管理不协调。为了充分利用数据中心冷却系统的节能潜力,首先需要在控制系统方面将颗粒度做小。一方面是将温度测点细化、精确化;另一方面,实现精准控制也是温度参数匹配的重要环节。在统一的温度监测和控制系统下,全局的温度监测和精确的风扇控制使得数据中心内部环境调节形成一个整体,有利于不同层级间冷却系统相互匹配,可提升温度控制参数匹配的效率,实现精确供冷,冷量充分利用。

3)数据中心设计需适应 IT 设备允许工作温度上升的趋势

随着材料科学的发展,半导体材料性能不断提升,近年来 IT 设备允许的工作温度也有所提升,这对数据中心设计提出了新的要求。在数据中心设计阶段,应该先根据后期上架的 IT 设备型号所需热环境进行冷却系统设计,保证制冷量与所需冷量的匹配性。对于已经建设完毕的数据中心,应根据之前冷却系统的设计进行 IT 设备上架,保证冷却系统的制冷量有针对性地充分利用。

6.2.3.2 液冷取热技术

随着数据中心功率密度增大,空气冷却存在散热极限,液体冷却技术拥有比空气更高的对流换热系数,可以提供更高的冷却能力,并降低系统能耗。液冷取热技术通常被视为高性能计算和高密度应用的技术解决方案。此外,液冷取热技术在大型数据中心和边缘部署也同样具有优势。采用液冷取热技术的主要原因有:不断增加的芯片和机柜功率密度、降低能耗的压力、空间限制、用水限制等。液冷取热技术还可以最小化房间内增加的热量、减少/消除风扇的使用、实现余热回收、降低布局复杂度以及减少对地理气候的依赖。如图 6.6 所示,液冷取热技术有三种主流方式:冷板式液冷、浸没式液冷和喷淋式液冷;而按照冷却介质又可以分为单相液冷和相变液冷。

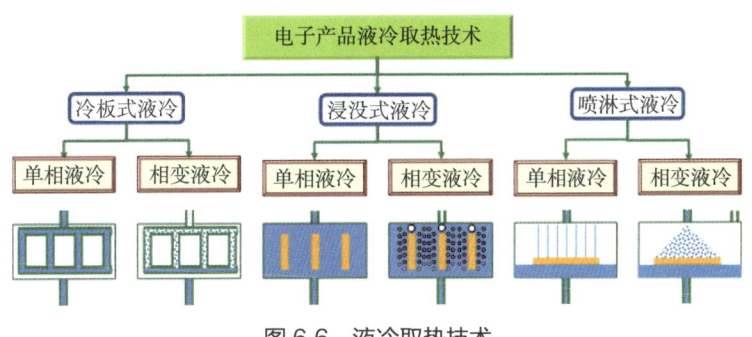

图 6.6 液冷取热技术

液冷取热技术的产业链还不完善，需要改造甚至重新订购服务器和全新的数据中心运维技能，投资也更高。液冷取热技术有以下几个问题亟须解决。

1）研发高性能液冷介质

冷却介质是液冷取热技术的关键，冷板式液冷为间接冷却，其重点是防止冷却液的滴漏问题；而浸没式液冷和喷淋式液冷所用冷却液的兼容性、安全性、成本以及对环境的影响则是重点考虑的问题。特别是在传热性能方面，矿物油类的热导率在 0.13 瓦/（米·度）左右、氟化液导热系数在 0.07 瓦/（米·度）左右，难以适应更高热流密度的散热要求。

2）优化高效冷却结构

冷板冷却是对高热流密度区域的局部强化散热技术，影响其散热性能的主要因素是微细通道的结构，可以通过 3D 打印、MEMS 制造技术及表面处理等手段制造有利于散热的微结构，微细通道的强化传热技术是发展的重点。浸没式液冷和喷式液冷却的研究重点一是局部散热器的优化，散热器包括翅片式、热管式或多种形式的组合；二是流量分配，通过设计进液口的形状、位置分布等以适应高热流密度。散热器和流场组织技术的耦合是发挥浸没式液冷和喷淋式液冷的关键。

3）液冷技术的标准化

在技术发展方面，目前液冷数据中心发展的最大争议就是其可靠性，诸如电子器件长时间浸没在浸没液里是否会出现腐蚀情况，是否会影响器件功能和使用寿命，液冷管道的安全性如何保证等。在推广方面，行业标准的缺失极大地限制了液冷数据中心的发展。尽管近年来部分企业和协会推出了一些液冷细分领域标准，但是液冷产品的质量和规格仍然参差不齐，液冷厂商处于各自为战的状态。因此，需要制定科学且完备的液冷行业标准，对发热设备和器件、冷却液体、液冷设备及运维等各个方面进行统一的要求，以此提高行业共识度，促进厂商之间的技术交流和对话，规范液冷技术的健康发展。

综上所述，在保证芯片在建议结温运行的前提下，通过精细化的温度监测和温度分布控制，采用空气冷却的机柜进风温度有望提升到 27~32℃；而采用液冷方式时，进液温度可以提高到 50℃甚至更高。这样不仅可以增加自然冷却的适用范围和时间，还可以提高冷机的制冷效率，显著降低冷却设施耗电量，实现节能减碳。

6.2.4 输配环节关键技术

输配环节将取热环节所获取的热量输送到外放热环节中，在大型数据中心中，输送距离长，输送能耗大。特别是在数据中心冷却系统普遍利用在过渡季和冬季采用自然冷却，在数据中心运行初期 IT 负载率不高的情况下，冷水机组由于全年有较长时间不开启，并采用台数及变容量控制，全年能耗占比变小；而室内取热末端（室内风机）及输配系统（冷却水泵和冷冻水泵）的能耗分别占整个数据中心能耗的 1/3 左右，如图 6.7 所示。因此，输配环节是数据中心节能减排的关键，主要包括以下几个方面。

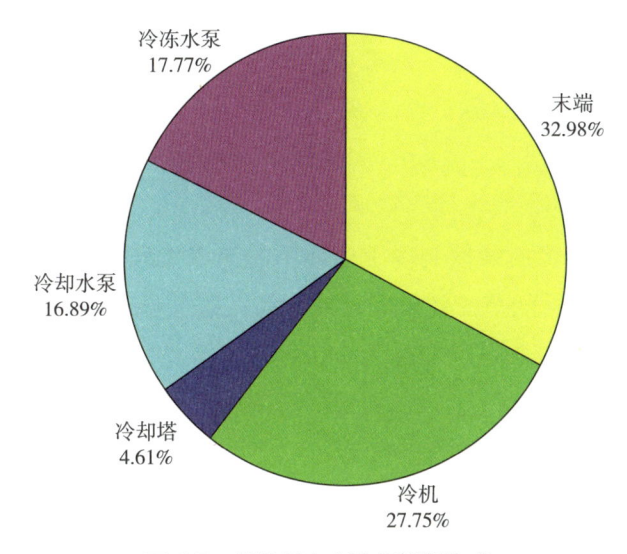

图 6.7 某数据中心冷却能耗构成

6.2.4.1 输配介质及系统遴选

数据中心常用的冷却介质包括空气、水或其他非相变液体冷却液、相变制冷工质等。输送相同的热量，采用相变介质依靠其相变潜热不但不产生介质的供回温差，而且其单位质量的携带冷量约为水和空气（5℃温差）的 10 倍和 40 倍，质量流量大幅降低。由于相变介质的黏度远低于水，其输送阻力也会远小于水。因此，采用相变介质的输配系统能耗大幅降低。

此外，采用相变介质时，还可以充分利用其气相和液相的密度差和室内外机高差所产生的压力差驱动冷却介质流动，形成回路热管的方式，可降低冷却介质输送的能耗。即使在室内外机高差或系统结构受限时，重力所产生的驱动力不足时，可以采用液泵或气泵作为辅助动力（图 6.8），可进一步降低输配能耗。

6.2.4.2 高效输配设备

作为气体介质的输送设备（风机或气泵）和液体介质的输送设备（液泵）是输配系统的主要耗能设备，高效输送设备的研发及在系统中的匹配是数据中心输配环节的关键。

以氟泵为例，氟泵供液是利用泵的机械作用向蒸发器输送制冷工质。泵是一

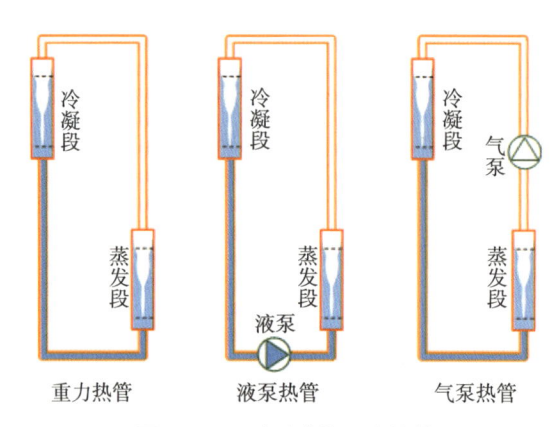

图6.8 三种形式的回路热管

种专门用于输送制冷工质或使制冷工质增压的流体机械。随着变频技术的日趋成熟，变频调速以其显著的节能效果和调速性能在泵运行中得到普遍采用和认可。

氟泵流量、扬程参数在选取时不宜过大超出系统的特性参数，流量、扬程只要能够克服系统中管路、换热器及阀件的压降损失，完成制冷工质输送即可，扬程过大反而会导致蒸发器出口至冷凝器入口的气态管压降过大影响传热性能。同时，流量过大氟泵会出现气蚀风险。

6.2.4.3 输配设备的运行匹配

虽然数据中心内部的IT设备运行较稳定，但是室外环境随时在发生变化，输配环节的各种设备很难处于设计的运行状态。作为输配环节的调节设备既包括阀门等阻力设备，也包括泵和风机等动力设备。特别是在大型或超大型数据中心中，输配环节的阻力设备和动力设备数量非常庞大。因此，针对变化的运行负荷与运行条件下输配介质的输送要求，优化匹配输配环节的阻力设备和动力设备的运行状态也是输配环节节能减排亟须解决的关键技术。

6.2.5 放热环节关键技术

放热环节承担着将数据中心产生的热量最终释放到环境中或者回收利用的任务，主要包括高效制冷系统、降低空气环境温度的蒸发冷却系统、利用室外低温冷源实现自然冷却系统、提高冷却系统应急能力和削峰填谷的蓄冷系统、将数据中心热量回收利用系统，以及将上述系统进行集成的模块化冷站系统等技术。

6.2.5.1 高效制冷机组

数据中心的负荷特征不同于传统建筑，其冷负荷大、湿负荷小，在数据中心可以采用高水温实现冷却。数据中心内部负荷大，围护结构负荷小，全年负荷变化小；全年制冷室外温度变化大，因此压缩比变化会比较大。因此，在数据中心领域，磁悬浮变频离心冷水机组、高温变频离心冷水机组、高温变频螺杆冷水机组等适应上述数据中心运行特征的机组不断涌现，为数据中心提供了高效主动冷源。高效冷水机组的研发和应用应重点关注以下几个问题。

1）适合全年运行工况的高效压缩机及调节技术

全年制冷运行且可靠性要求高，室外工况变化大，需要压缩机能够在很大的工况范围（冷凝压力、压缩比等）都能高效稳定工作。

2）高效换热技术是提升冷水机组能效的关键

高效蒸发器和冷凝器的匹配可有效降低制冷工质的传热温差，既可提升制冷机组的效率，又可提升自然冷却的利用时间。

3）机械制冷系统与蒸发冷却技术、自然冷却技术的有机结合

蒸发冷却可有效降低室外环境温度从而提高机械制冷的效率，而自然冷却技术可避免机械制冷在低温下运行，减少使用时间，提高使用寿命，这些技术的良好匹配和运行调控在节能降碳中发挥着更大的作用。

6.2.5.2 蒸发冷却技术

蒸发冷却技术以水为工质，在干燥的空气中水蒸发吸热，由于水蒸发的相变潜热远远大于水或空气的比热，因此其在干燥地区具有极佳的使用效果，且该技术价格低廉、能耗较低。数据中心发热量大、可靠性高、全年需要制冷，在碳中和背景下，蒸发冷却技术将发挥非常重要的作用，表 6.3 中给出了数据中心常用蒸发冷却技术的形式。

表 6.3 数据中心常用蒸发冷却技术的形式

系统分类	应用方式	原理与特征
蒸发冷却制取冷风	直接蒸发冷却	空气直接与水进行接触换热，利用水的蒸发带走热量，制取低温的空气（产出空气），接近空气的湿球温度
	间接蒸发冷却	水与二次空气直接接触换热，利用水的蒸发带走热量降低换热器表面温度后，再冷却一次空气（产出空气），接近二次空气的湿球温度
蒸发冷却制取冷水	直接蒸发冷却	水和空气直接进行接触换热，利用水的蒸发带走热量，制取低温的水，接近空气的湿球温度
	露点蒸发冷却	空气先被水预冷后，再与水直接接触换热，利用水的蒸发带走热量，制取低温的水（多次预冷 - 蒸发，可制取低于空气湿球温度、接近空气露点温度的水）
蒸发冷凝制取液态制冷工质	回路热管	水在回路热管冷凝器的外表面蒸发，降低冷凝器表面的温度，进而使制冷工质冷凝为液态，接近空气的湿球温度
	制冷机组	水在制冷机组冷凝器的外表面蒸发，降低冷凝器表面的温度，进而使制冷工质冷凝为液态，接近空气的湿球温度

蒸发冷却技术应用于数据中心，也面临着以下几方面的挑战。

1）蒸发冷却节水技术

数据中心全年运行且发热量大，蒸发冷却需要消耗大量的水，特别是在干燥地区，水资源比能源更为珍贵。我国很多地区已经推出了严格限制水资源利用的要求。因此，蒸发冷却在保证冷却效果的同时，提高水的利用效率至关重要。

2）间接蒸发冷却装置的流程优化

研究适用于不同室外干燥条件下的最佳的间接蒸发冷却流程方式，研究不同的间接蒸发冷却流程的比较方法和最佳的间接蒸发冷却流程的构建方法，为研发成本低、运行费用低的装置奠定理论基础。

3）空气-水经过填料的传热传质性能研究和新填料的研发

包括在较小的风水比下、一定的布液密度下尽可能提高填料的润湿性能，从而提高填料的传热传质系数；尽可能降低填料的风阻；实现填料的传热传质性能和阻力性能的综合优化等。

4）解决水质问题的闭式流程构建与优化

水质问题成为制约工程是否安全运行的关键，由于开式系统的应用受限，而设计闭式系统既能满足水质要求，又能保证传热传质性能。

6.2.5.3 自然冷却技术

由于数据中心全年制冷运行，自然冷却技术是室外低温自然冷源，如温度较低的空气、海水、湖水等可实现数据中心的冷却。自然冷却系统能够显著提高数据中心的能效，降低数据中心冷却系统碳排放。表6.4中给出了典型自然冷却系统的分类。

表6.4 数据中心自然冷却系统分类

系统分类	类型	特征
风侧自然冷却系统	直接型	将室外冷空气直接（或经过蒸发冷却降温后）经过净化处理后送入室内
	间接型	通过换热器（如转轮等）利用室外冷空气冷却室内空气（也可辅助以蒸发冷却）
水侧自然冷却系统	直接水冷型	直接利用自然环境中的冷水（如海水、湖水）
	风冷型	利用室外空气冷却室内回路中的冷冻水
	冷却塔型/蒸发冷却型	利用冷却塔/蒸发冷却冷水系统制取的冷却水送入室内或冷却室内回路中的冷冻水
热管自然冷却系统	重力型、液泵辅助型、气泵辅助型	按照驱动的形式是完全采用重力或者采用液泵或气泵辅助驱动
	单独热管型、与机械制冷复合制冷型	按照系统形式是单独热管或热管与机械制冷复合制冷
	风冷型、水冷型、蒸发冷凝型	按照室外冷却形式是采用风冷、水冷或蒸发冷凝

6.2.5.4 主动制冷/自然冷却一体式系统

在大部分地区，数据中心难以实现全年自然冷却，因此主动制冷系统与自然冷却系统的有机结合是数据中心提高能效的关键。对于中小型数据中心的冷却系统，通常采用直膨式制冷系统，与其匹配的主要是回路热管自然冷却技术（图 6.9）。在大型和超大型数据中心的冷却系统，通常采用冷水机组，其自然冷却利用方式如图 6.10 所示。这些均可以实现主动制冷、自然冷却与联合制冷等模式，全年都可以实现良好的节能减排效果。

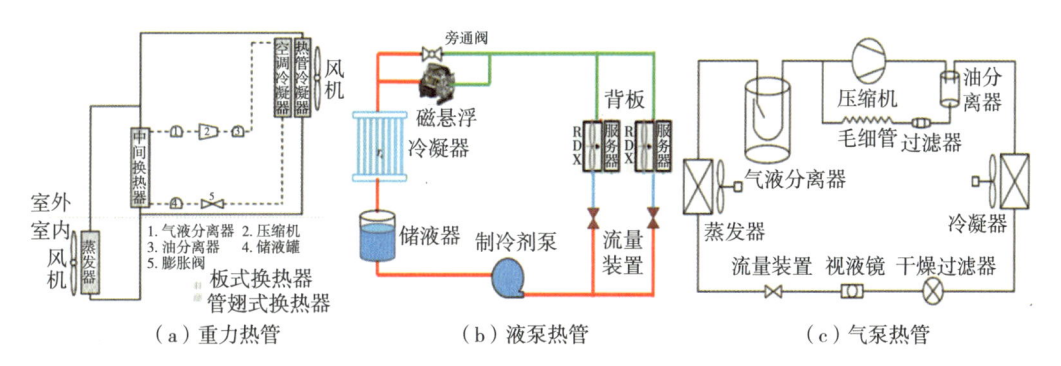

图 6.9 回路热管/蒸汽压缩一体式冷却系统

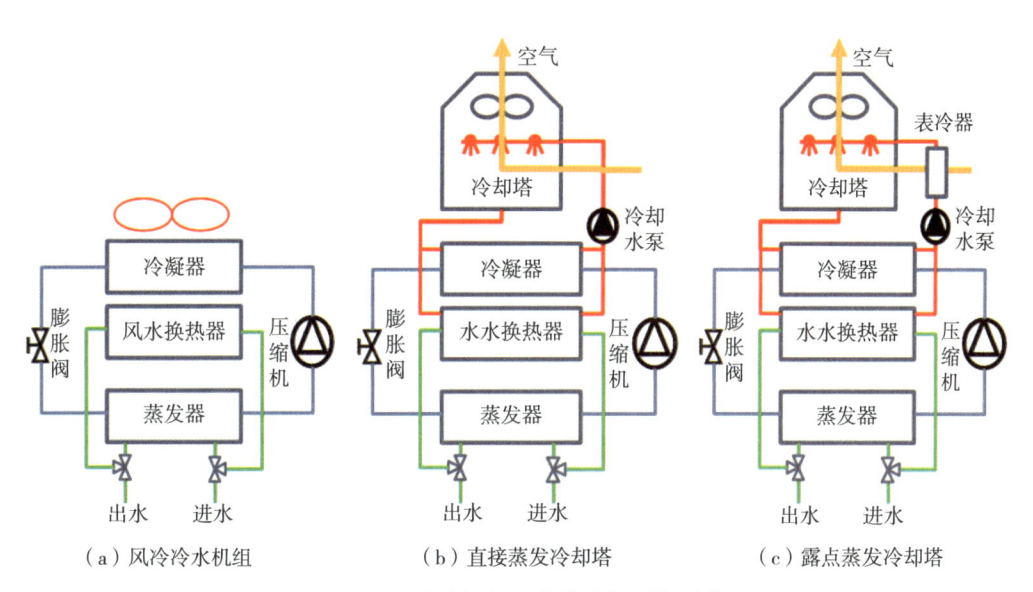

图 6.10 冷水机组 + 自然冷却系统形式

6.2.5.5 集成冷站

传统的冷站能效低、运维成本高、建设周期长，已不再能够完全满足数据中心发展的需求。新建数据中心装机容量、功率密度、能耗不断攀升，机房冷却系统节能迫在眉睫，数据中心的建设要求系统具有极高的可靠性、安全性，需要极短的建设部署周期。将原有的工程施工转化为工厂预制，以企业产品标准保障产品品质，且可避免与工程现场交叉施工，缩短工程施工周期，提升数据中心建设效率，实现节能、节水、节地、节费，逐渐成为数据中心建设的发展方向。

综上所述，针对数据中心的负荷特征，数据中心放热环节的节能减排技术主要包括采用高性能的压缩机等核心部件、匹配室内需求提升蒸发温度、通过蒸发冷却降低冷凝温度、通过小压比或变压比设计与控制提高蒸汽压缩循环全年运行效率；构建自然冷却模式、充分利用蒸发冷却技术，并将数据中心选址于气温寒冷地区或接近其他低温自然冷源以提高自然冷源利用率；将制冷主机、冷却塔、冷却泵等主要设备进行匹配设计与控制调试，形成预制模块化集成冷站以提升冷却系统的制造水平和能效水平。

6.2.6 智慧运维关键技术

6.2.6.1 全年运行模式控制

早期的数据中心冷却系统是需要全年开启压缩制冷的，且只有一种运行模式，随着数据中心节能需求的提高以及冷却技术的进步，新建的数据中心一般都具有两种以上的运行模式，分别是自然冷却模式和机械制冷模式，有的数据中心还能实现自然冷却与机械制冷的复合运行模式。当具有两种以上运行模式时，就存在运行模式控制的问题。

运行模式的控制其实是一个全局优化问题，不仅得到冷却系统的最优运行参数，还要避免系统频繁的模式切换。具备全局优化条件的数据中心，其全年的运行模式调控可完全依赖全局优化技术。目前大多数数据中心是根据室外环境温度来控制冷却系统的运行模式的。冷却系统的最优运行模式除受室外环境温度影响外，还受机房负载率影响。图6.11给出了一种热管复合冷却系统随室外环境温度

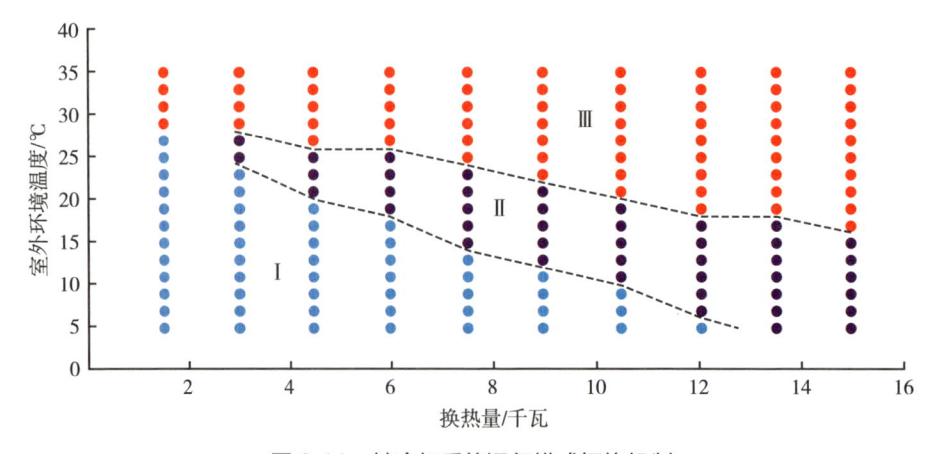

图6.11 某冷却系统运行模式切换机制

和负载率的变化，区域Ⅰ为自然冷却模式，区域Ⅱ为复合运行模式，区域Ⅲ为机械制冷运行模式。

6.2.6.2 部分负荷节能策略

数据中心在不同的建设和运行阶段，其内部负荷也会产生变化，一般一个数据中心需要 5~10 年的时间才能完全达到满负荷。因此，数据中心部分负荷运行参数与满负荷设计参数之间必然存在一定的偏差。早期的数据中心大多采用定频设备，其部分负荷下的调节能力较差，只能通过启停设备来调节冷却系统的制冷量，不能达到精确调控的目的。随着变频技术的发展，现在的数据中心已经将很多设备替换为变频设备，理论上可以实现无级调节。部分负荷下的节能调控本质也是全局优化问题，但需要注意的是，在部分负荷下，除考虑制冷要求外，还应考虑输配系统的循环动力问题。当负荷率较低时，所需的循环水流量可能下降，按全局优化计算得到的水泵频率可能很低，甚至低到不足以实现系统循环，此时则需要考虑设置动力设备的运行阈值下限，防止此类情况的发生。

模块化制冷系统是一种比较好的应对部分负荷的高效冷却系统，它打破了传统制冷系统需要大的冷冻水/冷却水环网的观念，可以随着数据中心的负荷率进行同步的逐步安装，使数据中心冷却系统实时运行在一个较高的负荷率下，达到节能降碳的目的。热管冷却技术和间接蒸发冷却技术均是比较好的模块化制冷系统，将系统由大化小，除提高运行能效外，还增加了整个数据中心的运行稳定性，并且能够降低初投资。

6.2.6.3 人工智能优化控制

数据中心是一个庞大且复杂的系统，其运行方式复杂且对运行可靠性的要求高。某个环节出现差错都有可能导致服务器宕机，造成不可估计的经济损失，因此，数据中心的运行控制是其安全生产的重中之重。

数据中心冷却系统的智慧运维是基于数字孪生的概念，针对运维目标创建数字化镜像，通过大量布置传感器实现对冷却系统的电子复刻，大量的数据通过智能化运维平台进行数据的聚合、分析，调整冷却系统的运行状态，并对可能出现的异常情况进行预测和监测，及时通知数据中心管理人员进行排查处理。一般来说，数据中心冷却系统的智慧运维包括能耗管理、环境监控和故障预警等。

目前数据中心距离人工智能优化控制还有很长一段距离，已经公开报道的机器学习控制方法都只是在能效优化方面的初步尝试，目前还处于试点试验阶段。图 6.12 给出了某数据中心基于人工智能对运行能效不断优化的情况。除能效优化外，影响运行可靠性更为重要的是故障预警功能，目前只能依靠设备自身的故障报警功能和人工巡检方式来进行预判。对于冷却系统，有的学者从物理模型的角度抽象出系统和设备的状态特征值，根据特征值的变化对冷却系统的设备和系统进行故障判断。随着人工智能技术的发展，机器学习、专家系统等新技术的应用是未来解决故障预警的可能方案。

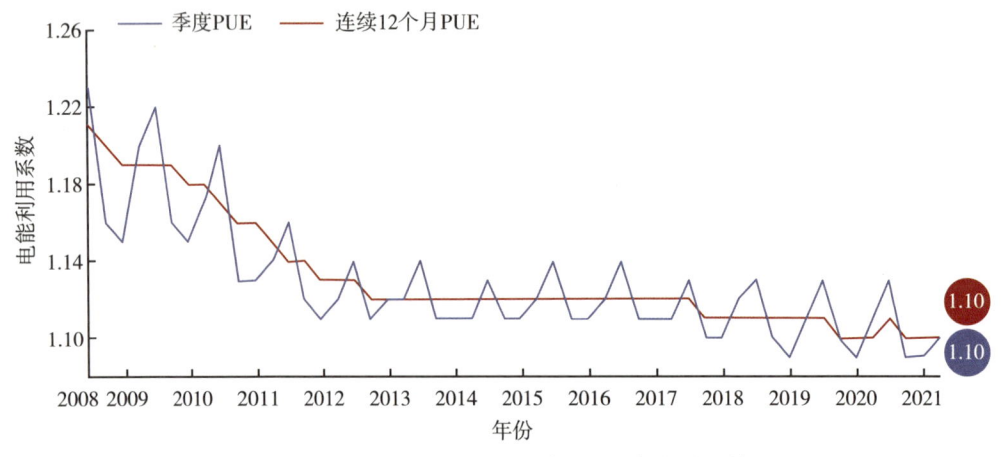

图 6.12 基于人工智能的数据中心运行能效优化情况

6.3 数据中心冷却系统综合能源利用

6.3.1 可再生能源利用

大型数据中心是耗能大户，在可再生能源丰富的地区，充分利用可再生能源所制造的"绿电"，可以大幅度降低数据中心的碳排放。如前文所述，在高坝水库附近建设数据中心可以充分利用水电站发电；建设海底数据中心，可以充分利用海上风电和潮汐能发电；在太阳能和陆上风能资源丰富的地区，也可以充分利用这些清洁可再生能源。

6.3.2 蓄冷技术

对于数据中心来说，蓄冷的初衷是为了解决市电停电后，实现数据中心的持续制冷，从而确保数据中心的可用性。蓄冷的另一功能是通过电网的削峰填谷实现运行费用的节省。蓄冷一般在夜间进行而释冷一般在白天进行，在夜间低温时段蓄冷，一方面可以提高制冷机组的运行能效，另一方面在过渡季可以更多地利用自然冷能，从而提高了系统全年的平均能效。更为重要的是，蓄冷的一项新的功能是变相储存新能源的电力，从而减少新能源使用对电网波动的影响。目前亟须进一步研发的关键技术包括蓄冷、储能以及风光等新能源系统的协同，在最大化新能源使用的同时，不影响数据中心的可用性。

6.3.3 热回收技术

由于数据中心全年不间断运行，因此余热资源十分丰富。通常来说数据中心各种传热工质的工作温度在 20~60℃，属于低温余热资源，可用于办公或住宅供暖、生活热水或者温室大棚供暖等。热回收技术主要包括以下几种。

1）热能品位提升的高效热泵技术

将余热提升至 50℃、90℃热水或 100℃以上蒸汽的高品位热能，满足生活热水（或低温供热）、集中供热管网或者直接蒸汽使用，可以综合提升数据中心的能效。如果利用热泵实现数据中心余热品位提升数据中心周边的工商业全年热能需求，不但可以节省数据中心制冷的电力消耗，而且具有显著的商业价值。

2）超低温余热驱动的制冷技术

利用 60℃以下服务器余热高效制取低温冷水，满足数据中心内部储能电池等方面的冷却需求或周边建筑的制冷需求，提升数据中心的能效。

3）余热的综合网络化利用技术

结合余热条件和数据中心及其周边用户对能量和环境条件的需求，利用热泵、加/除湿、制冷、海水淡化等技术，将各能量系统根据温度对口、梯级利用、品位提升的原则进行系统集成，形成数据中心余热的网络化利用技术。

4）数据中心能效的综合评价方法

数据中心在采用余热利用技术后，单一的数据中心电能利用系数评价指标不能准确地评价数据中心的综合能效，需建立数据中心基于能量数量、品位和碳排放的综合评价指标。

6.4 数据中心低碳冷却技术展望

数据中心冷却系统是数据中心除 IT 设备外最大的能耗环节，其能效的提升对整个数据中心的节能降碳意义重大。提升数据中心冷却系统能效需要重点研发和推进的技术措施包括以下几种。

6.4.1 匹配需求的取热方式和取热温度提升

取热温度的提升可以依赖耐高温的 IT 设备与适宜的风冷和液冷取热方式，通过研发高效风冷和液冷技术及冷却液，以及提升取热温度可以延长自然冷源利用时间、提升机械制冷的能效以及提高可回收的余热温度，是数据中心节能降碳最直接的方式。

6.4.2　因地制宜的能源综合利用

自然冷源的利用需要因地制宜，根据数据中心项目所在地的气候划分和全年气象参数不同选取合适的自然冷源利用技术，才能充分利用自然冷源。此外，在有低温水体附近的数据中心，可以考虑以低温水体为自然冷源实现全年的自然冷却。数据中心综合能源利用是在多能互补的情况下实现数据中心余热的变废为宝，将服务器散发的热量作为低温热源，对附近建筑或工农业生产提供生活热水和供暖/制冷，实现整个能源利用率的最大化。因此，单一的数据中心电能利用系数评价指标不能准确地评价数据中心的综合能效，需建立数据中心基于能量数量、品位和碳排放的综合评价指标。

6.4.3　基于全局优化的系统架构设计

数据中心冷却过程就是将内部IT设备等热源所产生的热量通过冷却系统中的多个传热环节最终散发到室外自然环境的过程。每个传热环节之间都需要一定的传热温差，为了提高传热能力，传热介质的流动也需要消耗一定的能量。因此，系统架构设计需要充分利用IT设备表面耐受温度与室外环境温度之间的可利用温差，合理配置冷却系统形式，基于全局能耗最小原则优化各级热量传递之间的温差分配，实现数据中心冷却系统的整体节能降碳。

6.4.4　基于人工智能的智能运维

人工智能优化控制是保障数据中心稳定可靠和高效运行的利器，通过对冷却系统的全局优化，可以实现在不同负荷下的优化控制，使系统时时运行在最高能效范围；依靠人工智能方法实现对冷却系统的故障预警，保障数据中心运行的安全性。虽然人工智能优化控制技术目前还处于探索阶段，但一定是未来数据中心发展的方向。

参考文献

[1] 工业和信息化部信息通信发展司. 全国数据中心应用发展指引（2020）[M]. 北京：人民邮电出版社，2021.

[2] 中国制冷学会数据中心冷却技术工作组. 中国数据中心冷却技术年度发展研究报告2022[M]. 北京：中国建筑工业出版社，2023.

[3] 陈心拓，周黎旸，张程宾，等. 绿色高能效数据中心散热冷却技术研究现状及发展趋

势[J]. 中国工程科学, 2022, 24（4）: 94-104.

[4] Masanet E, Shehabi A, Lei N, et al. Recalibrating global data center energy-use estimates [J]. Science, 2020, 367: 984-986.

[5] Khalaj AH, Halgamuge SK. A review on efficient thermal management of air-and liquid-cooled data centers: from chip to the cooling system [J]. Applied Energy, 2017, 205: 1165-1188.

[6] Zhang H, Shao S, Xu H, et al. Free cooling of data center: A review [J]. Renewable and Sustainable Energy Reviews, 2014, 35: 171-182.

[7] Ebrahimi K, Jones GF, Fleischer AS. A review of data center cooling technology, operating conditions and the corresponding low—grade waste heat recovery opportunities [J]. Renewable and Sustainable Energy Reviews, 2014, 31: 622-638.

[8] Gong Y, Zhou F, Ma G, et al. Advancements on mechanically driven two-phase cooling loop systems for data center free cooling [J]. International Journal of Refrigeration, 2022, 138: 84-96.

[9] Zhang H, Shao S, Tian C, et al. A review on thermosyphon and its integrated system with vapor compression for free cooling of data centers [J]. Renewable and Sustainable Energy Reviews, 2018, 81: 789-798.

[10] Chu J, Huang X. Research status and development trends of evaporative cooling air-conditioning technology in data centers [J]. Energy and Built Environment, 2023, 4: 86-110.

[11] Ling L, Zhang Q, Yu Y, et al. A state-of-the-art review on the application of heat pipe system in data centers [J]. Applied Thermal Engineering, 2021, 199: 117618.

第 7 章　新能源汽车热管理技术与装备

本章主要论述新能源汽车热管理与碳中和的关系，以及整体解决方案。首先概述了新能源汽车热管理在碳中和中发挥的重要作用，然后介绍了新能源汽车储能电池的冷却技术、低温型热泵空调系统技术和关键装备，最后指出新能源汽车热管理绿色高效化、功能一体化、系统结构模块化和控制智能化的低碳发展方向。

7.1　新能源汽车热管理与碳中和

7.1.1　新能源汽车发展现状

新能源汽车已成为肩负未来出行、产业发展、能源安全、空气质量改善等多重历史使命的国家战略。同时，新能源汽车行业的发展也正面临市场竞争激烈、发展动力不足、技术储备短缺、产业链不健全等现实问题。

面对能源安全、气候变化等方面的挑战，我国始终高度重视汽车工业的可持续发展。鉴于新能源汽车在减少碳排放、节能、优化能源消费结构与能源储存形式等方面的显著优势，中共中央、国务院于 2019 年 9 月印发了《交通强国建设纲要》，大力推动城市公共交通工具等车辆实现电动化、新能源化和清洁化。2020 年 11 月 2 日，国务院印发的《新能源汽车产业发展规划（2021—2035 年）》明确指出，到 2025 年，新能源汽车新车销售量将达到汽车新车销售总量的 20% 左右，而在 2030 年达到 40% 左右。

在碳中和发展愿景下，全球范围内陆续发布新的政策法规推动全球汽车生产商逐步加大汽车电动化方面的投入。全球新一轮科技和产业变革蓬勃发展，汽车与能源、交通、信息通信等领域加速融合，将推动汽车产品形态、交通出行模式、能源消费结构和社会运行方式发生深刻变革，新能源汽车产业面临前所未有的发展机遇。从长远来看，新能源汽车产业将为世界经济的发展注入新动能，我国新能源汽车将进入加速发展新阶段，并且随着汽车产业动力来源、信息交互方式、消费使用模式全面变革，新能源汽车产业生态正由零部件、整车研发生产及营销服务企业之间的"链式关系"，逐步演变成汽车、能源、交通、信息通信等多领域、多主体参与的"网状生态"。

7.1.2 新能源汽车发展瓶颈与热管理

目前，新能源汽车的用户接受程度普遍不高，主要体现在以下几个方面。

7.1.2.1 续航里程焦虑

随着电池技术的发展，新能源汽车的续航里程已经得到了大幅提升，市面上的许多车型续航里程能达到500~1000千米，基本可以满足大部分用户的日常需要。然而，在高温环境和低温环境下，其实际续航里程发生严重缩水，不同车型的衰减量有所差异，高低温环境下普遍表现在续航里程衰减20%~45%，低温环境甚至衰减超过50%，这就给用户带来了诸多不确定性，电动车的用户群体更多地偏向于单一城市车主。造成这一现象的根本原因，一方面来自高低温环境下电池的充放电活性低，其SOC（电池剩余电量和总电量之间的比率）和SOF（衡量电池在满足实际需求方面的性能）值受工作温度影响而降低，实际电池容量缩水；另一方面，高低温下车室空调和采暖能耗占据比例大，尤其是在低温下常规R134a热泵基本不能使用，严重依赖PTC（电加热）进行车室采暖，导致电池电量消耗速度急剧增加。这两方面的原因都与车载热管理技术息息相关，严重制约于热管理技术的发展。

7.1.2.2 充电焦虑

影响新能源汽车广泛普及的其中一个因素是其较长的充电时间。当前，新能源汽车的充电方式主要有两种，一是交流慢充，充电时长一般在8~15小时；二是直流快充，充电时长一般需要0.5~2小时，不同车型之间有所波动。相比于传统燃油车的加油时间只需几分钟的体验感，这就造成了新能源汽车的诸多不变，外加充电桩的普及程度尚显不足，形成了新能源汽车实际使用过程的充电焦虑。降低新能源汽车充电时长的主要方法是提高充电电流，从电气学科看，当前技术下基本没有太大门槛，电池充电技术也普遍向着3C，甚至5C快充技术发展；然而，随着充电电流的增加，电池及充电辅助设备的发热量急速增加，较大的热流密度导致常规的冷却技术已经很难胜任，带来的是电池及辅助设备的温度急速上升，甚至发生热失控。总而言之，充电焦虑的瓶颈问题最终又落到了热管理技术的发展上，高效冷却技术的发展或将使得电池快充技术进入新的篇章。

7.1.2.3 安全性焦虑

新能源汽车的主要动力来源是电池，在整车行驶、充电等使用过程中，新能源汽车中有大量的发热部件，包括但不限于电池、电机、电控等附件，这些发热部件基本上都需要外部的热管理方式将热量带走，以维持部件的正常、高效运行。实际使用过程中，一旦有部件发生异常或热管理局部异常，就容易诱发局部温度骤升，甚至引发热失控现象。新能源汽车的充电自燃、行驶自燃等屡见不鲜，一旦发生往往引起社会热议，部分车主或对新能源汽车望而却步，不利于新能源汽车的广泛发展。而究其根本原因，仍然来自热管理技术的欠缺。热管理技术不能做到全方位、多层级的精准热管理，亟须智能化、精细化的热管理技术，以全面保障新能源汽车的安全运行。

7.1.3 新能源汽车热管理发展现状

当下新能源汽车在全世界范围内蓬勃发展，但也面临着电池安全、电池寿命、冬季供暖时续驶里程急剧下降、热管理系统用制冷剂有强温室效应等瓶颈技术的制约。为了解决以上"卡脖子"技术难题，更为低碳、节能、完备、适宜、行之有效的整车热管理系统及其设备是目前为止最重要、最通用的解决方案之一。换句话说，相较于传统燃油车，由于动力源的改变、运行环境温度跨度区间增大、更高轻量化要求等方面的原因，新能源汽车对整车热管理的技术需求日益迫切，所提出的热管理精度要求也日益升高，可以说，新能源车辆极度依赖精确的车室内分区温度控制来保持高效、平稳运行。因此，一套高效的整车热管理系统对提升新能源汽车的多方面综合性能起着决定性作用。

所谓汽车热管理系统是从系统集成和整体角度出发，统筹热量与原动力设备和整车之间的关系，采用综合手段控制和优化热量传递的系统。汽车热管理系统根据行车工况和环境条件，自动调节换热强度以保证被管理对象工作在最佳温度范围，从而优化整车性能和节省能耗，同时改善汽车的运行安全性和驾驶体验感等。由于电动化的实现，相比于传统燃油车，新能源汽车热管理系统需重新寻找热源，新增电池、电机及控制系统等部件热管理需求，同时要降低工作噪声，因此新能源汽车热管理在功能、能耗、控制、噪声、振动等方面要求更高，从而造成热管理系统更为复杂。总的来说，新能源汽车热管理系统主要包括电池热管理系统、电机电控热管理系统和空调系统等。从加热和冷却两个热管理方向看，电机、电控及其他电器部件主要是冷却控制，而电池及空调系统既需要冷却控制也需要加热控制。

目前，新能源汽车热管理系统面临的首要问题是能否保证电池能够高效充放电。如何解决这些技术难题，整车热管理是破解其中难题的关键技术之一。动力电池的热管理系统是通过冷却或加热方式对电池系统进行温度控制，以保证电池系统的性能、寿命和安全。其中，电池热管理系统的冷却方式主要包括自然散热、强制风冷、液冷、直冷、相变材料和热管冷却等，各种冷却方式各有利弊，需要结合车型及实际需要进行综合优选电池的冷却方案。此外，电池热管理系统的加热技术主要有电池瞬间短路、电机短时间堵转、电加热膜、PTC、高压电加热系统 HVH 热层技术等若干种，新型热电及电热材料的研制还在研究之中。

电机及电控系统热管理是对电机与电控系统进行冷却，控制其温度在可靠范围。目前常用的电机冷却方式有导热树脂、非封闭风冷、封闭风冷、水套冷却（液冷）、空心轴转子冷却、空心轴转子冷却与外壳定子水套冷却相结合以及油冷。另外，电控系统采用强化散热技术和制造工艺对核心原件进行散热。

更为重要的是，新能源汽车面临空调及热泵系统中使用的工质必须低碳化的问题。目前的车辆空调系统（或热管理系统）一般采用传统的氢氟碳化物类工质（如小型乘用车中广泛使用的 R134a，客车及轨道车辆中广泛使用的 R407C 等）。这类工质的当量碳排放是二氧化碳的数千倍，考虑到目前我国车辆热管理系统的制冷剂几乎零回收的使用方式，以及平均 3%~6% 的年化泄漏率，车辆热管理系统的潜在当量碳排放总量十分惊人。此外，由于驱动力源的改变，新能源汽车可以提供的余热形式和余热量均发生了较大变化，如何在不影响续航能力前提下实现高效制热是新能源汽车空调面临的最大问题。因此，新能源汽车热管理系统的绿色工质替代和高效制冷制热技术革新是首先要解决的问题。

就新能源汽车综合热管理技术而言，目前国际市场并未占据主导地位。然而，对于国内新能源汽车热管理系统和零部件市场，从竞争格局上看参与者主要有两类：第一类是全球传统汽车热管理巨头，如电装、法雷奥、马勒、翰拿等；第二类参与者是本土汽车热管理龙头企业，如三花、银轮、松芝、奥特加以及国内新兴热管理类零部件企业等。第一类参与者所涉及的传统汽车热管理技术及产品已相对成熟，在国内新能源热管理领域的优势在于技术研发积淀深厚，且已拥有较为成熟的产品体系，但也存在产品价格高、决策链条长等劣势。相比而言，第二类参与者多为传统汽车热管理零部件生产企业，近年来积极拓展新能源汽车热管理领域，相较第一类参与者具有转型意愿强烈、深耕国内市场、熟悉国内消费者偏好，产品价格低，成本管控力强，公司体制及管理方式更为灵活、响应速度快等独特优势。因此，从产业分布和行业发展方面看，由于我国新能源汽车市场的快速发展，加之新能源汽车对"三电"精细化温度管理、环保工质、制热问题等需求越发强烈，我国较大体量的市场倒逼技术快速更新以适应市场需求，给我国发展完全自主知识产权的新能源汽车综合热管理技术提供了原动力。

7.1.4 新能源汽车的碳排放及减排效果

围绕碳中和目标，全球主要国家或地区在交通领域制定了明确的碳排放发展规划，欧洲采取最为严格的汽车碳排放政策，仅以新欧洲驾驶循环周期（New European Driving Cycle，NEDC）标准为参照，到2030年乘用车碳排放目标达到59克/千米。全球主要国家乘用车碳排放政策与欧洲看齐，中国2025年乘用车碳排放目标为93.4克/千米，美国2026年乘用车碳排放目标为108克/千米，日本2030年乘用车碳排放目标为73.5克/千米。电动车加速推广有助于碳排放目标的最终实现。

在全球范围内，交通碳排放量占能源利用总碳排量份额巨大，如果没有有效的减排措施，预计到2050年将增长到60.0%。在我国，2015年全国机动车保有量1.7亿辆，到2020年增加到2.8亿辆，年平均增长率达10.3%。研究预测我国机动车保有量在未来20年将持续增长，预计2030年我国汽车总量达到3.5亿~5.5亿辆。我国汽车产业已进入从高速增长向高质量发展转型的关键时期，汽车行业的碳减排对于我国能否顺利实现碳达峰至关重要。

对于电动汽车，仅从使用者角度，纯电动汽车碳排量为0克/千米，传统燃油车碳排放量为120克/千米，轻度混合电动车碳排放量为102克/千米，全混动电动车碳排放量为84克/千米，插电混动电动车碳排放量为28克/千米。混合动力及纯电动车全球加速推广将有助于全球碳中和与碳排放目标的实现。

研究指出，2015年电动汽车全生命周期的温室气体排放量约为41吨二氧化碳当量，比燃油汽车低18.0%。随着电力生产的温室气体排放量的下降，到2020年这一数值降低到了34.1吨二氧化碳当量。随着电力能源的逐步清洁化，这一数值有望进一步降低。除了电动汽车制造、使用碳排放量，电动汽车的热管理领域工质碳排放量同样不容小视。整车热管理不仅是保障乘员舱舒适性的关键，对动力电池的安全、稳定、高效运行也承担着不可或缺的角色。当前汽车热管理领域大量使用的R134a、R407C、R410A等工质属于强温室效应气体，其当量碳排放是二氧化碳的数千倍。历史数据表明，从2002—2017年我国累计生产的乘用车，平均单车制冷剂充注量536克，全部使用R134a作为热管理系统工质，折合碳排放达到1.12亿吨二氧化碳当量。仅仅将制冷剂从R12替换到R134a，所产生的碳减排就达到了7.34亿吨二氧化碳当量，这一数据主要还是针对2002—2017年的乘用车，足以见得汽车热管理领域的低碳技术发展对碳中和进程具有非常重要的促进意义。

7.2 储能电池及电池热管理

7.2.1 储能电池

我国"双碳"战略驱动能源结构调整，传统化石能源获取电力的结构比例将逐步缩减，取而代之的是新能源发电的大力投入和不断深入。新能源发电的最大弱势特征是较高的电力不确定性和多维度时间尺度下能量输出可控性较弱，主要表现在以下几方面：①受限于常规电源特性和电网结构，新能源电力的消纳问题突出；②新能源占比增加，系统惯性、频率和电压响应特性降低，电网风险增加；③新能源发电无调节能力。

应对新能源发电的瓶颈问题，储能是有效解决途径。电池储能系统在新能源电力调节中的应用研究主要包括负荷特性优化、辅助调节、辅助调峰、不确定性弥补、紧急能量控制及黑启动方面。电动汽车作为分布式储能单元，其能量馈网仍需辅助技术支持，如涉及的电机、电池在整个过程的调节运行，其过程的电池、电机热稳定性和安全性依然是热管理需要考虑的问题，这些都需要与电动汽车的综合热管理系统耦合，进行整车的全局能量管控。

可见，电动汽车的发展除取代燃油车、降低碳排放外，电动汽车充当的分布式储能角色可以应对新能源发电的不稳定性，有助于我国大力发展新能源电力。

7.2.2 电池热管理

动力电池是新能源汽车的关键部件之一，其成本几乎占据整车的三分之一，电池在正常工作、充电等过程中产生大量热量，这些热量如果不能及时带走，高温会使充放电倍率降低、循环寿命大幅衰减，严重时会引起电解液释放可燃气体，导致热蔓延和热失控；而在低温工况下，如果充放电倍率超过一定值，充电过程中正极释放的锂离子不能很好地与负极石墨发生反应，金属锂部分析出在负极，引起容量衰减、充放电倍率降低，析出的金属锂还会导致电池内部有短路风险；当电池发热不均，或热管理导致温度分布均匀性差时，直流内阻出现差异，充放电倍率受限。因此，价值量和用户体验性倒逼动力电池高密度化，充放电电流亦呈现高增长趋势，随之而来的是动力电池的安全性和充放电效率问题。有效的热管理是保障电池高效充放电、安全运行、高寿命运行的关键手段。动力电池的热管理方案主要是实现多余热量的耗散和低温的加热，使电池始终能够运行在较为舒适的温度区间，从而使电池能够有较高的充放电容量、长寿命、高安全性。

7.2.2.1 电池冷却技术

动力电池的冷却方式受电池的发热功率和电池的形状影响，从冷却方式上看，主要有风冷、单相液冷、直冷（制冷剂蒸发冷却）、热管冷却和相变材料（PCM）冷却。从电池与冷却介质的接触形式上看，有直接接触式和非直接接触式。直接接触式冷却中，冷却介质与电池直接接触，带走电池的热量；非直接接触式冷却中，电池一般与换热冷板通过导热的形式将热量传递至冷却介质，实现电池的冷却。软包型和方型电池更容易采用非直接接触式，而圆柱形电池较适合直接接触式冷却，但具体的冷却方式还需要综合考虑电池的热耗散负荷。

1）风冷

风冷是较为简单的冷却方式，通过空气的自然对流或强制对流实现电池的冷却，均采用直接接触的方式。自然散热因冷却非常受限，目前在实车中使用较少；强制风冷是通过将环境空气或者经过处理过的低温空气通入电池流道内，空气掠过电池表面，带走电池的热量。这种冷却方式设备结构相对简单，但由于空气对流换热系数受限，一般只适用于电池热负荷相对较小的场合，目前在新能源汽车中只有少部分车型在使用。此外，由于空气热容比较小，经过电池的空气存在一定程度的温升，导致电池的均温性比较差，提升风冷方式温度电池均匀性和冷却效果的方法主要通过优化电池间隙、电池排布方式、风道的总进出口形式实现，也可以通过将单一的空气流向改变为往复空气流动来提高电池风冷的冷却效果。

2）单相液冷

单相液冷的冷却方式中有直接接触式和非直接接触式。直接接触式的液冷大都采用油冷形式，由于减少了一层接触热阻，换热效率高，但需要考虑冷却介质的绝缘性、腐蚀性以及潜在短路风险，同时，这种方式的电池包质量也有所增加。更多的是采用非直接接触式，通过冷却管、水套、冷板的形式，将电池的热量传递至冷却介质，冷却介质多采用乙二醇水溶液。相比较风冷方式，单相液冷有以下特点：①换热效率高：液体对流换热系数远远大于空气；②电池均温性较好：一般冷却液热容比较大，沿程温升较少，且流动、分配特性较好，换热系数也相对稳定；③冷却速度快：相比风冷，液体可以带走更多的热量；④稳定性好、易于控制：单相液体有较好的流动稳定性，多热源能量分配更容易控制稳定。单相液冷是目前新能源车动力电池的主流冷却方案，其技术发展主要涉及冷板流道的设计以实现更好的换热和更低的压降、水温的控制方案、冷板与电池接触热阻的降低与改善等方面。

3）直冷（制冷剂蒸发冷却）

动力电池的直冷方案是通过将制冷剂直接通入换热冷板，在冷板内发生沸腾换热，带走电池的热量。这种冷却方式由于利用了制冷剂工质的沸腾换热，具有较高的换热效率，因此冷却效率高；沸腾换热利用工质的潜热，可以大幅度降低冷板的流通流量，减小冷却设备体积，有助于设备小型化和轻量化；制冷剂直接进入电池冷板，与载冷剂方式相比，具有较低的热迟滞效应。早期宝马i3曾尝试过直冷方案，最终宣告停止，主要原因是直冷方案难控制而导致稳定性较为薄弱。一般情况下，沸腾换热系数随着干度发生变化，程序先增长而在达到某个干度后突然出现降低的趋势，使沸腾换热系数大幅衰减，这也就导致了直冷冷板出口附近有极大概率发生电池温度升高、热管理效果差，甚至诱发热失控问题。冷板的两相流分配不均匀也会使性能恶化，这些都是导致直冷难以控制的技术特征。因此，直冷方案虽有高效、轻量化、低延迟特征，但难控制、易发生热失控，技术门槛高。目前市场上诸如比亚迪、Jeep等车型采用直冷方案。

4）热管冷却

依靠重力形成回路热管，从而带走电池的热量，这种方式不需要任何运动部件，结构简单、易实现、成本低，但是其冷却效果受限，一般用于结合其他方式的辅助冷却，或者用于电池热流密度相对较小的场合。

5）相变材料冷却

相变材料冷却是将电池整个包围在相变材料内，通过相变材料的融化实现对电池的冷却。这种冷却方式同样没有运动部件，结构简单、无易损件。由于整个电池都埋在相变材料内，相变材料发生融化后温度一般变化不大，电池的冷却均温性较好。相变材料冷却主要有两大缺陷：①热流局限性：由于相变材料导热效率一般不高，能够承受的极限热流密度往往受限，高负荷电池冷却效果差；②时间局限性：相变材料在电池内的充注量受限，当相变材料完全融化时就丧失了其冷却功能。因此，相变材料的冷却方式多与其他方式进行耦合使用。另外，采用低导热的相变材料可以起到隔热的效果，能够减小毗邻的电池热影响。

综合对比以上技术方案，自然散热是最简单的技术方案，但换热效率相对较低，在碳中和减排背景下，因其效率低而电池热管理需求又呈现增长趋势，在电池热管理领域的应用占比将逐步减小。单相液冷效率高、控制相对简单，在碳中和大背景下，其作为一种较节能的方案，在电动汽车电池热管理中的应用比例将逐步增加。直冷作为一种比单相液冷更高效的技术方案，一旦技术得到完善和验证，其在下一代大功率电动汽车上将展现较大的应用潜力。

7.2.2.2 电池加热技术

低温加热是保障动力电池低温下高效充放电、缓解低温析锂的有效手段,其方式主要有:①外部加热:主要有空气加热、单相液体加热、制冷剂直接加热、热管加热、相变材料加热和基于电元件加热;②内部加热:主要有直流充放电加热、交流加热、脉冲电流加热、自然加热等。

外部加热方式的技术特征与冷却方式相似,这里不再赘述,外部加热方式还可直接依赖电加热,电加热的形式可以是PTC、HVH热层、加热膜、加热片等。

内部加热方式中,直流充放电加热效率相对较低,一般难以满足需求;交流加热在较大倍率下可以短时间内满足低温加热需求,但需要额外元件进行直流交流转换。脉冲电流加热效率高、温度均匀性好,但控制电路复杂;自然加热方式加热效率最高,但需要改变电池自身结构,且温度均匀性不佳。

7.2.2.3 动力电池的大功率充电热管理技术

在动力电池快充时,因充电时间短,充电功率大,具有较大的充电电流,短时间内产生大量的热量,随着快充技术的发展,产生的热量会更大。如此大的热量已经远远超过常规汽车正常运行时乘员舱所需要的冷量,因此,对应于快充技术下的动力电池热管理,其瓶颈已远非动力电池热管理单体部件技术发展所能解决。

依靠电动汽车本身去实现动力电池的快充热管理,超大散热量驱动空调系统整机容量大幅增加。首先是压缩机排量的增加,压缩机是整个空调系统的核心,动力电池的超大散热量需求压缩机排量成倍增加;其次是前端冷却模块换热器的能力强化,超大的动力电池冷却量需求更大的散热器向空气散热;最后,流量的增加带来管路压降的增加、密封接头压降的增加、阀件压降的增加,为应对这些问题,相应的流通面积随之增加。快充下的动力电池热管理对空调整机系统提出了要求,带来的不仅是成本、空间的问题,较大的压缩机容量导致在常规乘员舱制冷运行时,压缩机始终低转速运行或频繁启停,管路流速低带来回油等问题。此外,动力电池快充给车前端散热器带来更大的散热挑战,势必要增加迎风面积和风速,带来的是空间尺寸、NVH等与所需求换热量之间的矛盾。动力电池快充和常规乘员舱冷量需求的矛盾也是创新型技术发展的驱动力。

此外,应对动力电池的快充技术,转嫁冷量提供原动力,依靠充电桩解决动力电池快充也是碳中和背景下动力电池快充热管理技术的发展方向之一。该技术方案是将满足快充冷量的热管理系统集成到快充充电桩上。整套快充热管理系统设备除了电池冷却冷板,其他设备包括大容量压缩机、换热器、Chiller、阀件等均集成在充电桩上,电池冷板和充电桩之间通过冷却液管路连接。在充电接头上设有冷却液的快速连接接口,在充电的同时也实现了冷却液管路的连通,从而实现对快充下的动力电池热管理。该技术方案不受限于动力电池的快充发热量,有效缓解了快充和常规乘员舱冷量需求的矛盾。然而,该技术方案需要统一的行业或国家标准和一定程度的基础设施建设,同样具有一定的挑战性。

7.2.2.4 智能热管理提升动力电池适应性

电动汽车不仅面临着高温续航衰减、低温续航衰减以及快充热管理问题,还因其用户群的特殊性,往往面临更为苛刻的应用工况,如频繁启停、怠速停车、低温短距离行驶等。低温下,动力电池往往需要先加热至高效放电状态,以供电动汽车长续航行驶,然而,在日常用户使用过程中,常常出现短时间、短里程行驶工况,动力电池始终面临着加热的状态。频繁启停过程、怠速停车、堵车工况、动力电池热管理与乘员舱的冷量分配等问题都对实际动态总能效产生较大影响。因此,下一代电动汽车的智能热管理技术是大幅提升动力电池全工况适应性的关键。

7.3 新能源汽车空调低温热泵系统

7.3.1 热泵空调系统概述

汽车乘员舱作为旅途中的驾乘环境,其舒适度的保障至关重要,这主要靠热泵空调系统调控乘员舱内的温湿度平衡来自汽车行驶、乘员生理活动、新风需求以及太阳辐射等带来的热湿负荷。传统燃油车可以利用发动机的余热进行车内供暖,而电动汽车的电池或电机在冬季的平均发热功率相对较小,不能满足乘员舱的供暖需求。因此,纯电动汽车所需配备的空调系统必须具备热泵功能,以在冬季满足乘员舱的制热需求。本章后续的讨论将以"热泵空调"为主要术语。

汽车热泵空调系统的主要功能包括:①提供采暖和制冷;②除湿并自动控制湿度;③挡风玻璃除雾;④室外换热器除霜。这些功能共同工作,为乘员创造一个舒适的环境,降低驾驶员疲劳,增强行车安全性。

随着新能源汽车的发展,热泵空调系统需进一步进行技术匹配与升级,以适应能源结构变化带来的需求调整和影响。在当前国际经济与政策环境下,行业正积极推进能源结构改革,新能源汽车的发展已成必然趋势,为全球经济注入新动力。特别是我国,由于其在新能源汽车技术与市场方面的独特优势,其新能源汽车技术已步入加速发展阶段。

7.3.2 热泵空调系统发展技术路线

环保问题是新能源汽车热管理系统面临的重大挑战。目前被广泛应用在汽车空调以及大部分工、商、民用制冷热泵设备的第三代制冷剂 HFC-134a 和 HFC-410A 等，虽然避免了对臭氧层的破坏，但它们的全球变暖潜能值较高，如 HFC-134a 的全球变暖潜能值高达 1430，大量排放会加剧全球变暖。由于氢氟碳化物具有较长的寿命和较高的全球变暖潜能值，因此在《京都议定书》中被列为受控温室气体。

2016 年，第 28 届《蒙特利尔议定书》缔约方大会通过了《基加利修正案》，旨在减少氢氟碳化物排放，其中，HFC-134a 成为修正案主要受控物质之一。

在汽车空调领域，欧盟自 2013 年起开始实施氟化气体排放物法规，禁止新设计车型使用全球变暖潜能值高于 150 的制冷剂。自 2017 年起，欧盟内所有汽车均不能使用全球变暖潜能值高于 150 的制冷剂，如 HFC-134a。2023 年欧盟最新的全氟和多氟烷基类物质（PFAS）限制法规甚至规定了全氟甲基或多氟甲基物质的使用。美国环保署于 2015 年规定，自 2021 年起新生产车型禁用 HFC-134a，自 2026 年起，所有新生产的汽车禁用 HFC-134a。日本自 2023 年开始要求新生产的 10 座或以下乘用车禁止使用 HFC-134a。

在新能源汽车热管理领域，替代制冷剂的选择需满足几个条件：制冷剂应具有优秀的热力学性能、适应热泵运行和制热需求、环保（臭氧消耗潜能值为 0，全球变暖潜能值低）且安全、生产和替代成本低。目前，潜在的替代方案主要包括氢氟烯烃类工质、低全球变暖潜能值的氢氟烃类工质、纯天然工质以及混合工质等。其中，作为第四代制冷剂中的代表性物质，HFO-1234yf、R290（丙烷）和二氧化碳都是可能的替代制冷剂，而上述每种制冷剂替代方案都有其明显的优点和缺点。

HFO-1234yf 是美国杜邦公司和霍尼韦尔公司共同开发的，其臭氧消耗潜能值为 0，全球变暖潜能值为 4，环保性良好。其热力学性质与 HFC-134a 相似，因此在汽车工业中可以直接替代 HFC-134a。然而，HFO-1234yf 是轻微可燃的，需要进一步测试验证其性能和稳定性。此外，高昂的价格是制约其发展的一个重要因素。另外，HFO-1234yf 的大气降解产品可能对其全生命周期的环保效益产生影响。同时，欧盟最新确定的全氟和多氟烷基类物质限制法规等也对 HFO-1234yf 的推广和使用造成了一定影响。

R290（丙烷）的臭氧消耗潜能值为 0，全球变暖潜能值为 3.3，比 HFC-134a 更环保。而且，由于其分子质量远小于 HFC-134a，制冷剂充注量可以大幅度降低。然而，R290（丙烷）的饱和压力明显高于 HFC-134a，需要重点考虑系统的密封和耐压性。由于 R290（丙烷）属于烷烃，存在易燃风险，需要改进系统的安全性。

二氧化碳无毒、不可燃、化学性质稳定，是一种综合性能十分优异的天然制冷剂。综合考虑二氧化碳制冷剂的性能参数及循环特点，可以看出二氧化碳制冷剂及其跨临界循环有以下显著优点：①在高压侧，二氧化碳制冷剂无须经历冷凝过程，而是在气体冷却器中完成一个连续降温的冷却过程，使换热介质持续升温，因此系统的制热性能极佳；②在常温条件下，跨临界二氧化碳循环的高、低压压力及其压差远大于常规制冷剂循环的压力及压差，但循环的高、低压压比较小，且在常规条件下，跨临界二氧化碳循环内的蒸发压力几乎不可能出现负压状态；③跨临界二氧化碳热泵系统的低温制热效果极佳，可在 -30℃以上的低温环境下稳定制热，同时出热风温度高且制热能效比高；④由于二氧化碳的单位容积制冷量远大于常规制冷剂，加之二氧化碳具有优异的流动物性和传热物性，以及大的蒸发潜热和低的运动黏度，因此在跨临界二氧化碳循环中，压缩机气缸容积、系统管路尺寸、换热器以及相关部件的体积都可以大幅降低，满足车辆系统轻量化和紧凑化的需求。

综上所述，在多重因素影响下，汽车空调技术的低碳、环保已成为一个重要趋势。随着人们对生态环境的日益关注，人工合成工质的使用可能逐渐被淘汰，而天然工质有很大可能成为主流技术。在所有的天然工质中，二氧化碳制冷剂的无毒不可燃性、环保性极佳，低温制热性能优秀，且系统结构容易实现紧凑化和轻量化，极有可能成为新能源汽车热管理领域制冷剂替代方案的最终选择或者其中的一个选择。但我们同时也应注意到，跨临界二氧化碳系统在某些工况下的制冷性能仍有待提高。

7.3.3 低温型热泵空调技术

新能源汽车的热管理系统与传统燃油车的热管理系统相比具有独特性。因此，当我们选择环保替代制冷剂方案时，除了考虑与现有燃油车系统的兼容性（包括与现有零部件和润滑油的兼容性）、运行可靠性以及环保安全性（包括高能效、零臭氧消耗潜能值、低全球变暖潜能值和无毒无害）等要求，还要重点考虑制冷剂在新能源汽车中的热泵工况制热性能。其中，对于新能源汽车来说，提高节能和续航里程的最重要需求是显著提高低温热泵的制热能力和效率。通过完善和普及低温热泵技术，可以减少甚至完全取代新能源汽车中PTC的使用，从而有效地提高新能源汽车的续航里程。

当前的发展状况是，新能源汽车的热泵空调系统主要沿用传统燃油车的热泵空调系统配置。由于汽车领域使用最广泛的几种制冷剂（如HFC-134a等）都是常见的高温制冷剂，因此在热泵工况下很难长期使用。例如，HFC-134a、HFO-

1234yf等制冷剂在-10℃以下的低温环境中运行时,其运行压力非常低,可能会出现负压运行,从而导致系统的吸气密度和循环质量流量较小,相应地降低了制热能力和能效。因此,新能源汽车领域中低温热泵技术的推广和普及需要通过以下两种方式来实现:更换制冷剂种类(如使用二氧化碳等具有较强低温制热性能的制冷剂)和改造系统配置。

7.3.4 热泵空调系统技术的提升方法

电动汽车的续航里程与电池容量和充放电特性密切相关,其能源消耗设备在操作过程中的能耗会对电动汽车产生更大影响。热泵空调是确保乘客舱舒适性的关键部件,其运行过程中将直接消耗电池电量。在恶劣的工况下,其能耗相对于汽车正常行驶耗能的占比可能高达三分之一。因此,热泵空调的能效提升技术在电动汽车热管理研究中的重要性日益突出。热泵空调系统技术的提升方法包括以下几种。

7.3.4.1 补气式热泵技术

随着环境温度的降低,吸气密度明显降低,同时热泵系统中压缩过程的不可逆损失增大,共同引发压缩机质量流量下降,从而导致其制热量严重不足。尽管可以通过现有的变频技术增加压缩机的气体输出以提高制热量,但随着压缩机压比的增加,性能系数会降低,而排气温度会迅速上升。

补气式热泵系统通过在压缩机压缩腔内部喷射制冷剂提高压缩过程中的制冷剂循环量,降低压缩机排气温度,可以有效提升低温环境下的系统制热性能。补气式热泵系统通常采用带有经济器的补气方式,如图7.1所示。补气式循环的基本思路是将已经完成放热过程的制冷剂分为两路,其中一路节流到中间压力后吸收另一路制冷剂的热量,蒸发成为气体并补充到压缩机的中压补气口;而另一路

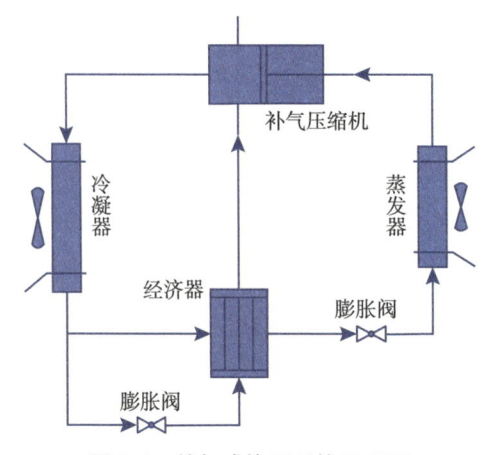

图7.1 补气式热泵系统原理图

被降低到更低的温度后，通过节流降压并在蒸发器中吸热蒸发，返回到压缩机吸气口。通过这种方式，可以解决低压吸气口侧制冷剂压力、密度太低导致的质量流量不足问题，在较低环境温度的工况下，往往能显著提升制热量和性能。

7.3.4.2 余热回收技术

为了提升电动汽车热泵系统在低温环境下的制热性能，并延长车辆的行驶里程，除采取中间补气外，也可以利用余热回收的方法。虽然电动汽车没有发动机的余热可用，但在车辆运行过程中，动力电池、电机和电气控制设备都会产生热量。回收这些热量，并将其与热泵系统结合，可以进一步提高冬季的供热性能。余热回收式热泵系统的总体原则是，在已有的热泵系统基础上，增设一个余热回收通道用于回收电池、电机和控制器等部件的废热，以增加热泵系统的制热量和供热效率。回收的热量可以通过两种方式与系统耦合：一是直接利用这部分热量对空气进行预热；二是与热泵系统内的冷媒进行热交换，并最终将其热量传递到乘员舱内的空气中。

余热回收空气预热系统是通过使用载冷剂回收车辆内的余热来对空气进行加热。可以直接对车内送风进行预热，这种方式是在风道内增设一个余热换热器，由载冷剂将余热源产生的热量传递到预热换热器内，对乘员舱风道的进风进行加热；或者对车外换热器（蒸发器）侧的空气进行加热，即将余热散热器布置在车外换热器前方，送往车外换热器的冷空气先经过余热散热器进行预热，再通过提高热泵系统的蒸发温度来提升系统效率。余热回收空气预热系统的结构相对简单，对热泵系统的影响较小，但余热利用率较低。

余热回收式热泵系统则通过热泵系统的并联蒸发器从电池组、电机等发热部件中吸收余热，然后通过冷媒的流动和换热，将这部分热量最终转移到乘员舱内的空气中。这样既冷却了电池组和电机，又为乘员舱进行了制热，达到了双重效果。需要指出的是，在余热回收工况下，电池组和电机的发热温度应显著高于环境温度，这样才能有效提升热泵系统的蒸发温度，改善热泵系统的性能指标。余热回收式热泵系统结构相对复杂，运行逻辑有所改变，但其余热利用率较高。

7.3.4.3 蒸汽压缩循环的能量回收技术

在热泵空调的运行中，基本循环是蒸汽压缩循环，此循环中节流过程通常可以认为是等焓过程（节流前后制冷剂状态的焓值相等），节流过程的能量回收是显著提升热泵空调系统能效的有效方式。除采用节流阀外，膨胀机、涡流管、喷射器等能量回收方式可以耦合应用于热泵空调系统，降低节流过程的能量损失，提升系统的能效比。然而，这些技术如膨胀机、涡流管、喷射器等的应用，共同的问题是工况适应性。如何解决在多变的车载工况需求下的自适应性运行，使得在全工况范围内都能保持一个相对较好的性能，是技术发展的关键。这既涉及结构设计上的工况适应性，也涉及多变工况下的最优控制算法。

7.3.4.4 复杂车载环境的多参数优化

除了借助于辅助措施，与汽车热泵空调运行环境相关的热力学参数优化也是提升新能源汽车热泵空调综合性能的有效方法。由于汽车的运行环境和目标需求多变，受运行工况的影响，汽车空调的设计运行更多地依赖于多参数的优化。例如，汽车空调适应全局运行的充注量影响特性、新风比对汽车空调运行特性和设计参数的影响、车内外风量变化规律对换热器设计的影响、汽车空调多热源能量匹配及其对换热单元设计的影响，以及结合实际精细化需求下的冷凝侧和蒸发侧换热条件的改善等。通过将系统设计的能量更多地应用于实际需要的地方，针对乘员舱特定区域或电池、电机、电控等设备的温度管理，以优化整车续航里程为综合目标，可以进一步优化综合用能，从而改善用车的实际体验。

7.4 新能源汽车热管理装备

在对新能源汽车热管理系统的原理与构架有了一个大致了解之后，本节将详细讲述新能源汽车热管理系统的主要装备、制冷剂及主要应用案例。

7.4.1 新能源汽车热管理系统中的主要装备

随着新能源汽车的日益发展，该行业对于热管理的需求也日益丰富，这就导致了新能源汽车热管理系统功能逐渐强大，但系统回路的复杂程度也成倍提升，这就对新能源汽车热管理系统中的各个零部件提出了更高的要求。本节针对新能源汽车热管理系统中的常见零部件进行阐述，以反映各个零部件的最新发展情况。

7.4.1.1 压缩机

新能源汽车空调压缩机是指应用在新能源电动汽车中蒸汽压缩式制冷、制热系统中的压缩机，为制冷、制热系统中工质的循环提供动力，压缩机由自带电机驱动，其所用制冷工质主要有R134a、R1234yf、R410A、R407C和二氧化碳等。汽车热管理系统中的压缩机应该具有以下特点：①高效率、低噪声、轻量化、小型化；②适应更严苛的运行条件及更宽广的运行范围；③高安全性和可靠性，以适应新能源汽车热管理的多功能、高可靠性运行需求。

新能源汽车行业普遍采用电动涡旋压缩机，小部分采用滚动转子压缩机，本节仅介绍电动涡旋压缩机。由于直接采用电机驱动，在新能源汽车空调系统中，涡旋压缩机能够便捷高效地通过变频调节来实现流量调节。电动乘用车和物流车通常采用半封闭式，电动客车常采用全封闭形式。电动涡旋压缩机运用在新能源汽车空调中具有以下优点：①不设吸气阀，不存在余隙容积，故容积效率高；②涡旋式压缩机多腔室连续运转工作，转矩脉动小，压缩机工作平稳；③没有吸气阀，可避免吸气阀引起的噪声源；④动盘运行回转半径小，轴系容易实现动平衡，振动小；⑤运动部件少，动、静涡盘的相对运动速度很低，摩擦磨损很少，机械效率高、可靠性高。

放眼于车用电动涡旋压缩机的发展趋势，我国短期内会以R134a制冷剂为主，欧美发达国家将采用R1234yf。R134a和R1234yf制冷剂热泵系统中使用的电动压缩机除了润滑油的差异，其他设计完全相同。电动客车空调仍以R407C和R410A为主，一般采用全封闭卧式涡旋和双转子压缩机。为了满足低温下的制热需求，涡旋压缩机可能会发展出补气式的结构形式并进行推广。

同时，随着热泵技术的发展，各压缩机制造商正在研发适合低温制热需求的新型制冷剂电动压缩机。目前-30℃环境制热仍没有比较好的解决方案，在二氧化碳压缩机技术成熟前，可以引进其他新型汽车电动空调压缩机。仍然以电动补气增焓涡旋技术为基础，发展R290制冷剂或者其他符合GPW小于150的制冷剂应用于超低温车用热泵系统。

放眼于车用涡旋压缩机的长期发展，二氧化碳是目前已知唯一符合安全（可燃性）及环保（全球变暖潜能值）要求的制冷剂。然而二氧化碳热泵系统对电动压缩机的需求更高，要求压力高于10兆帕，比现有压缩机的压力高10倍。由于压缩机属于高速运转的高精密部件，在要求性能的情况下同时要保证NVH水平，导致开发难度很大，因此车用涡旋压缩机的长期发展必将向着适应二氧化碳工质的方向努力。

7.4.1.2 换热器

新能源车用热管理系统中的换热器种类繁多，大体可以分为三类：动力电池冷却换热器、板式换热器、空气热交换器。

1）动力电池冷却换热器

电动汽车中的车载动力电池的性能显著影响着汽车的性能，包括功率、续航能力和使用寿命。电池的性能不仅取决于电池本身的物理化学特性，还与电池的使用方式和环境密切相关，其中温度对电池的影响尤其重要。

为了保持锂电池理想的工作温度在20~40℃，必须采取有效的散热措施和系统。目前，动力电池的主流直接散热方式有三种：空气冷却（风冷）、液体冷却（液冷）和相变材料冷却。随着研究的深入，许多学者也尝试在热管理系统中使用新型的散热方式，如热管散热，利用半导体热电效应的热电制冷散热等。

2）板式换热器

板式换热器是一种紧凑、高效的换热形式，热交换板片堆叠在一起构成流体通道，冷热流体之间在紧凑空间下发生间壁式换热。对比套管换热器和管壳式换热器，板式换热器以紧凑、高效以及高质量、高性价比等产品特点被行业广泛接受。

板式换热器通常用来实现液体与液体（液体与两相制冷剂）之间的换热，其主要实现方式是，通过电池冷却器将载冷剂（通常为50%浓度的乙二醇溶液）降低至需要的温度后，送入与电池直接接触的冷却管或者冷却板，对电池进行冷却，以确保电池在有效的温度范围内运行。

在一些带有热泵系统的新能源汽车上，由于需要为电池或乘务舱等提供热水，对液冷冷凝器的技术需求开始出现。通过提取系统余热或室外热源，液冷冷凝器获得热量，并进一步通过电加热的方式提升热量品质，最终满足乘务舱用热需求。

板式换热器作为油冷器被使用，在传统的燃油车上已经普遍存在。受到油物性和换热机理的影响，错位翅片的结构形式是目前车用板式油冷换热器的主要流道结构形式。在具体的产品设计上，油冷器为了确保润滑油和乙二醇溶液在各种应用场景下都能有效换热和流动，需要对不同温度、不同流量、不同油物性下的产品特性进行全面测试和分析。

3）空气换热器

车用热管理系统中的空气换热器一般分为室外换热器和室内换热器两种。冷凝器冷却介质为空气的换热器类型通常有管片式和微通道式。其中，微通道式冷凝器通常由集流管、多孔扁管、百叶窗翅片、隔板、堵帽、边板、安装支架及其他附件组成。

在新能源汽车中，由于发动机余热的缺失，需要采用热泵系统进行供热，因此室外换热器在夏季制冷时充当冷凝器，向室外散发热量；在冬季制热时充当蒸发器，从室外吸收热量。此时需要满足两种不同模式的功能，即制冷性能与制热性能的平衡，这是产品开发的难点。当作为蒸发器使用时，一直从室外吸收热量，则是产品设计的必然现象。如何化霜，是系统控制的难点。

在室内换热器中，空气换热器在夏季一般被当作蒸发器使用，蒸发器安装于空调箱HVAC内，因空间限制，产品尺寸不宜太大，大多采用双层多流程结构。

由前述内容可知，新能源车用热管理系统的未来发展趋势是向着二氧化碳制冷剂及其跨临界运行模式开展的，因此开发二氧化碳制冷剂适用的换热器也是产业发展的一大热点。

7.4.1.3 阀件

在传统汽车空调系统中，冷媒控制阀的数量很少。典型的冷媒控制阀为热力膨胀阀和电磁阀。在新能源汽车热管理系统中，随着电池冷却和热泵的应用，催生出各种新型的冷媒控制阀，包括带电磁阀的热力膨胀阀、电子膨胀阀、电磁截止阀、电动切换阀等。

热力膨胀阀是汽车空调系统中典型的节流机构。热力膨胀阀是通过蒸发器出口制冷剂的饱和压力和动力头中介质在对应过热温度下的饱和压力之差控制和调节阀口的打开或关闭，进而实现其功能。

电子膨胀阀和热力膨胀阀系统应用功能大致相同，即节流降压、调节流量和控制过热度，是空调系统的控制核心。电子膨胀阀已经在商用、家用空调中得到普遍应用，但由于可靠性和成本的因素，在普通汽车空调中很少应用。电子膨胀阀的工作原理是通过控制器向电机发送驱动信号，传动系统将电机旋转运动转换为直线运动进而驱动阀针上下运动实现阀门开度的变化，从而实现制冷剂流量调节功能。

电磁截止阀是通过对电磁单元通电或者断电产生磁场，通过吸合电磁铁芯来开启或者关闭阀，起到对流道开启或者截止的作用。电磁阀在传统汽车空调双蒸发器和多蒸发器系统中已经得到应用。随着混合动力、纯电动汽车的发展，冷媒系统需要额外并联增加电池冷却器，蒸发器的数量增加，在蒸发器不工作的情况下，需要关闭蒸发器的回路。因此，电磁截止阀的应用快速增加。

电动切换阀（三通、四通）主要应用于电动汽车热泵系统。在汽车热泵系统中，冷媒的换向调节是一个重要功能。四通换向阀被广泛应用于家用空调中，作用是制冷和热泵循环的切换。在汽车热泵系统中，换热器数量要多于传统家用空调或者商用空调，通常需要三通阀和其他二通阀来组合实现热泵复杂的功能要求。

在汽车热泵空调系统中，一个新的冷媒流量控制需求是要求在全开度下具备节流和全开直通的功能。目前市面上有两种冷媒控制阀实现了上述功能：一种是通过大口径阀针来实现冷媒的大流量范围调节，其原理是通过步进电机上下运动的行程实现阀的开启和关闭；另一种是在球阀冷媒控制阀，通过旋转阀芯球来实现大流量范围的调节。

7.4.1.4 管件与密封

由于汽车空调的各部件总成一般分散安装在汽车的各个部位，汽车空调管路将这些部件总成连接起来，组成一套完整的汽车空调系统。如果说压缩机是空调系统的心脏，那么汽车空调管路就是空调系统的血管。汽车空调管路一般由铝管、橡胶软管及其他管路附件例如接头（压板、螺母等）、配件（护套、铝套、充注口、视液镜、压力开关、电磁阀、支架、O型圈、堵帽等）组成。空调管路是用于连接空调各系统的重要零部件。一般乘用车中，空调管路有 3 根：车外换热器—车内换热器（大多为纯铝管）、车内换热器—压缩机（大多为铝管和胶管组合）、压缩机—车外换热器（大多为铝管和胶管组合）。

空调管路按照压力分类可以分为高压管和低压管，由压缩机到膨胀阀之间的汽车空调管路为高压管，由膨胀阀到压缩机之间的汽车空调管路为低压管；按照制冷剂状态分类可以分为气态管和液态管。由于要注入一定压力的制冷剂，因此必须采用金属管道，特别是"压缩机→车外换热器→制冷剂瓶→膨胀阀"这段属于系统的高压段，比其他管道有更高的耐高压要求。

7.4.2 新能源汽车热管理应用案例
7.4.2.1 国内乘用车热管理案例

风神 E70 是东风乘用车公司在燃油车风神 A60 平台的基础上开发的三厢 5 座纯电动轿车，其整车技术水平基本能代表目前国内电动汽车的水平。

在第一代风神 E70 车型上，驱动电机和电控系统已经采用液冷冷却的形式，通过前端模块中的低温散热器向外部环境散热；动力电池温度管理仅设置了高温保护和低温保护措施，当电池温度超出限值时，将采用限功率、限电流的保护措施；电池包采用自然冷却的散热方式，没有配备额外的冷却和加热手段；乘员舱温度管理采用的是电动压缩机制冷，PTC 水加热器制热的方式。第一代风神 E70 热管理系统原理图如图 7.2 所示。这套热管理系统能较好地维持乘员舱的热舒适性，但在高温环境和低温环境中进行电池快充，经常出现动力电池限功率、限电流保护的现象，影响了车辆的正常使用。

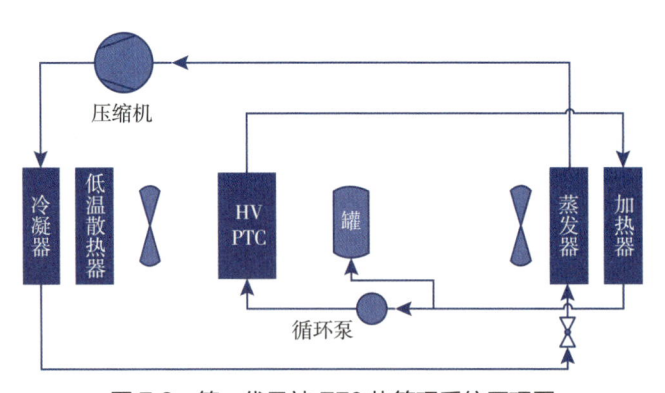

图 7.2 第一代风神 E70 热管理系统原理图

东风公司开发的第二代风神 E70 热管理系统原理图如图 7.3 所示。与第一代相比，在制冷剂系统增加了与蒸发器并联的 chiller 用于冷却电池回路的冷却液；

在乘员舱加热用的水 PTC 回路上增加一个与暖风散热器并联的板式换热器，用以加热电池回路的冷却液。这样电池回路的冷却液既有冷源又有热源，可以保证在全温度范围内使动力电池处于相对合理的温度范围内，动力电池的使用性能不会受到温度保护的限制，明显提升了整车的使用体验。整套热管理系统具有十几种工作模式，能满足整车高温快充、低温快充、高温行驶、低温行驶、除霜、除雾等各种运行工况的温度管理需求。

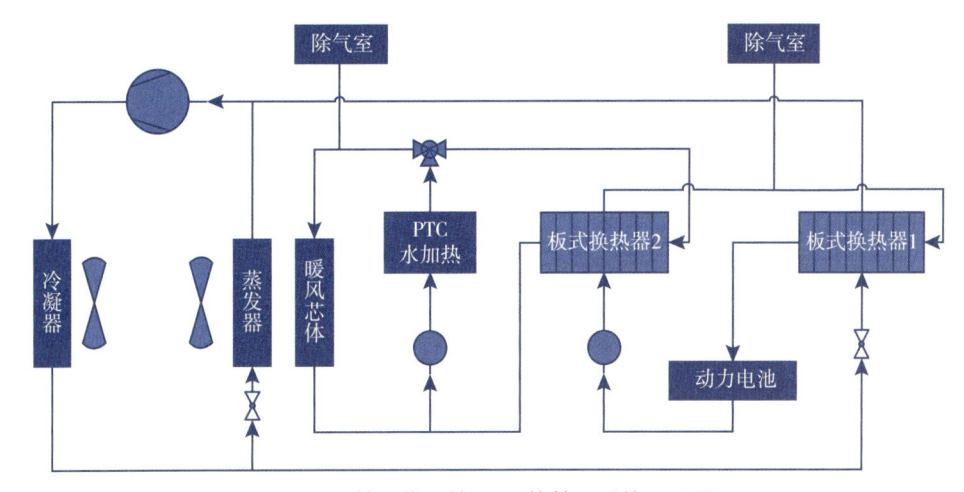

图 7.3　第二代风神 E70 热管理系统原理图

7.4.2.2　国外乘用车热管理案例

特斯拉是美国的电动汽车及能源公司，旗下拥有多款电动车车型，市场占有率多年来稳居全球前列，可以代表国外电动汽车目前发展的水平。

由于特斯拉 Model S 开发的时间比较早，虽然配备了热管理系统，能够实现乘员舱热管理、电池冷却和加热以及电机电控系统的冷却等基本功能，但并没有采用热泵、余热回收等更先进的节能手段。特斯拉 Model S 的热管理系统。大致分为制冷剂系统和冷却液系统两部分。制冷剂系统主要负责乘员舱制冷和冷却电池冷却液，冷却液系统负责电机电控系统冷却和动力电池的冷却和加热功能。乘员舱热管理又可细分为冷却、加热、除雾、除霜等功能。其中，乘员舱的冷却功能依赖 R134a 的蒸汽压缩制冷系统实现；乘员舱的加热功能由布置在 HVAC 总成中的空气 PTC 实现。

特斯拉 Model X 的功能和工作原理与特斯拉 Model S 基本一致，都是采用电动压缩机制冷，空气 PTC 制热用于乘员舱温度管理；电池包的冷却和加热同样采用液冷的方式进行，冷源来自 chiller 中的制冷蒸发潜热，热源为专用的水加热 PTC；通过四通水阀和三通水阀的控制可以使电池水回路和电机电控水回

· 175 ·

路串联或者分隔开来。与特斯拉 Model S 的明显区别仅在于为了照顾后排成员的舒适型，在制冷剂回路增加了与前排的蒸发器并联的后排蒸发器；在电机电控水回路中为前后电机的冷却采用了并联的方式，并在每个并联回路中都有一个水泵。

Model Y 是特斯拉于 2020 年推出的紧凑型 SUV 车型，特斯拉在这个车型热管理系统上首次采用了热泵技术。特斯拉 Model Y 热管理系统最明显的改进是制冷剂系统采用了热泵技术来实现对乘员舱的加热功能。无论是制冷还是加热功能，热泵对于乘员舱的换热都是直接与空气进行的，但与室外侧的换热都是通过冷却液进行的二次换热。由于增加了制冷剂与冷却液的换热功能，特斯拉将五通阀升级为八通阀，将电池包系统、电池包冷却系统、电机电控系统和低温散热器系统连接起来，通过对八通阀、散热器阀和两个冷却液泵的控制完成对不同部件的有效热管理。整个热管理系统可以根据不同的工况变化出实际中不同的工作模式。热泵的使用节约了在寒冷气候下的乘员舱加热的电能消耗，增加了整车的实际续驶里程。集成化的两个水泵和八通阀的设计大大简化了冷却液回路和热管理的控制系统，降低了系统成本。

7.4.2.3 国内客车热管理案例

松芝空调在常规的空调-电池一体化热管理系统中加入了低温热泵技术，以保证客车冬季的制热性能，如图 7.4 所示。该系统采用卧式涡旋压缩机和低温专用电子膨胀阀，主要功能为车内制冷、车内制热和电池冷却，未与电驱动热管理等系统进行耦合。

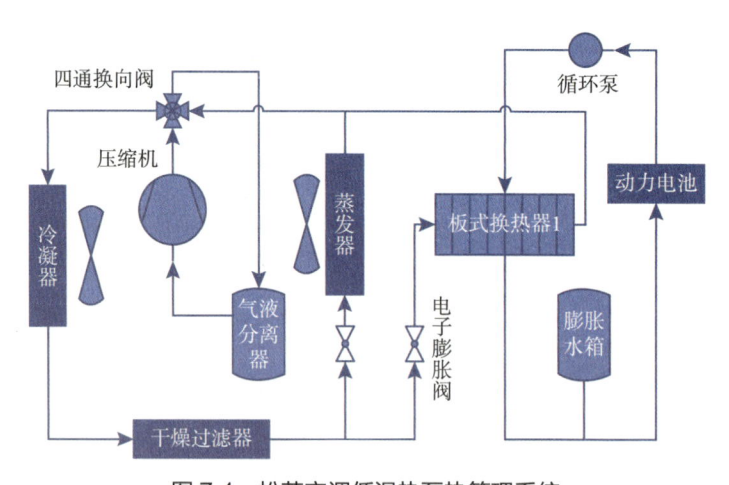

图 7.4 松芝空调低温热泵热管理系统

7.4.2.4 国外客车热管理案例

国外纯电动客车的发展进程落后于国内，但奔驰于 2019 年发布了 eCitaro

纯电动客车的确令人眼前一亮。eCitaro 采用了基于二氧化碳热泵空调和制动电加热器的一体化热管理方案，其主要工作模式如下：①高效加热：顶置二氧化碳热泵空调通过一体式风道实现顶部空气快速升温；底部通过电阻加热提供循环热水，通过车辆底部的散热器实现车辆乘客区底部加热、司机区加热及除霜。②辅助冷却：电机、电机控制器、空气压缩机等部件均通过散热器实现冷却。③空调制冷：顶置二氧化碳热泵空调通过一体式风道实现顶部空气快速冷却和司机区制冷。由于高密度的冷空气会下沉实现整个车厢降温，底部散热器不启动。④电池冷却：顶置二氧化碳热泵空调与电池热管理系统集成，可实现电池的快速降温。同时，eCitaro 配置了电池辅助散热器，用于温度较低时的电池散热。

7.5 新能源汽车热管理技术的低碳发展

电动汽车不仅是全球汽车行业的未来发展趋势，也是我国汽车产业转型升级的关键步骤，在调整能源消费结构、缓解环境污染和提升汽车制造水平方面都具有不可忽视的战略意义。要优化电动汽车的长远发展，需要考虑提高整体能效、增加续航里程，同时在高度集成、热害控制、远程控制、座舱环境个性化、宽温区高效化、关键零部件开发和环保工质替代等方面进行关键技术的研发。因此，电动汽车的热管理系统正在朝着绿色高效化、功能一体化、系统结构模块化和控制智能化的方向发展。

7.5.1 绿色高效化

电动汽车的绿色高效热管理系统将助力我国交通领域实现碳中和，因此，绿色高效化是电动汽车热管理系统发展的核心。绿色高效化主要体现在两个方面。

第一，体现在减少强温室效应工质的排放上。目前以二氧化碳、R290、R1234yf 为主流，以各类混合工质为辅助的态势并行。其中，二氧化碳具有出色的低温制热特性，但其工作压力高且在高温制冷性能上略显不足；R290 在制冷和制热性能上都表现出色，但存在易燃易爆的风险；R1234yf 的性能与 R134a 相近，温室效应较低，但在满足电动汽车冬季低温制热需求方面仍有短板。下一代电动汽车热管理制冷剂技术的发展将受国家相关标准和法规的影响，如应对环境污染和气候变暖问题的具体政策实施；同时，也会受到电动汽车本身需求特性的变化和不同区域功能需求的影响。

第二，体现在热泵技术的发展上。低温下的续航能力衰减是电动汽车面临的重要问题之一，如何解决冬季里程焦虑，逐渐成为整车热管理的技术核心。随着对能量利用效率需求的提高，保障电动汽车热泵空调系统在宽温区（-30~40℃）的性能并减小能耗，成为热管理系统急需突破的关键技术。通过实现各子系统间的高效耦合与协调控制，可以实现能效最大化，有效的余热回收方法可以减少制热能耗，同时提升系统的制热性能。因此，热泵和余热利用及其交叉耦合将成为未来热管理的主要发展方向。

7.5.2 功能一体化

电动汽车热管理系统需要实现功能一体化，不仅要兼顾车室内温度的调控，更要对"三电"设备（电池、电机、电控）进行精确的温度管理。随着乘客对舒适度和安全性的需求增加，一套具备多种功能的热管理系统将成为主流。因此，对于高密度电池和电机/电控的精细热管理、整体能效提升、提升乘客舱舒适性等关键问题，功能一体化成为电动汽车热管理系统发展的指标。下一代电动汽车热管理系统需考虑整车的安全性、动力性、续航能力、舒适性以及耐久性目标。

首先，电动汽车热管理系统需要更加合理的能量分配，以确保所有关键部件的温度变化有足够的安全裕度。电池、电机、电控的热管理安全性是电动汽车的核心问题，通过子系统的协调设计，提高关键部件温度变化的安全裕度，成为电动汽车热管理设计的首要目标。一体化的功能设计为热管理子系统的协同控制提供了全面平台。其次，除了安全性目标，"三电"设备的精细温度管理对其动力性和续航能力也起到了关键作用。为了实现"三电"设备的精细温度管理和能量分配，需要对各子系统进行高度集成，充分利用各子系统的能量。精细的温度管理和能量的高效分配都是关键，这样的需求推动了热管理系统功能的一体化设计。再次，随着生活水平的提高，驾乘人员对车室空气质量和舒适度的要求也逐渐增加。不同的气候条件和人群对车室环境的要求也不同，多样化的需求同样需要热管理系统的功能一体化。最后，耐久性目标需要系统级优化温度平衡，降低电机绝缘损伤，延缓电池老化和容量衰退。这不仅要求对单一部件、单一工况进行能量分配，更需要对全系统、全天候面临的问题进行一体化设计，为热管理系统的健康管理提供基础。

7.5.3 系统结构模块化

随着电动汽车热管理功能需求的复杂化、多样化和精细化，系统结构模块化成为未来热管理系统发展的迫切需求。一方面，电动汽车热管理系统的部件数量和接头数量正在呈爆发式增长，这不仅增加了接口数量，降低了系统的可靠性，还提高了安装和维修成本。另一方面，零部件的分散式布置也会导致振动和噪声的不可控性，给整车的噪声、振动和粗糙度带来挑战，而热管理部件的增加还会导致体积增大，给结构设计带来挑战。为了应对这些问题，热管理系统的结构模块化成为一种解决方案。结构模块化主要体现在两个方面：零部件的集成和功能模块化。集成的方式多样，主要包括带回热功能的储液器、车用四通换向阀、换热器与阀件集成、全通节流阀、多通阀、热管理水路部件的集成等。

更大程度的集成可能会将系统划分为前端模块、空调箱、制冷剂处理模块、电池/电机/电控模块等功能模块，这不仅能简化结构，提高可靠性，降低成本，也有助于提升系统在不同车型之间的通用性。这样的发展趋势使得热管理系统在经历复杂化和多样化的发展后，又重新向着结构简洁的方向发展。

这种集成化和模块化的趋势不仅符合热管理系统发展的需求，也符合汽车行业的整体趋势，即通过模块化和集成化提升效率，降低成本，增强兼容性和可靠性。

7.5.4 控制智能化

随着电动汽车热管理系统的复杂性和精细度不断提高，如何实现快速、稳定、准确的热管理成为关键问题。在这种背景下，控制智能化成为未来热管理系统的关键部分。

随着电动汽车热管理系统所涉及的控制量和目标量不断增加，控制维度也在不断增加。依赖传统的标定控制策略将大大增加开发成本，并且控制精度低，难以实现最优的能量管理。为解决这个问题，可以采用基于模型预测控制的方法，结合实时路况信息和用户多样化特征等智能化算法，实现对电动汽车热管理系统的精细化、多样化预测性控制。这种控制方法在电动汽车热管理系统的能量智能管理中的重要性正在逐渐凸显。

参考文献

[1] 任焕焕，李曜明，丛龙泽，等．基于碳减排路径潜力测算的乘用车积分政策导向研究［J］．中国汽车，2021（9）：17-22.

[2] 何文韬，郝晓莉，陈凤．基于生命周期的新能源汽车碳足迹评价——研究进展与展望［J］．东北财经大学学报，2022（2）：29-41.

[3] 杨立滨．基于电池储能的新能源送端电网暂态稳定优化研究［R］．沈阳：沈阳工业大学，2022.

[4] Kempton W, J Tomi. Vehicle-to-grid power implementation: From stabilizing the grid to supporting large-scale renewable energy [J]. Journal of Power Sources, 2005, 144 (1): 280-294.

[5] Guille C, G Gross. A conceptual framework for the vehicle-to-grid (V2G) implementation [J]. Energy Policy, 2009, 37 (11): 4379-4390.

[6] 王铮, 王一飞. 复合储能电动车能量馈网稳定性分析 [J]. 电气开关, 2019, 57 (6): 19-23.

[7] Sharma D K, A Prabhakar. A review on air cooled and air centric hybrid thermal management techniques for Li-ion battery packs in electric vehicles [J]. The Journal of Energy Storage, 2021, 41 (2): 102885.

[8] Mahamud R, C W Park. Reciprocating air flow for Li-ion battery thermal management to improve temperature uniformity [J]. Journal of Power Sources, 2011, 196 (13): 5685-5696.

[9] Mali V, et al. Review on battery thermal management systems for energy-efficient electric vehicles [J]. Renewable and Sustainable Energy Reviews, 2021, 151: 111611.

[10] da Silva Lima, R J, J.M. Quibén, and J.R. Thome, Flow boiling in horizontal smooth tubes: New heat transfer results for R-134a at three saturation temperatures [J]. Applied Thermal Engineering, 2009, 29 (7): 1289-1298.

[11] Wang A, et al. Performance optimization of electric vehicle battery thermal management based on the transcritical 二氧化碳 system [J]. Energy, 2023, 266: 126455.

[12] Yin X, et al. A novel CO_2 thermal management system with battery two-phase (evaporative) cooling for electric vehicles [J]. Results in Engineering, 2022, 16: 100735.

[13] Zhang W, et al. Non-uniform phase change material strategy for directional mitigation of battery thermal runaway propagation [J]. Renewable Energy, 2022, 200: 1338-1351.

第8章 干燥供热变革技术及系统

本章针对传统干燥采用碳燃料燃烧产生的热能供热能耗高、碳排放大等问题，提出普及热泵供热干燥的解决方案。随着碳中和的发展，碳燃料将减少，全面电气化将普及，热泵供热将是干燥供热的主要方式。本章主要论述热泵干燥过程的节能减碳与品质保证的工艺、技术和路线，利用热泵倍增热量解决干燥供热难题，实现干燥领域的"双碳"目标。本章特点是从案例出发，论述干燥行业供热特点、工作原理、系统流程和解决方案。

8.1 干燥行业供热技术现状

8.1.1 我国干燥行业供热技术现状

干燥是一个极其复杂的热质传递过程，涉及国民经济的各个行业领域，如农业、食品、化工、陶瓷、医药、矿产加工、制浆造纸、木材加工等行业。在干燥过程中，由于物料本身存在的水分及挥发物质具有显热与潜热，导致干燥成为一个能量密集型的高能耗操作流程。数据显示，在美国、加拿大、法国、英国，工业干燥能耗占全国总能耗的10%~15%，而在丹麦和德国更是高达20%~25%。我国干燥能耗占整个工业能耗的比例约为12%。在一些高能耗行业，干燥占加工总能耗的比例更高。因此，干燥环节的节能对降低整个工业能耗具有巨大潜力，同时干燥过程所造成的环境污染也不可忽视。

长期以来，国内干燥设备行业一直存在生产规模小、门槛低、技术含量不高等问题。大部分企业集中于生产成熟度较高的干燥设备，不注重新技术的开发，普遍存在产品数量多但整体水平不高等现状。整体来说，我国干燥设备产业的发展与世界先进水平相比还有较大的差距。其中，以燃煤为主的高能耗、高污染的中、低端技术占据市场主导地位。传统干燥设备中，热风干燥设备应用较普遍，但其湿气排放污染大；尤其燃煤炉的烘干机由于缺乏脱硫、脱硝与除尘设备，不但能源利用效率低，而且污染严重。

干燥环节的重要性不仅在于它对产品生产效率和总能耗有较大的影响，还在于它一般是生产过程的关键工序，直接影响产品的质量，从而影响产品的市场竞争力。因此，干燥过程的节能降耗与品质保证一直是技术攻关的难点、装备升级的痛点。干燥技术的进步对整个国民经济的快速发展有着十分重要的意义。

8.1.2 热泵干燥技术及节能

热泵干燥技术 1950 年在美国获得专利权，之后以其明显的节能优势得到广泛应用。从 20 世纪 70 年代开始，美国、法国、德国、日本和加拿大等国家相继开展了大量关于热泵干燥技术的基础研究和应用工作。其中，在 20 世纪 70 年代法国安装了近千台木材热泵干燥装置；20 世纪 90 年代日本 10% 以上的干燥装置采用了热泵干燥技术，所处理的物料涉及食品、蔬菜、茶叶、污泥、药物及化工原料等诸多领域。

我国热泵干燥技术的研究起步较晚，开始于 20 世纪 80 年代。上海市能源研究所从 1985 年开始研究将热泵技术应用于木材干燥，研制出木材热泵干燥装置，并于 1992 年开始了热泵粮食种子干燥方面的研究工作。从 1985 年开始，北京林业大学的张璧光教授研制基于双热源热泵的木材干燥装置，取得了较好的节能效果。经过多年的发展，特别近 10 年，热泵干燥技术几乎涉及农副产品加工的各个领域，在烟草、枸杞、香菇、粮食和木材等领域也等到了很多推广应用。目前，热泵干燥技术仍具有广阔的研究和应用空间。

与传统干燥装置相比，热泵干燥装置具有以下优点：①节能：性能系数一般在 2.0~8.0，相对于传统干燥装置能耗可降低 40% 以上；②宽工况：在常压下实现 0~100℃ 和 10%~100% 的干燥工况；③安全：便于用惰性干燥介质全封闭循环对易燃易爆产品、易氧化变质产品进行安全干燥；④环保：干燥时可不向环境排放粉尘、异味，并可回收产品中的香气成分、溶剂等。因此，热泵干燥装置可为诸多物料的低成本、高质量干燥提供一种全新的解决方案，具有很强的市场竞争力。热泵干燥装置又是一种技术集成型装置，涉及热泵、干燥、物料、测控等多领域的知识，其技术潜力的充分发挥及在工程实际中的成功应用与推广均有赖于对上述知识的综合把握。

热泵干燥技术的应用形式多样。首先最简单的就是空调模式热泵干燥系统，蒸发器在烘房外，冷凝器在烘房内，根据需要供热，适用于环境温度 10℃ 以上的条件，环境温度越高、系统越节能，在夏季和我国南方地区得到了大量推广和应用。其次是除湿型热泵干燥系统，也就是余热回收型的闭式循环也得到了很多应用，但干燥过程的粉尘和腐蚀气体对于系统有很大的影响，由于该技术在效率、环保等方面有很大的优势，成为近年热泵干燥技术发展的重点。

下面分几个领域介绍热泵干燥的应用进展。

8.2 农产品热泵干燥的应用

在农业生产和农副产品加工过程中，为了便于运输和贮存，干燥作业是必不可少的重要环节，也是耗能量非常大的环节。据不完全统计，仅我国谷物一项，如果采用化石能源干燥，就需耗用3000万吨以上标准煤，相当于全国总能耗的2.4%。

在粮食、鲜果等农产品收获季节，干燥量大且受季节性环境的影响，尤其遇雨季就会造成干燥处理不及时而腐烂变质。目前我国农副产品的干燥加工仍以自然摊晒方式为主，这种落后的生产加工方式不但干燥时间长，受气候变化影响和制约，而且干燥物料易受灰尘、蝇虫以及各种微生物的污染，使得干燥品质不高，质量无法保证。传统自然摊晒方式阻碍了农村生产力的发展，已成为制约农副产品加工的"瓶颈"。

利用热泵干燥技术进行干燥作业，具有干燥周期短、干燥效率高、产品干燥品质好、可避免自然摊晒的物料污染和腐烂变质等特点。特别是近10年来，由于能源、环境形势的影响，我国热泵干燥技术的应用发展较快。

8.2.1 谷物热泵干燥

新收获的粮食含水率高，需要及时将水分降至安全储藏水分，否则会造成粮食的严重损失。所以，研究行之有效的粮食干燥技术对确保粮食安全具有重要意义。

机械干燥是确保粮食产后保质减损的有效途径。我国南北地区由于气候特点、粮食品种和产量的不同，发展了适合当地的粮食干燥技术和装备。其中，东北地区主要采用大型连续式烘干塔，热源主要以燃煤热风炉为主；南方地区主要采用循环式谷物烘干机，热源主要以燃煤、燃油、燃气为主。随着国家"双碳"战略和节能减排战略的实施，以传统燃煤、燃油、燃气为热源的谷物干燥技术无法满足当前的环保需求，也是碳中和目标下主要的改进方向。

近年来，围绕以东北地区为主的冬季粮食干燥，我国发展了100~500吨/天的除尘除湿型大型热泵干燥技术，可以适合-30℃的环境温度。以江苏、浙江、广东为主发展了10~30吨/天的批式热泵粮食干燥技术，主要采用空调模式，简单易行,得到了推广。但是该方式在深秋季节、环境温度降低到10℃以下时,热泵系统的能效偏低,甚至导致供热温度不能满足干燥温度的要求,需要借助辅助电热。为此,我国发展了除湿型的批式粮食热泵干燥技术。

8.2.1.1 大型连续式热泵粮食干燥装备

大型连续式热泵粮食干燥装备采用闭式循环结构,通过使用多级串联分级除湿供热的高效热泵技术、废气高效除尘技术和换热器高效清洗技术,充分回收利用烘干塔排出的余热。在东北地区 $-30℃$ 的环境下,实现热泵系统高效稳定运行,干燥塔的送风温度达到70℃以上,突破了热泵无法在极寒地区工作的局限,实现了粮食的高品质低成本烘干、能源的高效利用及对环境无污染的目标。

1)工作原理

多级串联除湿热泵粮食干燥系统(图8.1)近似一个闭式的热泵干燥系统,在粮食干燥过程中,热风被送入粮食干燥塔的干燥段内对粮食进行干燥,然后变为高湿的含尘废气被排出粮食干燥塔的干燥段。废气首先流入1#除尘器,经1#除尘器除尘和除杂后变为干净的高湿空气,依次流过环路热管的吸热端换热器和各级蒸发器,并被逐级降温除湿,变为低湿含量的低温空气。然后,低温空气被环路热管的放热端换热器加热升温。进一步,干燥的空气与粮食干燥塔冷却段排出的空气进行混合。最后,混合后的空气依次通过多级冷凝器,经逐级加热后变为

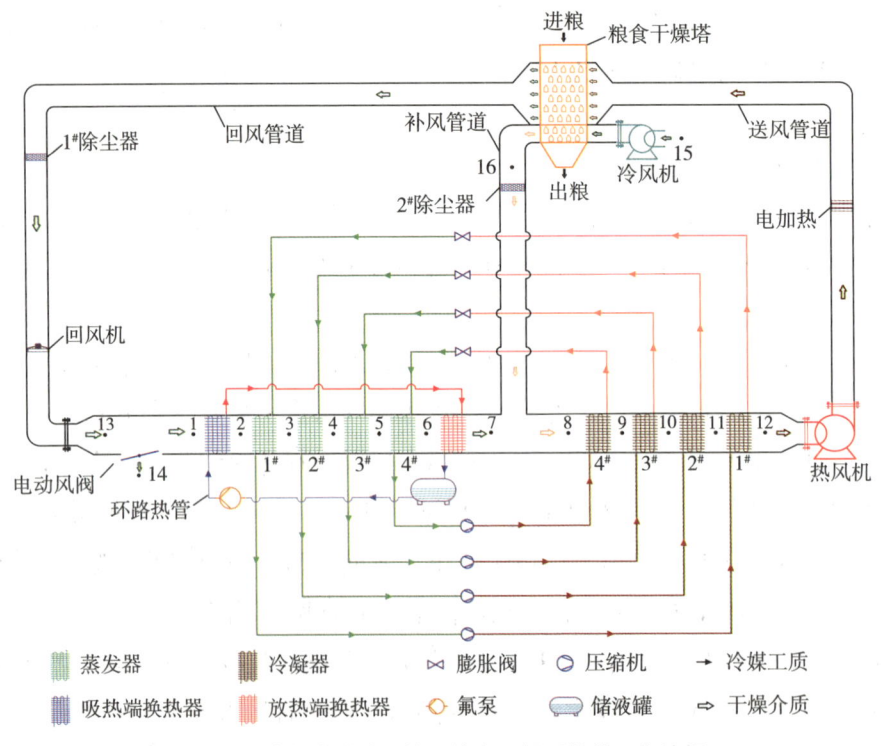

图8.1 多级串联除湿热泵粮食干燥系统的工作流程

高温干燥的空气。高温干燥的空气重新进入粮食干燥塔，形成一个"干燥热风 – 湿风 – 低温干风 – 干燥热风"的完整闭式循环。

2）工艺路线

多级串联除湿热泵粮食干燥系统工艺路线见图8.2。

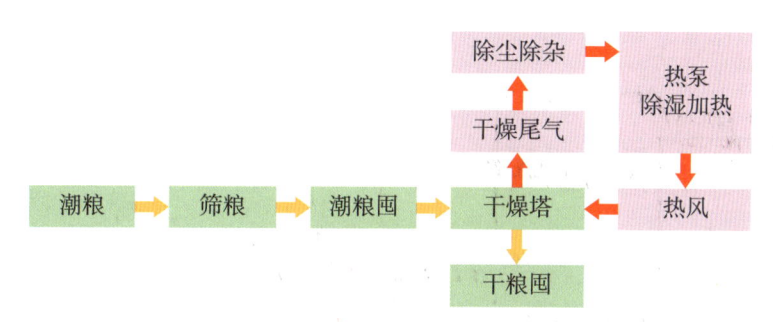

图 8.2　多级串联除湿热泵粮食干燥系统工艺路线

3）系统特点

（1）高效节能。该系统提出了多级冷凝热回收及多级梯级再热的技术方案，避开了环境因素对热泵系统性能、干燥能力和干燥效率的影响，同时对干燥过程中干燥塔排出的废热进行高效回收和利用，降低干燥能耗。

（2）绿色环保。干燥过程中无粉尘、糠皮等排入大气，实现了粮食的绿色清洁干燥。

（3）品质优良。采用低温烘干，干燥过程中无焦粒和糊粒产生，提高了粮食的干燥品质。

（4）高智能化。干燥过程中设备自动运行，减少了人工成本，降低了工人劳动强度。

4）系统性能

在 –30℃的环境温度条件下，系统实现干燥塔送风温度维持在70℃以上，多级热泵系统的制热效率性能系数高于4.0。与燃煤干燥塔相比，该热泵干燥系统的运行能耗降低40%以上；开发出的糠皮收集系统可以有效去除废气中的糠皮量，去除率高达到98%。

8.2.1.2　余热回收型循环式热泵粮食干燥装备

1）工作原理

图8.3描述了余热回收型循环式热泵粮食干燥系统的工作流程，粮食干燥过程中，低温的环境空气被4级冷凝器加热到设定温度后，被送风机送入烘干机，高温干燥的空气在烘干机内等焓吸湿粮食水分后变为高温潮湿的空气，随后和粉尘、壳皮等一起被强排风机送入沉降室内。高温潮湿的空气经沉降室内的除尘器

除杂后变为干净的湿空气,随后在 3# 和 4# 蒸发风机的作用下分别经过 3# 和 4# 蒸发器,从 3# 和 4# 蒸发器流出的湿空气在 1# 和 2# 蒸发风机的作用下经过 1# 和 2# 蒸发器,湿空气经 4# 蒸发器降温除湿后变为低温的空气并被排入环境中。整个粮食干燥过程中,系统充分回收利用烘干塔排出的废热,同时没有粉尘等杂质排入环境中。

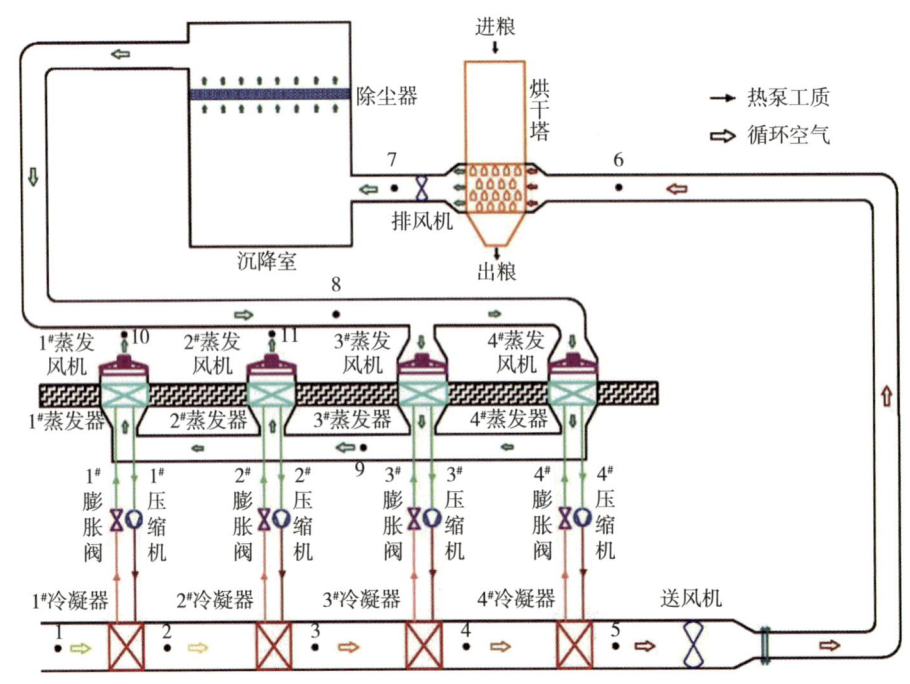

图 8.3 余热回收型循环式热泵粮食干燥系统的工作流程

2)系统特点

(1)高效节能。对干燥塔排出的高温废热进行高效回收和利用,使热泵蒸发器始终处于温度较高的条件下,解决了热泵机组在冬季低温环境下效率低甚至无法正常运行的难题。同时,采用多级蒸发器和多级冷凝器分别串联的结构形式,有效降低了各级热泵机组的压缩机压比,确保系统在大温差供热工况条件下的高效运行,系统更加节能。

(2)可靠性强。系统设有高湿含尘气体高效除尘装置和换热器高效清洗装置,解决了粮食烘干过程中热泵蒸发器的脏堵问题,确保了系统的高稳定性和高可靠性。

3)系统性能

该系统可以在 16~23℃ 的环境温度条件下,实现送风温度范围为 63~70℃,且其制热系数达到了 4.04~4.65,整个干燥过程的除湿能耗比为 3.31 千克/千瓦·时。系统平均每降1%的水分，粮食烘干成本为2.42元/吨（干粮食），相对于燃油型和生物质型粮食干燥系统，该系统的干燥成本分别降低了64.41%和42.38%，具有显著的经济效益和社会效益。

8.2.2 烟草热泵干燥

烘烤是烟叶生产中的一个重要环节，它决定了烟叶的最终质量和可用性。我国传统的烟叶烘烤能源供应方式都是以煤炭为主，污染物排放量大，成为区域酸雨和雾霾的重要贡献源；同时，我国的燃煤密集烤房能源有效利用率低，客观上增加了能源消耗，加重了环境污染。

近年来，热泵烤烟技术在我国得到了大量推广。针对一个地方3~300套单体烤房组成密集烤房的传统发展模式，主要发展了空调模式的热泵干燥技术，目前已经推广数万套。此外，在河南、山东等平原地区，烟叶种植面积大，烟草种植过程规范可控，这为开发大规模的烘干技术创造了条件。单体烤房一般能满足20亩左右的烟草种植需要，大型隧道式烤烟系统可以满足500~1000亩烟草种植的需要。

8.2.2.1 密集烤房热泵烤烟系统

1）系统组成及工作原理

密集烤房热泵烤烟系统示意图如图8.4所示，系统主要由密集烤房、5匹涡旋压缩机（2台）、翅片管式冷凝器、翅片管式蒸发器和电控箱组成，工质为R134a制冷剂。烤房体积为8米×2.9米×3.3米。墙体是由内嵌100毫米厚的聚氨酯彩钢板搭建而成，在靠近机组墙壁的上侧和下侧设有新风风阀和排湿风阀，在冷凝器的前端安装有功率为1千瓦的轴流风机2台，总风量为1.7万立方米/小时。室外蒸发器为顶出风结构，距离排湿风阀300毫米，蒸发器侧风机风量为8000立方米/小时，功率为0.4千瓦。

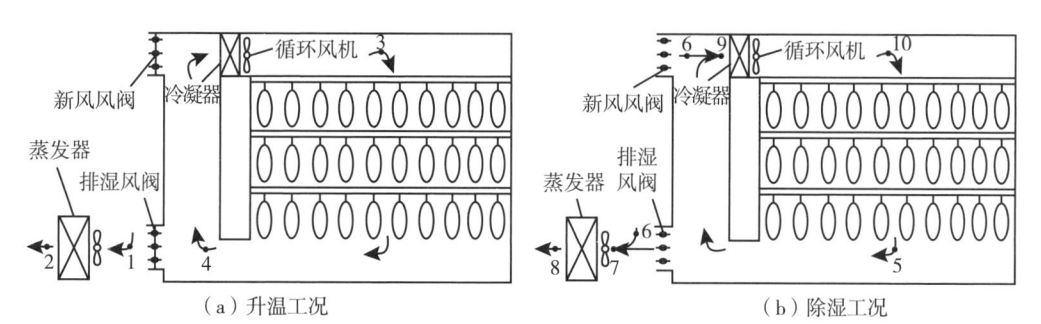

1.环境空气；2.蒸发器出口空气；3.冷凝器出口空气；4.与烟叶热湿交换后的空气；5.与烟叶热湿交换后的空气；6.环境空气；7.蒸发器进口空气；8.蒸发器出口空气；9.冷凝器进口空气；10.冷凝器出口空气

图8.4 密集烤房热泵烤烟系统示意图

此系统可以实现烤房升温和除湿两种功能。图 8.4（a）表示的是升温工况，此时新风风阀和排湿风阀关闭，环境空气流经蒸发器冷却除湿后变成 2 点状态，放出的热量被热泵工质吸收后在冷凝器中排出用于加热烤房内的循环空气，加热后的空气和烟叶进行热湿交换变成 4 点状态之后返回冷凝器进一步被加热升温，继而重复下一次循环。当烤房需要排湿的时候开启新风风阀和排湿风阀［图 8.4（b）］，此时和烟叶进行热湿交换后的部分湿空气从排湿口排出，和环境空气混合成 7 点状态的空气，然后流过蒸发器冷却除湿后状态变成 8 点。同时，烤房内和烟叶进行热湿交换后状态为 5 点的另一部分湿空气直接返回至烤房顶部，和环境空气混合成 9 点状态的空气，接着经冷凝器加热后变成 10 点状态，然后和烟叶进行热湿交换，继而重复下一次循环。

2）烘干工艺

在烟叶烘烤过程中，热泵密集烤烟系统采用的烘干工艺如图 8.5 所示。

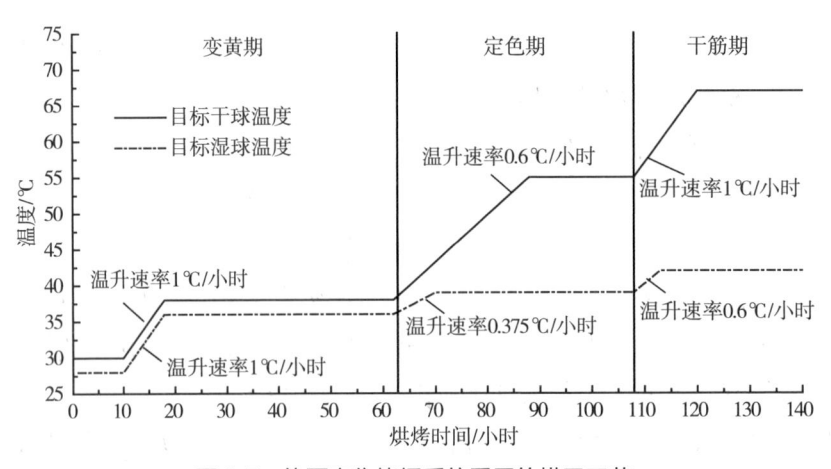

图 8.5 热泵密集烤烟系统采用的烘干工艺

第一阶段称为变黄期，温度要控制在 38~42℃，干湿球温度差保持在 2~3℃，使烟叶达到 7~8 成黄，叶片发软。完成变黄温度控制在 40~42℃ 以下，保持湿球温度 35~37℃，达到烟叶基本全黄，充分凋萎塌架，主脉发软，确保烟叶转化充分，形成更多的香气基础物质。变黄期烟叶失水量相当于烤前含水量的 20%。

第二阶段称为定色期，要根据烟叶品质以适宜的速度升温，并掌握适宜的湿度，确保烟叶彻底变黄和顺利定色。在干球温度 46~48℃、湿球温度 37~38℃，使烟叶烟筋变黄，达到黄片黄筋小卷筒。在干球温度 54~55℃ 保持湿球温度 38~40℃，适当拉长时间，达到叶片全干大卷筒，促使形成更多的致香物质。定色期烟叶失水量相当于烤前含水量的 80%。

第三阶段称为干筋期，温度要控制在 65~68℃，湿球温度控制在 40~43℃，以增进烟叶颜色和色度，同时减少烟叶香气物质的挥发散失。烟叶含水率约为 6.5%。

3）系统性能

烤房内温度分布均匀性良好、温控精确性较高。2 台压缩机在烘烤过程中间歇运行，在干筋期的前期升温过程中压缩机总功率达到了 12.6 千瓦。系统的制热系数在 30~35℃ 的环境温度条件下达到了 3.25，整个过程的除湿能耗比为 2.42 千克/千瓦·时，节能效果明显。

8.2.2.2 热泵隧道式烤烟系统

1）系统组成及工作原理

热泵隧道式烤烟系统如图 8.6 所示。该系统主要由热泵系统、太阳能棚、悬链结构、户外新风风门、排湿风机、循环风机等组成。同时该烤烟系统具备严格的结构工艺要求，主要包括预黄巷道、变黄巷道、定色巷道、干筋巷道和回潮巷道。

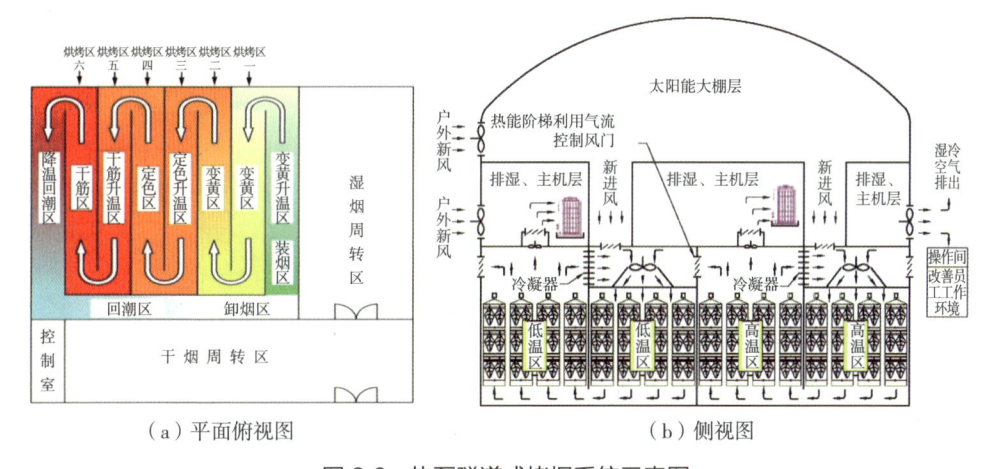

图 8.6 热泵隧道式烤烟系统示意图

（a）平面俯视图　（b）侧视图

青烟叶经过装笼后悬挂在链条传动设备上，在传动设备的自动化控制下，链条以预定速度进入烟叶不同烘烤区。其特征在于，青烟叶装入烟笼后悬挂在轨道下面的链条上，链条在传动设备的带动下依次经过烤房的六道烘烤区，烘烤区一内的温度为 35~38℃，烘烤区二内的温度为 40~42℃，烘烤区三内的温度为 45~47℃，烘烤区四内的温度为 50~54℃，烘烤区五内的温度为 60~65℃，烘烤区六内的温度为 65~68℃；在烘烤区六内有加热装置，通过排气排湿装置，使烘烤区六内的气体进入烘烤区五并加热烘烤区五内的空气，而后依次加热烘烤区四、烘烤区三、烘烤区二和烘烤区一内的气体（当烘烤区一、烘烤区二和烘烤区三内的温度超过设定温度时，关闭烘烤区三和烘烤区四之间的风阀，打开烘烤区四与湿气通道之间的风阀，使烘烤区四的气体进入湿气通道，并进入回潮区；当烘烤区五内的温度超过设定温度时,打开烘烤区五与湿气通道之间的翻版,使烘烤区五的气体进入湿气通道,并进入回潮区,回潮区内的气体通过排气口排出),进而烘烤烟叶。经过六道烘烤区的烘烤,烘烤成熟的烟叶进入回潮区,在回潮区内烟叶达到回潮标准,即可出房包装;除了烘烤房的地基为水泥砌成,其他的均为承重钢架结构,用保温材料制作的保温通道为烘烤连体室,可以拆卸重复利用。

2)烘干工艺

热泵隧道式烤烟系统采用的烘干工艺如图 8.7 所示。

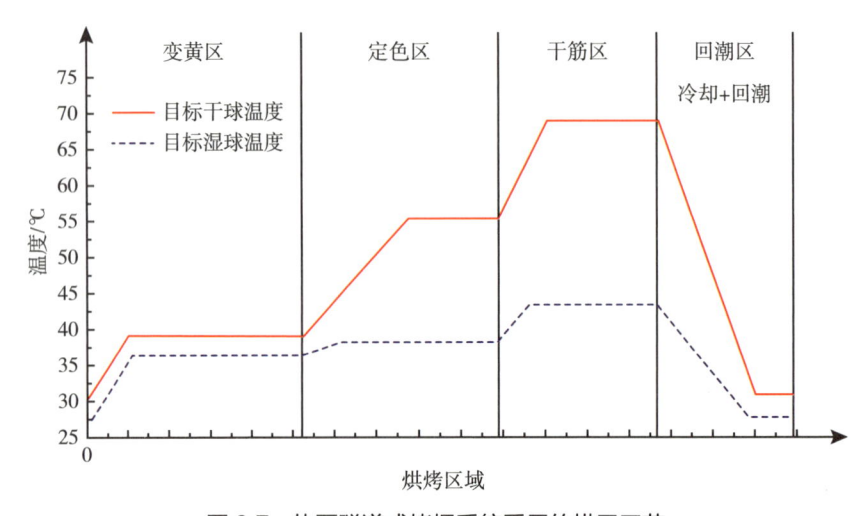

图 8.7 热泵隧道式烤烟系统采用的烘干工艺

在热泵隧道式烤烟过程中,变黄期、定色期和干筋期的工艺和密集烤房热泵烤烟过程的相同。其中,变黄期发生在第二巷道和第三巷道,定色期发生在第四巷道和第五巷道,干筋期发生在第六巷道和第七巷道。

与密集烤房热泵烤烟过程不同,热泵隧道式烤烟过程多了一个回潮期,回潮期发生在第八巷道。烘烤后的烟叶进入第八巷道后,首先被循环风机送来的环境空气进行冷却,温度降至环境温度;随后在离开第八巷道时被喷头喷出的雾化小水滴喷潮。

3)系统性能

热泵隧道式烤烟系统每天最多可处理 1000 亩烟地收获的鲜烟叶。在烟叶烘烤过程中,各巷道内温度分布的均匀性良好、温控的精确性较高。各巷道夜间总功耗为 162.6 千瓦,而白天由于太阳能供应热新风,使得白天总功耗低于夜间总功耗,白天总功耗为 124.9 千瓦,比夜间功耗小 37.7 千瓦。整个烟叶烘烤过程中,系统制热系数达到了 3.4,除湿能耗比为 2.6 千克/千瓦·时,节能效果明显。

8.2.3 枸杞热泵干燥

枸杞鲜果含水率一般高达 80% 左右，水分中的含糖量也高达 22% 左右，这使得新鲜枸杞极易霉变或腐烂，不能长期贮藏。枸杞制干是延长枸杞采后贮藏时间，提高附加值，保证枸杞有效供给的关键环节。在传统的枸杞干燥方法中存在干燥参数难以精准控制、产品品质差、污染严重等问题，而微波干燥、真空干燥以及太阳能热风联合干燥等方法成本过高，难以产业化发展。

热泵干燥技术具有节能、环保、干燥品质优良等优点，在枸杞干燥领域得到了一些应用。目前，常见的枸杞热泵干燥系统为开式和半开式系统，存在低温环境下系统效率低甚至无法正常运行的问题。围绕上述问题，我国自主设计研发了带有独立热泵主机室的新型热泵干燥系统，该系统能够实现半开式和闭路式两种运行模式的相互切换，可以有效地解决开式和半开式热泵系统废热利用率较低、低温环境下蒸发器易结霜和闭路式系统热湿不平衡的问题，达到了枸杞干燥过程的节能减排、避免结霜、废热高效回收以及干燥品质保证的效果。

1）系统组成及特点

烤房为整体半开式和封闭式可转换的热泵干燥系统，蒸发器位于主机室内。夏果干燥时采用半开式形式，秋果干燥时采用封闭式形式。系统所用的压缩机能够在冷凝温度 30~80℃、蒸发温度 5~20℃ 的工况范围内稳定工作，可以满足夏秋季节枸杞烘干的要求。同时系统可充分回收烘房排出的废热能量，提高干燥效率，降低能耗。系统采用双压缩机设计，能够延长压缩机的使用寿命。烤房内风道采用平送风、顶部回风方式，为保证送风均匀性，布置了两个循环风机。

设备运行时，干燥箱内的一部分热湿空气从排湿口排出，与干燥箱外新风混合，然后流过蒸发器，以提高蒸发温度。同时另一部分旁通热湿空气与从新风阀进来的新风混合，经冷凝器加热后进入干燥箱进行热湿交换，然后重复下一次循环。

2）枸杞热泵干燥工艺

（1）去蜡质层。枸杞果实表皮覆盖有一层致密的蜡质层，严重阻碍了果实内部水分的蒸发，为了缩短干燥时间，往往在枸杞表面涂抹碱液以除去蜡质。常用的除蜡剂为碳酸氢钠、碳酸钠稀溶液，脱蜡碱溶液由 1 千克碳酸钠兑 30 千克水配成，碳酸钠的质量浓度约为 3.3%。

（2）热风干燥。适合枸杞热风干燥的热风温度变化一般分为三个阶段：低温段、中温段、高温段。枸杞干燥开始阶段温度不宜过低或过高，一般在 40~45℃。温度过低，干燥时间长，果实水分得不到及时散失，影响产品色泽和质量；温度过高，枸杞内部水分扩散速率远小于表面水分蒸发，表皮易干裂，果肉颜色发暗，同样影响果色和质量。在整个干燥过程中，最高温度不得超过65℃，特别是在进入最后阶段，应控制在65℃以下，否则果实会出现焦糊现象，影响干果的气味和色泽，同时温度过高会导致果实有机营养成分容易分解，严重影响干果质量。

3）系统性能

该系统单批次的枸杞装载量可达到1000千克，干燥制出的干燥枸杞为272千克，耗电量为228千瓦·时，干枸杞的商品率约为87%。按当地电价0.5元/千瓦·时计算，枸杞的干燥成本约为0.419元/千克（干枸杞），干燥能耗为0.838千瓦·时/千克（干枸杞）。按1千瓦·时电大约需要消耗0.35千克的标准煤，则干燥能耗为0.293千克（标准煤）/千克（干枸杞）。经调研，当地燃煤烤房消耗1吨煤约烘烤816千克干枸杞，煤价约为800元/吨（煤），干燥成本约为0.98元/千克（干枸杞），干燥能耗约为1.23千克（标准煤）/千克（干枸杞）。相对传统燃煤烤房，热泵干燥系统干燥枸杞的成本降低了57.2%，能耗降低了76.2%。

8.2.4　中药材热泵干燥

8.2.4.1　西洋参热泵干燥

以山东荣成为例，结合西洋参烘干工艺和山东荣成的气候特点，我国开发了"一拖十"（一个热泵机组拖十个箱式烤房）的多级串联闭式除湿热泵烤房，该烤房可以在低温环境下高效稳定运行，节能性较好。

1）工作原理

西洋参热泵干燥系统类似于封闭式热泵干燥系统。系统运行时，循环空气通过冷凝器升温加热变成温度较高的干空气，随后进入西洋参烘干烤房中，在烤房内干空气等焓吸湿夺取西洋参湿物料中的水分后变成湿空气。湿空气由烤房上部回风口排出后经过系统回风风道送入热泵机组中，当旁通风阀关闭时，回风湿空气全部送入环路热管吸热端换热器侧，之后再通过四级蒸发器降温除湿为低温低湿饱和空气；当旁通风阀开启时，部分回风湿空气送入环路热管吸热端换热器侧，之后再通过四级蒸发器降温除湿为低温低湿饱和空气，最后与剩余的湿空气混合一起送入多级冷凝器中。同时，多级蒸发器的冷凝水通过排水管排出系统外部。低温低湿的饱和空气经由环路热管放热端和热泵加热端等湿加热成温度较高、湿度较小的空气再次送入烤房内，以此循环。

2）系统优势

（1）采用多级热泵串联除湿供热的结构形式，有效降低了各级热泵机组的压缩机压比，确保系统在大温差供热工况条件下的高效运行，系统更加节能。

（2）采用"一拖十"的热泵除湿供热方式，不同烤房之间能够相互"借用"

干燥尾风,有利于克服单体式干燥装置因吸热侧所处环境无法提供足够热量而使热泵能效降低的问题,最大限度实现尾风废热资源化。

(3)采用模块化的集中控制系统,既能够保证单一装置的相对独立性,又可以在控制上实现协调和统一。

3)系统性能

在系统动态运行过程中,每天循环进出两个烤房,机组送风温度维持在65~75℃,日平均用电量3311千瓦·时,平均除水量396千克/小时,平均制热效率性能系数为4,平均除湿能耗比为2.8千克/千瓦·时。按当地电价0.55元/度计算,该系统每1千克西洋参烘干成本为0.82元,与传统所用的燃煤干燥(燃煤干燥每1千克西洋参烘干成本约为1元)相比节省0.18元。

8.2.4.2 菊花热泵干燥

亳州有着悠久的中药材种植、加工、炮制、经营历史,其中药材主要通过传统自然晾晒和以燃烧化石燃料为热源的热风干燥方式进行干燥。干燥过程中存在能耗高、污染大、品质差的问题。针对此类问题,结合当地气候特点和中药材干燥特性,研发了一种全天候、智能化、多功能的多联体热泵干燥设备。

1)系统组成及工作原理

亳州十联体中药材热泵烤房示意图如图8.8所示,该系统的主机室内并列设置有20个热泵机组,10组干燥单元并列连接于同一主机室上,每组干燥单元与主机室的连接处分别设有排风口和回风口,每组的排风口和回风口一一对应设置在各个热泵机组的周围。每组干燥单元设有进料门,干燥单元内在回风口、进料

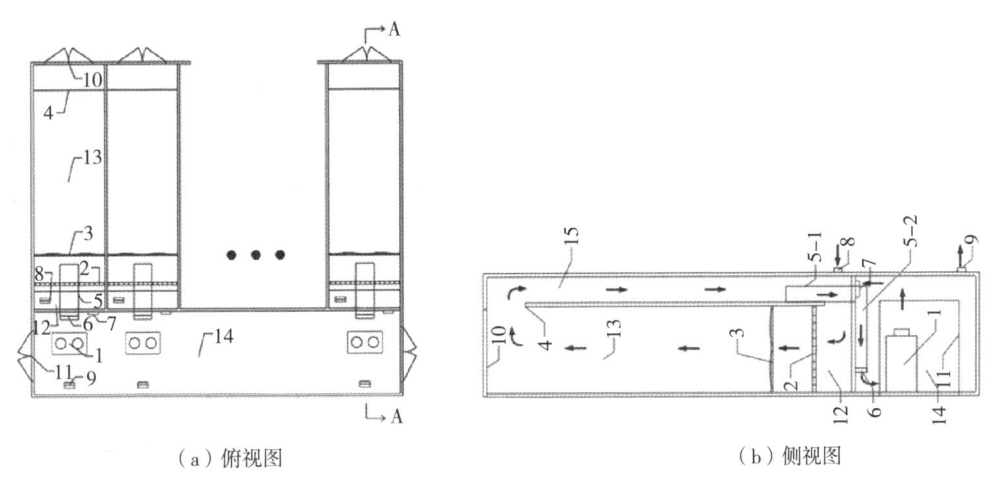

(a)俯视图 (b)侧视图

1.热泵机组;2.冷凝器;3.循环风机;4.回风板;5.排风道,5-1.第一通道,5-2.第二通道;
6.排风阀;7.回风阀;8.新风阀;9.排湿阀;10.进料门;11.检查门;12.加热室;
13.干燥室;14.主机室;15.回风室

图8.8 亳州十联体中药材热泵烤房示意图

门与排风口之间能形成内循环气流，干燥单元、主机室与外部环境之间能形成外循环气流。在该系统中，多个干燥单元共用同一主机室，既能保证系统能耗的分布更均匀，又能在任一干燥单元废热不足的情况下可以利用其他干燥单元的废热进行快速弥补，实现低温环境下废热的高效利用。

干燥过程中，通过内排湿模式和外排湿模式实现干燥室内的湿度调节。内排湿模式是调节主机室与加热室间的回风阀，干燥室的热湿空气一部分排入主机室被蒸发器降温除湿，经除湿后的空气与干燥室的另一部分空气混合，经冷凝器加热后重新进入干燥室，并与物料进行热湿交换。外排湿模式是调节新风阀、排湿阀和排风阀，利用环境空气与干燥室的空气进行置换。干燥室的温度是通过调控热泵机组和辅助热源的启停实现的。干燥过程可使系统在两种模式之间合理切换，实现在不同的干燥工况下系统的热湿平衡。

2）系统优势

（1）系统可在半开式和闭式循环之间切换运行，能够在常规环境和低温环境下正常使用，且具有较高的设计能效指标。

（2）采用左右相接、前侧进出料的形式，风阀数量和布置位置较单体式热泵干燥装置不同，并改用干燥介质上下循环方式，同样具有流向切换功能。

（3）不同单元间共用主机室，能够相互"借用"干燥尾风，有利于克服单体式干燥装置因吸热侧所处环境无法提供足够热量而使热泵能效降低的问题，最大限度实现尾风废热资源化利用。

（4）采用模块化的集中控制系统，既能够保证单一装置的相对独立性，又可以在控制上实现协调和统一。

3）系统性能

设备投入使用后，单个烘干工厂可以实现最大装载量为50吨，满足工厂附近中药材的烘干需求。经过现场测试，热泵烤房可以在 $-10°C$ 的环境温度下正常运行，且送风温度达到70℃，单个烤房的最大除湿量达到55千克/小时，热泵机组的性能系数达到5.8，节能效果较好。

8.2.5 香菇热泵干燥

在实际生产中，约90%的香菇采用的是热风干燥，但经传统以燃烧化石燃料为热源的热风干燥后的香菇，其干制品质较差，干品表面皱缩严重且发生褐变，而且复水比小，复水后硬度较大，营养损失过多，干燥效率低且其干燥过程能耗较大。

基于香菇的干燥工艺和生产周期，以三门峡为例，结合当地气候特点，我国研发了香菇全天候热泵干燥设备，为热泵干燥技术在香菇干燥领域的推广应用提供了参考。

8.2.5.1 系统组成及工作原理

香菇热泵干燥系统如图 8.9 所示。该系统主要由干燥室、加热室、主机室、热泵机组、电加热和电控柜等组成。热泵机组由 9 匹的涡旋压缩机（2 台）、翅片管式冷凝器、翅片管式蒸发器、蒸发器风机（2 台）和冷凝器风机（2 台）组成，工质采用 R134a 制冷剂。冷凝器风机功率为 2.20 千瓦，风量为 2.05 万立方米 / 小时，蒸发器风机功率为 0.55 千瓦，风量为 7500 立方米 / 小时。在主机室两侧上部各设有风门，前侧设有对开门，后侧设有回风口，回风口处设有自动调节风阀。在加热室的顶部设有新风口，新风口处设有自动调节阀；新风口的下面设有换热器，换热器将加热室和新风口连通。在干燥室前侧设有多孔板，顶部设有回风道；在回风道中间设有排风道，排风道的进风口与换热器的出风口相连，并通过换热器进风口与回风道连通，排风道出风口与主机室连通。

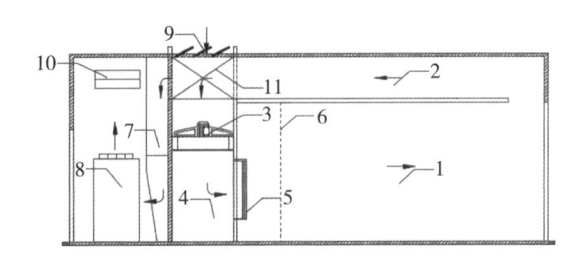

1.干燥室；2.回风道；3.主风机；4.加热室；5.冷凝器；6.多孔板；
7.排风道；8.热泵机组；9.新风阀；10.风门；11.换热器

图 8.9　香菇热泵干燥系统示意图

该热泵干燥系统可以实现闭路式和半开式两种运行模式之间的相互切换。在半开式的运行模式下，系统主机室两侧风门和主机室门处于开启状态，回风口风阀处于闭合状态，新风阀和排湿风阀根据排湿要求进行开启或关闭。在排湿过程中，换热器对新风进行预热，降低废热的显热量，增加排入主机室内废气的潜热量比例，提高废热回收，提高热泵机组的运行效率，降低能耗，结合主机室维持机组的高效、稳定运行。在闭路式的运行模式下，系统主机室两侧风门、主机室门和新风阀处于闭合状态，回风口风阀和排湿风阀处于开启状态；干燥过程中，干燥室排出废气经回风道一部分进入加热室，另一部分经排湿风道排入主机室，被蒸发器除湿降温后经回风口进入加热室与回风混合，混合气经冷凝器加热后进入干燥室与物料进行热湿交换。该系统可以通过调节主机室两侧风门的开启（或关闭）实现系统闭路式运行模式的除湿稳定性。

8.2.5.2 香菇热泵干燥工艺

香菇热泵干燥过程分为7个阶段，各阶段的热风温度、湿度和干燥时间见表8.1。

表8.1 香菇热泵干燥工艺参数表

干燥过程	干球温度/℃	湿度控制/%	目标任务	参考时间/小时	备注
第一阶段	35	75	失水发软，菌盖开始收缩	3	根据鲜香菇含水量适当调整烘干工艺
第二阶段	38	65		2	
第三阶段	43	50	菌盖开始变色 菌褶变色	2	
第四阶段	48	35		6	
第五阶段	53	20	菌盖、菌褶定色	5	
第六阶段	58	13	烘干定型	4	
第七阶段	59	6		3	

8.2.5.3 系统性能

在对香菇干燥的过程中，该系统能够很好地适应冬季极端恶劣天气，有效回收废热，避免蒸发器结霜问题。系统的制热系数最大达3.6，单位能耗除湿量最大为2.07千克（水）/千瓦·时。按照电价0.5元/千瓦·时，相对于燃煤烤房，热泵干燥设备的干燥成本降低了28.7%。同时，热泵干燥设备的温度控制精度较高，无有害物质排放，不仅保证物料的干燥品质，还不污染物料，运行成本低，节能环保，具有很大的推广价值。

8.3 工业热泵干燥的应用

工业领域的干燥涉及面很多，但热泵干燥技术的介入不多，一个主要原因是工业生产中的供热方便，蒸汽作为主要热源价格低、使用方便，使用热泵干燥的经济性一般。随着我国"双碳"目标的不断推进，工业领域会有很大发展。下面介绍的木材和挂面干燥的热泵替代技术通过余热利用实现了高效率。制药废气零排放技术的应用案例主要针对的是污染气体的控制。这实际上是个量大面广的问题，一般生产企业会回避这一问题；随着技术的不断成熟，相信工业应用会逐渐推广。

8.3.1 木材热泵干燥

传统的木材干燥方法是以燃烧煤、天然气、石油等化石能源为热源和湿空气为干燥介质的热风干燥,该干燥方法在干燥过程中产生的高温烟气和高温高湿的空气直接排入环境中,不仅造成能量的浪费,还造成了环境的污染。

目前,热泵干燥技术在木材干燥领域主要应用在环境温度较高的地区,干燥系统的形式主要以开式系统和半开式系统为主。但是,在北方冬季环境温度较低的地区,有关采用热泵干燥技术对木材干燥的应用案例尚无报道。在环境温度较低的地区,若采用开式或半开式干燥系统,蒸发器由于发生结霜或结冰导致系统效率低甚至无法稳定运行;由于木材干燥是一个缓慢的去水过程,若采用闭式干燥系统,干燥窑不能一直向热泵主机室排湿,导致热泵主机室温度不能一直维持在较高的温度,同样造成系统无法稳定运行。

为了解决上述问题,我国开发了基于低温热泵补热的木材热泵干燥技术和装置,该装置在室外环境温度较低时采用全封闭运行模式并通过低温热泵补热装置为热泵主机室补充热量,从而保证整个干燥系统连续高效稳定运行。

8.3.1.1 系统组成及工作原理

基于低温热泵补热的木材热泵干燥系统由四部分组成:干燥热泵系统、低温热泵补热系统、干燥系统和控制系统。其中干燥热泵系统负责为干燥室提供热量和去除干燥介质的水分,其热源来自排湿空气和低温热泵补热;低温热泵补热系统从环境空气取热并为热泵主机室补热,从而使主机室一直维持在较高的温度。干燥热泵和低温热泵的参数见表 8.2。

该系统可以实现闭路式和半开式相互切换。当环境温度较低时,系统采用全封闭运行模式,运行过程中,当干燥室达到排湿要求时,湿空气从排湿口进入热泵主机室,经蒸发器除湿后从进风口进入干燥室。当干燥室未达到排湿要求时,无湿空气进入热泵主机室,此时低温热泵补热系统运行并向热泵主机室提供热源,从而保证系统稳定高效运行。当环境温度较高时,系统采用半开式运行模式,此模式下低温热泵补热系统停止运行,干燥热泵系统从环境空气和排湿空气中提取热量,并将热量送入干燥室内。因此,该系统可以实现全天候的高效稳定运行。

表 8.2 干燥热泵和低温热泵的主要参数

热泵	最高工作温度/℃	工作环境温度/℃	额定工况制热量/千瓦	机组型号	制冷工质	压缩机功率/千瓦
干燥热泵	80	−10~35	80.0	FWR-20x2/Z1	R134a	10
低温热泵	30	−15~35	16.5	FGR14/D-N4	R22	5.3

8.3.1.2 木材低温热泵补热干燥工艺

木材低温热泵补热干燥包括低温预热处理阶段、初期处理阶段、干燥处理阶段和终了处理阶段。

1）低温预热处理阶段

木材的低温预热是在初期处理阶段前进行。一是对干燥室内的壳体表面和主要设备部件的表面加热，避免在后续的高温高湿的工作状态产生凝结水；二是让木材在干燥室内逐步适应其环境条件，在木材表面被加热的同时，使木材沿厚度方向的温度差异缩小，为木材的初期处理提供方便。热泵干燥室由于没有蒸汽加热管和喷蒸管，预热阶段很难热透，所以预热阶段实际就是预干。

2）初期处理阶段

木材低温预热后进行初期处理。目的是将木材沿厚度方向热透，即让木材的表层温度与内部温度趋于一致，使木材在进入干燥阶段时能加速内部水分向表层移动。另外，防止木材在干燥中产生开裂，尤其是产生表面开裂。

3）干燥处理阶段

木材热泵干燥属于中低温干燥，干燥室温度一般小于或接近60℃，同时热泵干燥系统干燥室内没有增湿设备，由于除湿干燥速率慢，一般不易出现开裂、变形等干燥质量问题。

4）终了处理阶段

在木材干燥生产中，对于要求干燥质量为一级、二级、三级材的锯材，必须进行最终调湿处理，以消除木材内部的残余应力。因此，在系统中应配备蒸汽发生器或高压喷雾装置，用于满足增湿的需要。

8.3.1.3 系统性能

基于低温热泵补热的木材热泵干燥系统为了适应全年的干燥需求并且满足节能要求，在干燥室上建造主机室，室外温度高时打开主机室窗户使其成为开式干燥系统，室外温度低时关闭窗户使其转入全封闭运行模式。由于热泵木材干燥系统在室内没有安装热湿处理设备，为了保证木材的干燥质量，其排湿过程属于间接排湿，即当干燥室的湿度达到排湿要求时，开启排湿模式。所以，在干燥过程中，不能持续排湿，所以系统不能以除湿模式持续运行。

8.3.2 挂面热泵干燥

传统挂面干燥热源供给是燃煤锅炉燃烧产生的热能，燃煤单位热值价格低，挂面的干燥成本较低，但是散煤燃烧污染严重。自2014年以来逐步取缔燃煤小锅炉，个别挂面企业改用区域内发电厂蒸汽管网进行挂面干燥，大部分中小企业采用天然气锅炉进行供热。由于天然气单位热值价格相对燃煤来说比较昂贵，挂面干燥成本大幅增加，造成中小企业的产品市场竞争力大幅下降。采取新技术进行绿色干燥，并降低挂面干燥成本成为行业关注的重要课题。

本实例针对某挂面厂开发了挂面热泵干燥系统，并在冬季对该系统进行了干燥实验。该热泵干燥设备采用余热回收式热泵系统，主要利用烘房中的排湿余热作为热泵主机的低位热源，既能保证系统在冬季正常运行，也可提高系统的运行效率。同时为结合原有的烘房条件及挂面干燥工艺要求，热泵干燥系统采用高温热水间接干燥模式，即热泵干燥机以水为传热介质，将水加热后，通入烘房，并通过调节水盘管热水流量和风机转速对物料进行干燥。

8.3.2.1 系统组成

挂面热泵干燥系统由热泵干燥供热装置和隧道式烘房组成。烘房采用隧道式（图8.10），需移行300米，干燥时间为3小时，干燥温度为30~45℃。经冷风定条、保温出汗、升温降潮、降温散热四道工序完成，湿挂面的含水率为30%~32%，干燥后成品挂面的含水率为12%~13%。

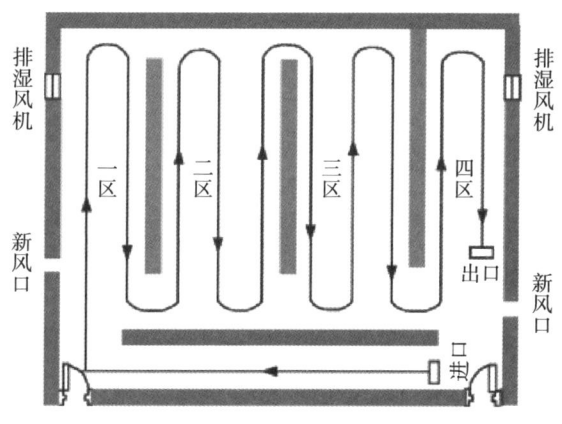

图 8.10 挂面隧道式烤房平面示意图

热泵干燥系统分为A、B两组，采用联合供热模式，每组系统是以四个30HP的压缩机组成的120HP的热泵机组，每组的总功率为105千瓦，额定制热量为320千瓦，辅助电加热的额定功率为3×10千瓦。其中A（B）1的制冷介质为R22、A（B）2、A（B）3、A（B）4的制冷工质为R134a，如图8.11和图8.12所示。

8.3.2.2 干燥工艺

按照挂面干燥工艺的要求，一区为冷风定条，保持常温在30℃左右的环境下进行；二区为保温出汗，要求控制温度不要太高，湿度低于80%，使面条处于预热保潮，水分慢慢蒸发状态。三区为升温降潮，这个阶段要进一步升温，逐步降低相对湿度，进行去湿。四区为降温散热，在这个阶段散发面条的热量，逐步达到接近或略高于室内的常温；同时继续蒸发一小部分水分，达到规定标准的含水量，并使面条各部分的水分平衡。各区之间的温度均是通过调节水流量进行调温

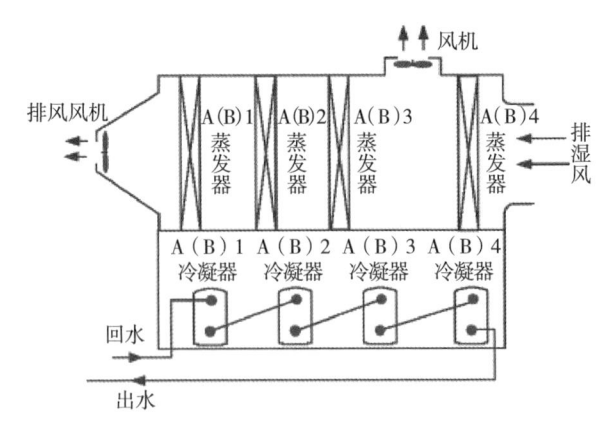

图 8.11 A 组热泵机组示意图

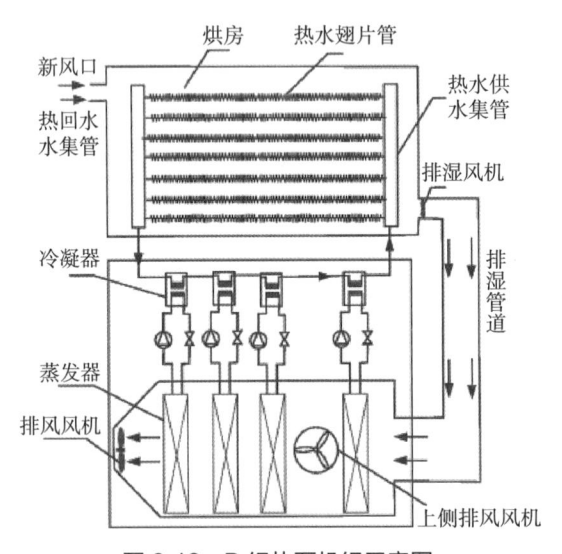

图 8.12 B 组热泵机组示意图

的,并通过调节隧道上部的风机转速控制干燥速率。

8.3.2.3 系统性能

该系统采用余热回收式的热泵干燥系统,可以更好地应对冬季寒冷的天气。相比于单一的从室外环境取热,该余热回收式热泵干燥设备的运行更加高效、稳定,且在冬季环境温度较低时同样能够高效稳定运行。干燥房采用热水盘管式干燥,更好地保证了烘房内温度的均匀性,保证了干燥品质。通过实验测试,该系统的制热系数最大达 2.46,单位能耗除湿量最大为 2.88 千克(水)/ 千瓦·时。

8.3.3 发酵制药热泵干燥

制药行业是废气排放的大户,干燥生产过程会产生大量含挥发性有机物挥发性有机物的废气。传统处理方法是先通过水喷淋降温吸收,再通过生物法、等离子体或（和）光催化进行挥发性有机物降解处理后直接对空排放。该方法对某些含特殊异味的废气处理效果不理想，很难实现达标排放，不但增加企业生产成本，还造成不良社会影响。目前一种新型的闭式循环处理技术为含挥发性有机物废气处理提供了全新解决方案。

8.3.3.1 系统组成及工作原理

废气近零排放热泵系统是在某生物制药公司原有的干燥工艺基础上重新设计完成的，该系统的原理如图8.13所示，在不改变原有干燥工艺的基础上，重新设计后的系统用热泵除湿机组替代了两次水洗装置和等离子体处理装置，使系统形成了闭路循环。系统运行过程中，废气进入热泵除湿机组的换热层先降温除湿，气体降至露点温度以下时产生的冷凝水对废气中的挥发性有机物进行吸收，被吸收的挥发性有机物随冷凝水通过排水系统排出机组（含有气味和杂质的冷凝水通过排水管道进入工厂内部原有的污水处理系统进行统一处理），实现除湿和降挥发性有机物的过程，再经过后续换热器再热变成可循环利用的高温低湿气体，送入蒸汽加热装置二次加热后重新参与干燥过程，如此实现废气循环。

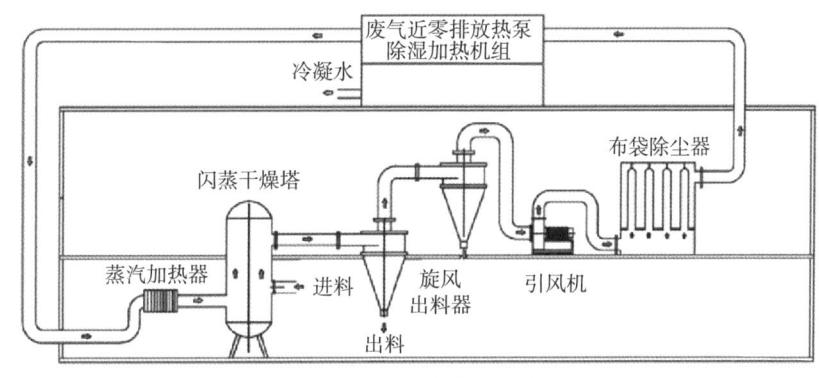

图 8.13 废气近零排放热泵系统的原理图

8.3.3.2 系统性能

闭路循环实现了干燥废气的近零排放，环保效益显著。除此之外，闭路循环还高效利用了废气中的余热，提升了干燥系统的入口温度，降低了干燥能耗和干燥成本。例如某生物制药公司投入使用闪蒸干燥废气热泵闭路循环处理设备后，闪蒸干燥线的产量由108.6千克/小时提升至124.8千克/小时，蒸汽用量由0.1282吨/小时降低至0.1184吨/小时，每小时耗电量由160.4千瓦·时降低至140.84千瓦·时。按蒸汽价格180元/吨，电价0.63元/千瓦·时计算，干燥成本由1.15元/千克降低至0.88元/千克，节省干燥成本30.7%。

8.4 污泥热泵干燥的应用

目前国内对污泥的处置主要有 4 条工艺路线：①干化 + 焚烧 / 协同焚烧 / 建材利用；②预处理 + 厌氧消化 + 脱水 + 土地利用；③好氧发酵 + 土地利用；④深度脱水 + 协同焚烧 / 填埋。污泥的处置方式可以归纳为直接填埋、堆肥、焚烧处置、干化及材料利用等。这些处理工艺和方式存在处置不彻底、处置成本高、干化尾气异味严重难于处理、资源化利用不充分等问题。

为了解决上述问题，我国开发了污泥物理高效脱水及热泵低温干化技术，可以在无害化的条件下实现污泥的低成本深度脱水和干化，同时对干化后的污泥进行造粒，并作为生物颗粒燃料，实现了污泥的资源化利用。

8.4.1 系统组成及工作流程

污泥物理高效脱水及热泵低温干化系统主要包括物理高效脱水系统和热泵低温干化系统。该系统的工作流程如图 8.14 所示。干化过程利用闭路循环热泵高效回收利用污泥干燥废气，实现干燥空气的封闭循环使用。干化过程无废气排放。深度脱水干化后的固废是性能优良的生物质燃料，可独立自持燃烧，其燃烧后的产物可用作建筑基材，实现市政污泥的彻底减量化和 100% 的资源化利用。

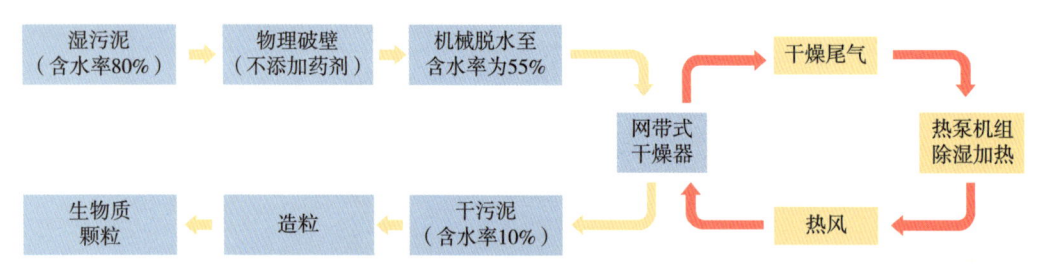

图 8.14 污泥物理高效脱水及热泵低温干化系统工作流程

8.4.2 系统优势

系统优势有：①减量最彻底，最终产物包括电能、蒸汽和建筑基材原料（渣料），基本为零；②综合处置成本低，由 80% 降至 10% 的单位湿污泥的处置能耗在 130 千瓦·时以内；③资源化程度高，可实现单位湿污泥 100 千瓦·时以上和陶粒原料的净收益，实现正能向外输出；④处置过程环保，除废水外无废气或废渣产生；⑤机械脱水过程不添加药剂，形成的生物质颗粒对锅炉无腐蚀；⑥低温干化，无粉尘燃爆隐患。

8.4.3 系统性能

该系统可以在 –25~35℃ 的环境温度下高效稳定运行，干化温度不低于 70℃；系统将污泥水分从 80% 降至 10%，每吨湿污泥的耗电量不高于 124 千瓦·时；按电价 0.7 元 / 千瓦·时计算，每吨湿污泥的能耗成本约 87 元。

8.5 热泵干燥技术发展展望

热泵干燥技术是解决干燥问题、实现"双碳"目标的必然选择。近 10 年来，热泵干燥技术虽在工农业产品干燥领域进行了一定规模的推广应用，但市场占比不足 5%。面对越发严峻的能源与环境挑战和"双碳"目标的落实，我国未来应大力推动热泵干燥技术，主要表现在以下几方面。

8.5.1 高温热泵

目前广泛采用辅助加热系统，将经过冷凝器加热过的空气进一步加热以提高其温度。这种方式虽然简单有效，但能源消耗显著增加。为解决这一问题，应针对热泵干燥的制冷工况以及空气循环状态，采用复合制冷工质，研究高温高压制冷压缩机，提高冷凝温度，开发高温热泵，满足干燥过程的高温需求。

8.5.2 闭路式热泵系统

闭路式热泵系统将干燥后的湿空气依次通过热泵蒸发器和冷却器降温除湿，然后通过热泵冷凝器等加热升温后进入干燥器进行干燥，废气再回热泵蒸发器，形成闭路循环。闭路式热泵干燥系统可充分利用干燥尾气的余热，制热能效比可达 3~10，且可以实现干燥介质的封闭循环，减少废气排放超过 95%，基本解决废气污染问题。

8.5.3 干燥介质

在热泵对流式干燥装置中，干燥介质从物料中带走水分，在热泵蒸发器中将水分排出干燥装置，其特性对热泵干燥装置的能源效率和干燥速度均有重要的影响。当前应用最多的干燥介质是空气，进一步应根据物料特性优选适宜的干燥介质（如氨气、氢气、氩气、二氧化碳及其混合物），并对新的干燥介质与物料的传热传质、干燥介质对物料干燥质量的影响进行系统研究。

8.5.4 干燥物料的质量指标

质量指标有营养成分、生物活性成分、化学成分、质构、色泽等。研究物料质量指标随物料温度、水分含量、酸碱度、氧含量、干燥时间的变化规律，建立相应数据库，开发基于物料微细结构的质量指标预测模型和软件，为最佳热泵干燥工艺的确定提供依据。

8.5.5 物料的最佳干燥工艺

干燥工艺包括干燥介质及其温度、湿度、速度、压力、成分等参数。以物料关键质量指标的变化规律、干燥介质与物料间的传热传质规律为基础，在物料干燥质量与干燥工艺参数间建立量化联系，是实现热泵干燥工艺科学化和最佳化的基础。

8.5.6 智能测控模块与器件开发

开发热泵干燥装置的智能测控模块，建立良好的人机界面，实现热泵干燥装置调控与维护的简单化。

总之，继续深入开展高温热泵、闭路式循环、余热深度利用等技术研究，持续研发以价格适中、物料干燥质量好、运行能耗低、干燥速度快、装置操控方便为理想目标的热泵干燥技术。

参考文献

[1] 许树学. 带喷射器的经济补气热泵系统循环机理与特性研究[D]. 北京：北京工业大学，2010.

[2] Xu S X, Ma G Y. Research on air-source heat pump coupled with economized vapor injection scroll compressor and ejector[J]. International Journal of Refrigeration, 2011, 34: 1587-1595.

[3] 柴沁虎，马国远，江亿，等. 带经济器的涡旋压缩机制冷循环热力学分析[J]. 清华大学学报（自然科学版），2003，43（10）：1401-1404.

[4] 马国远，彦启森. 涡旋压缩机经济器系统的性能分析[J]. 制冷学报，2003，24（3）：20-24.

[5] 黄佳兵. 闭式热泵干燥系统除湿性能与调控技术研究[D]. 广州：广州大学，2018.

[6] 周鹏飞，张振涛，章学来，等. 热泵干燥过程中低温热泵补热的应用分析[J]. 化工学报，2018，69（5）：2032-2039.

[7] 张璧光，周永东，伊松林，等. 我国木材干燥理论与技术研究的现状与建议[J]. 林产工业，2016，43（1）：12-14.

[8] 邓媛元，汤琴，张瑞芬，等. 不同干燥方式对苦瓜营养与品质特性的影响[J]. 中国农业

科学，2017，50（2）：362-371.

[9] 宋小勇，钟宇，邓云. 热泵干燥技术的研究现状与发展趋势［J］. 上海交通大学学报（农业科学版），2014，32（4）：60-66.

[10] 李琼，孟伊娜，陈恺，等. 红枣片热干燥动力学研究［J］. 食品工业，2016，3：77-80.

[11] 李伟钊，盛伟，张振涛，等. 热管联合多级串联热泵玉米干燥系统性能试验［J］. 农业工程学报，2018，34（4）：278-284.

[12] 魏娟，杨鲁伟，张振涛，等. 塔式玉米除湿热泵连续烘干系统的模拟及应用［J］. 中国农业大学学报，2018，23（4）：114-119.

[13] 祝富华. 热泵型谷物干燥机技术及经济效益分析［J］. 农业装备技术，2015，41（4）：63-64.

[14] 李鉴方，诸传华，王军伟，等. 热泵型与燃油型谷物干燥机对比试验［J］. 农业装备技术，2016，42（5）：38-39.

[15] 李伟钊，魏娟，苑亚，等. 循环式稻谷热泵除湿干燥系统性能的实验研究［J］. 制冷技术，2020，40（4）：62-66.

[16] 吕君，魏娟，张振涛，等. 基于等焓和等温过程的热泵烤烟系统性能的理论分析与比较［J］. 农业工程学报，2012，28（20）：265-271.

[17] 赵丹丹，彭郁，李茉，等. 枸杞热泵干燥室系统设计与应用［J］. 农业机械学报，2016，47（S1）：359-365，373.

[18] 王天皓. 西洋参热泵干燥系统的研究［D］. 吉林：东北电力大学，2019.

[19] 魏娟，张冲，李伟钊，等. 制药行业干燥过程挥发性有机物废气零排放处理的热泵方案分析［J］. 制冷技术，2020，40（4）：46-49.

第9章 "双碳"背景下制冷和热泵变革技术的发展

随着我国"双碳"战略从能耗"双控"向碳排放"双控"方向的发展，全社会将进一步强化减碳技术的研究和开发。本章对低碳技术进行了总结，提出制冷和热泵应拓宽建筑业与工业的冷、热量利用范围，适应全面电气化发展需求。制冷和热泵低碳发展要做到充分利用自然冷源、制冷工质超低全球变暖潜能值化、用电绿色化、供热热泵化、产品节能化、冷链升级和信息化、区域能源解决方案整体化、物联网智能调控化、电动汽车热管理化、工厂绿色化、变频普及化、能效标准升级化。

9.1 "双碳"背景下我国的制冷和热泵低碳技术

"双碳"目标是我国发展的巨大机遇与挑战，冷量、热量几乎占全社会终端用能的50%，脱碳需求大，对中国制冷行业低碳发展尤其重要。能源领域"冷、热、电"在制冷行业全都覆盖，制冷和热泵将拓宽建筑业与工业的冷、热能利用范围，适应全面电气化发展的需求，因此，实现碳中和就必须推进制冷行业的能源转型，推动制冷行业能源系统从以化石能源（冷、热、电）为基础的碳基能源转为以可再生能源为基础的零碳能源。从现在开始，碳中和过程历时近40年，对制冷行业而言是一场革命性的挑战，将带来全产业生态链的革新和重构。最大限度地推进制冷空调产品的能效提升和系统环保节能应用，为完成国家层面的"双碳"目标作出应有的贡献，也由此推动全行业实现高质量发展和由大到强的根本转变。

制冷和热泵涉及我国众多二氧化碳排放领域，按照二氧化碳排放从多到少依次为：电力和热力生产、制造业和建筑、运输部门、住宅建筑和商业及公共服务、其他领域。其中，电力和热力生产、制造业和建筑两个领域二氧化碳排放量占比超过 80%。与美国、英国等国家相比，我国制造业和建筑领域的二氧化碳排放量占比明显高很多。因此，制冷行业节能减碳面临"减少温室效应制冷工质排放"和"制冷产品节能"两大问题。同时，还有行业和技术面临"转型革命"这个大问题，拓宽制冷供热的使用范围，跨入工业热能、交通，如工业热泵、高温热泵、电动汽车热泵，同时也要拓展制冷供热的能源利用种类和方法，如低碳能源利用、自然冷热能源利用、氢氨甲醇燃料利用。

制冷是减碳的重点领域，随着我国《绿色高效制冷行动方案》的出台，要求大幅提高制冷能效和绿色水平，扩大绿色产品供给。在家电领域率先提标节能，然后是工商制冷、工商空调、电子通信领域空调和交通运输领域空调。加快家用空调、多联式空调机组节电，加快数据中心、汽车空调、冷库、冷藏车、制冰机、除湿机、冷水机组、商用制冷展示柜、热泵（热水）机组等产品节能。到 2030 年制冷总体能效水平提升 25% 以上、绿色高效制冷产品市场占有率提高 40% 以上。

制冷空调行业要实现碳中和目标，一方面需要"做减法"，即降低碳排放，包括能源碳强度的降低，主要依靠产业结构调整，以及节能和提高能效，同时依靠清洁化和电气化。另一方面需要"做加法"，即增加碳移除和"负排放"。从碳移除来看，主要依靠碳捕获、利用与封存。

加强制冷空调系统与电力系统配合，实行需求侧响应的运行模式，通过冰蓄冷、水蓄冷、电池储能、储氢氨燃料等协助电网调节。随着电动汽车的发展，加强电动汽车的热管理技术，例如控制电池温度、启动时加热、运行时排热，使用电驱动热泵系统替代电热解决车内采暖需要。根据制冷工质温室气体排放的国际要求，寻找替代工质，研究新的制冷方法，彻底解决泄漏和排放问题，避免更换、维修、迁移过程中的排放等。

随着热泵成为碳中和技术体系的重要力量，制热最好的办法的就是电驱动热泵。低温热源可以从空气、地下土壤、湖水、污水、工业排热中获取。热泵不仅可以解决采暖问题，还可以解决生活热水制备，以及工业生产中的诸多工艺，例如农产品干燥，彩色印刷干燥，肉类加工厂制取生产用热水和蒸汽，电镀、喷漆工艺的热需求等。热泵的大力发展会使制冷行业发挥越来越重要的作用，制冷行业不只提供冷源，未来也可同时提供热源。

未来，我国能源结构将发生深远的变化，需要大力发展清洁能源，比如水电、核电、风电、光电、生物质能发电等。由于清洁能源的不稳定性，储能将会得到快速发展，电池储能、抽水储能、热质储能、氢能储能等将有很大的需求。

电池技术、氢能源应用由于可广泛应用，所以前景广阔。

大力发展和利用可再生能源，如太阳能、风能、生物质能、地热能等，减少化石能源利用；减少食物的损失和浪费，大力发展食品冷链；避免建筑物对能源需求的增加，照明高效，电器和设备高能效比，建筑现场可再生能源的生产和利用；推进电动汽车和重型车辆，采用生物燃料和高效热泵等；提高工业能源利用率，低碳燃料转换（电、天然气、生物质能、氢）；减少非二氧化碳气体排放等，减少氟化物排放等。

未来能源结构决定着我国碳中和战略走向，能源系统"源网荷储"各环节共同发力，加快推进能源供给"三化"（多元化、清洁化、低碳化）、能源消费"三化"（高效化、减量化、电气化）。发电端主要构筑无碳电源系统，消费端主要构筑用电、用氢能、地热等。

9.2 制冷和热泵工质向低全球变暖潜能值化方向发展

按照《基加利修正案》的要求，我国制冷空调行业注重氢氟碳化物削减活动与能效提升的协同效应。在未来工质的替代选择上，多年来国际社会公认的选择标准是，关注替代工质要满足零臭氧消耗潜能值、尽可能低的全球变暖潜能值，还应综合考虑工质本身的性质、系统的节能性、环保性、安全性、经济性以及工质的整个寿命期气候性能，选择对全球气候变化影响更低的替代物，这样才能实现环境效益的最大化。

目前，全球范围内尚未找到符合零臭氧消耗潜能值、低全球变暖潜能值、安全、高能效的完全理想的替代工质，今后的趋势是在不同的产品领域使用不同种类的替代工质。新一代替代工质首先要考虑其环保性，新一代工质与上一代工质相比，或多或少地存在着不同方面的不足和缺陷，如压力过高、可燃、易爆或具有毒性等，在未来的推广应用中，需要针对替代工质存在的问题，通过技术手段对不同工质进行相应的"缺陷管理"，开发出适用的技术和装备，保证新型替代产品的安全推广和使用。另外，减少系统中工质的充注量，逐步完善制造、运输、储存、使用和维护过程中的安全设置和防护措施，制定或修订相关的法规、标准，加强培训等，也是保证这些新型替代技术走向市场应用必不可少的环节和手段。

当前，我国制冷空调行业各类工质的年消费量（含维修）超过31万吨，最多的是氢氟碳化物工质约20万吨，其次是氢氯氟烃类工质超过10万吨，而天然工质消费量超过1万吨。因此，环保工质替代贯穿碳中和的全过程，关乎绝大部分制冷产品。工质替代有历史问题，也有现实的节能、安全、可靠、技术、知识产权等问题。现行的工质中氢氯氟烃类工质有R22、R123、R142b；氢氟碳化物类工质有R410A、R134a、R32、R507A、R404A、R407C等，天然工质有氨、R600a、二氧化碳、R290、水、空气等。

国家和行业围绕工质的碳减排路径，开展工质替代、工质管理、设备能效提升等方面的技术革新。存在的难题是削减任务难度增加，直接替代工质的可选种类越来越少，天然工质的局限性导致能效和系统成本上的劣势，废弃工质缺乏有效的管理等。破局方法是探索全链条的工质减排技术方案，开展候选替代工质自主研发，废弃工质的回收利用。

工质减排技术方案主要按照《基加利修正案》规定的氢氟碳化物削减进程（以二氧化碳当量进行计算），于2024年冻结，2029年削减10%，2035年削减30%，2040年50%，2045年削减80%。

目前全球范围内没有找到一种完全理想的制冷工质，制冷空调行业不同国家、不同领域和不同产品类型的未来工质替代应逐步过渡，更低全球变暖潜能值的工质在全球范围内的应用推广将是必然的趋势。

目前家用冰箱的工质替代基本完成，为天然工质R600a；家用空调的替代工质是R32、R290，氢氟烯烃；汽车空调现在大部分工质是R134a，未来向氢氟烯烃、R290、二氧化碳等发展。冷链物流行业制冷链条长，现行工质有R22、R134a、R404A、R507A、氨等，未来工质为氨、二氧化碳、R290、R600a、R32、R1270、氢氟烯烃等。热泵工质与制热温度有关，种类比较多。

大部分新一代替代工质存在着可燃、高压力或容积效率低等缺点，导致在一定时期内替代产品的成本会明显高于当前水平，市场对新的替代产品的接受度也是一个考验。未来的替代技术选择和行业履约工作还将面临巨大的压力和挑战。通过对不同工质存在的问题进行"缺陷管理"的模式加以处理，确保这些替代品在规定条件下的安全使用。

对于适合未来工质的冷冻机油，碳氢天然工质制冷剂、氢氟碳化物匹配冷冻机油的问题目前得到了解决，但某些工质（如R32）专用油的使用仍然受到国外知识产权的制约，需加大开发力度。基于现有研究，新一代环保工质氢氟烯烃可使用与氢氟碳化物类似的冷冻机油，但仍需测试两者间的相互作用参数，以筛选出合适的冷冻机油。对于以氢氟烯烃为主要组分的混合工质，与其匹配冷冻机油的相关研究较少，需进行深入研究。

碳中和条件下新型工质的开发是难题，发达国家已形成了比较完善的替代品开发与评价体系，国外跨国企业很早就开始新一代的工质开发，并进行了严密的专利布局。我国工质开发处于仿制和跟跑的状态。近年来在工质新品种、混合工质研制和工质合成新工艺开发等方面开展了大量的创新研发工作，并在部分品种和制冷应用领域取得了一定的研发突破。

9.3 供热从燃料制热向热泵制热化方向发展

随着化石能源逐渐被限制使用，在能源结构转向可再生能源主导的未来，热泵将是一种更清洁、更便宜的加热解决方案。随着热泵能效和容量的提高和电力成本的降低，热泵的经济优势将进一步增强。然而，尽管热泵具备明显的碳减排优势和长期碳减排潜力，目前热泵的市场份额仍然很低，其原因既有技术经济层面的因素，也有社会政策因素。

关于技术经济问题，热泵的初始投资通常是其他供热设施的数倍，高昂的初始投资将导致长期的投资回报期。当前，电驱动热泵在全生命周期供热下碳排放优势还不十分明显，但现在需要推行热泵与锅炉供热并行，等10~20年后，锅炉将逐步退出供热市场，热泵与电力系统减排配合，可以相对平稳地进入低碳供热水平。在社会政策问题上，目前电力系统的碳减排关注度大，供热设施的电驱动热泵化尚未完全纳入碳减排途径。应当充分认识到，需要把握好2060年碳中和节点前供热设备电气化的时间窗口，进一步大力推进热泵的使用。

热泵包括空调热泵、热水制备热泵、热能与蒸汽制备热泵、工业生产的化石能源替代供热热泵等。热泵的驱动方式有电驱动热泵和热力热泵。电驱动热泵契合未来终端用能电气化发展的需求，是电力高效转为热量的最佳途径，在某些场合替代燃料锅炉供热。未来，电驱动热泵的碳排放因子与电网电力的清洁性关联，热泵性能系数越高，其碳排放因子的缩减量也越大。基于光伏、风电、水电这种近零碳排放的电力输入，热泵几乎可以视为近零碳燃料，更远远低于直接燃煤燃气供热的碳排放。

在清洁能源丰富的地区推广电驱动热泵供热，减碳优势明显。未来大规模热能制备的热泵发展方向是面向区域集中供热的热泵热水制取技术、基于高温热泵的高温热能和蒸汽供应、面向工业余热就地消纳利用的热泵技术等。为了支撑这些技术路线的实现，热泵将向高温、大温升、大体量、高效化和环保工质等方向发展。

电动汽车空调的电驱动热泵化、智能化成为未来的重要方向。汽车空调由燃油发动机驱动向电驱动，汽车空调供热由发动机余热向电驱动热泵方向发展。电动汽车热管理系统除了要提高整体能效，增加电动汽车的续航里程，还应兼备高度集成化、热害控制、远程控制、座舱环境个性化、宽温区高效化、关键零部件开发、环保工质替代等关键技术。在当前电动汽车发展以及碳中和背景下，电动汽车热管理行业也向着绿色化、一体化、模块化、智能化的方向发展。

目前电动汽车热管理系统的工质替代路线尚不明确，形成以二氧化碳、R290、R1234yf为主流，各形式混合工质为辅的发展状态。电动汽车的热泵核心是解决低温续航能力衰减。随着热管理对能量利用效率的需求日渐提高，如何保障电动汽车热泵空调系统宽温区（-30~40℃）的性能、减少能耗是热管理系统亟须突破的关键技术。通过各子系统之间的高效耦合与协调控制可以实现能效最大化，余热的有效回收方法能够减少制热能耗，同时可以改善系统的制热性能，热泵和余热利用及其相互交叉耦合的形式将成为未来热管理的主要方向。

电动汽车的热管理批量产业化迫使系统功能的一体化兼顾整车安全性目标、动力性目标、续航能力目标、舒适性目标以及耐久性目标，系统结构模块化成为未来热管理系统发展的迫切需求。电动汽车热管理的复杂系统和精细化温度管控急需系统动态运行的控制，控制智能化成为电动汽车热管理系统未来不可或缺的一环。

干燥领域同样需要热泵倍增的热量，是解决干燥热源问题、实现"双碳"目标的必然选择。当前，热泵干燥技术在工农业产品干燥领域有推广应用，但市场占比不大。未来的干燥市场应大力推动热泵干燥技术。对于高温干燥技术，应采用热泵复合热泵工质，研究高温高压制冷压缩机，提高冷凝温度，开发高温热泵，以满足干燥过程的高温需求。

闭路式热泵干燥系统可充分利用干燥尾气的余热，制热能效比可达3~10，且可以实现干燥介质的封闭循环，减少废气排放超过95%，基本解决废气污染问题。因此，应深入开展高温热泵、闭路式循环、余热深度利用等技术，持续研发以价格适中、物料干燥质量好、运行能耗低、干燥速度快、装置操控方便为理想目标的热泵干燥技术。

9.4 冷热量制取技术向适应全面电气化方向发展

根据预测，到2030年，我国单位生产总值二氧化碳排放将比2005年下降65%以上，风电、太阳能发电总装机容量将达到12亿千瓦以上。制冷空调用能推进能源清洁低碳转型，关键是加快非化石能源，尤其是风电、太阳能发电等能源的利用。到2025年和2030年，我国非化石能源占一次能源消费比重将分别达到20%、25%。我国能源消费达峰后，电气化水平提高，电力需求仍将持续增长，电力行业不仅要承接交通、建筑、工业等领域转移的能源消耗和排放，还要对存量化石能源电源进行清洁替代，预计我国95%左右的非化石能源主要通过转化为电能被加以利用。制冷空调行业和技术面临全面电气化、电力直流化局面，制冷空调产品电气化改造、直流化改造任务艰巨。根据低碳能源的变化预测，制冷空调将在能源消费侧全面推进电气化和节能提效。

未来冷量和热量的制取要关注能源结构的变化，行业推进"双碳"目标的实现，首先要适应这种能源结构的调整变化。一方面，要大力推进可再生能源等清洁能源的使用，如太阳能、余热废热、空气源热泵、天然冷源等；另一方面，对使用清洁能源制取的冷量和热量应从冷热两端加以全面利用，同时结合储能技术开发，解决清洁能源生产的不稳定性问题。

根据联合国政府间气候变化专门委员会的预测，电力将会成为未来能源系统的主要供能方式，终端能源用户需尽快全面电气化，尽可能少用燃料、多用电。用户侧的冷热量需要由电动制冷、电驱动热泵或电力供热来提供。将燃烧化石燃料、具有较大直接碳排放和间接碳排放的直燃型吸收式制冷系统替换为高效电驱动冷水机组等；在有条件的地区或实际工程中，以各种适宜的电驱动热泵技术替代燃煤、燃气、燃油锅炉等，实现空调系统的全面电气化，将空调系统的直接碳排放降至零。

因此，在未来的能源体系中，可再生电力将成为能源供应的主体，而在用能端建筑、工业、农业和交通等不同行业仍然需要约50%的热冷需求，因此电气化的高效热冷供应将变得非常重要，热泵将起到连接二者的桥梁作用。同时，热泵可以实现工业用热效率的提升，通过降低能源消费体量并降低可再生能源体量提升压力。

9.5 制冷制热产品向绿色化及智能化方向发展

制冷制热产品及系统的发展呈现绿色化、节能化特点，产品应用的范围和领域得到拓展。制冷空调企业开发出高效、紧凑、重量轻、可靠性高、经济性好的新型换热器。采用二氧化碳、水、空气、氨、R290、R32、氢氟烯烃、氢气等工质的压缩机不断被研发出来。R717大型螺杆式高温热泵机组采用余热回收技术，可以制取90℃高温热水；水蒸气螺杆式增压机组回收工业废蒸汽、乏汽，可以向外输送饱和温度160℃的蒸汽；R1233zd（E）磁悬浮离心式冷水机组在AHRI工况下满负荷性能达7.3，综合部分负荷性能系数达12.2；离心式制冷机组呈现磁悬浮和气悬浮交相争辉发展局面。数据中心作为能耗大户，结合当地可再生能源、适宜气候的条件，采用蒸发冷却+热回收+热泵+储能的综合空调方案，低碳节能效果不断提高。

低碳技术需要特别重视制冷空调系统的实际运行能效。系统运行能效涉及系统集成优化及系统的各个设备的优化匹配控制。例如，空调系统涉及冷水（热泵）机组、水系统、风系统、控制系统等设备，按照兼顾动态负荷和使用保障要求的原则，必须优化空调系统与各个设备的匹配，通过自动控制和调节手段，使系统在不同运行场合和时段均处于高效运行状态，达到节能运行的目的。

制冷行业与人工智能领域相结合是发展趋势，目前有许多优秀的研究成果与应用案例，也带来了很好的经济效益和社会效益。例如，空调生产线的智能制造得到空调大厂的欢迎，智能制造生产线的流程按照产品全生命周期的理念建设，形成了智能设计、智能设备、智能生产、智慧物流、智慧服务、智能决策等环节的智能化，制造过程呈现自动化、少人化。产品的模糊控制得到广泛应用，将用户积累的经验知识转化为模糊规则，通过模糊推理过程对系统实施控制，达到比常规的PID控制具有更好的节能和控制效果。

推进互联网大数据平台是制冷行业智能化发展的鲜明特点。互联网成为全产业链各个环节互联互通的重要支撑平台，利用大数据、人工智能等现代化技术工具推动产业技术进步、组织变革以及生产效率和产品质量的提升，并借此全面提升行业生产力和创新能力。大数据和人工智能的应用是行业未来发展的方向，在产品和工程设计、工艺过程设计、生产调度、故障诊断、运行维护和使用、资源回收利用等环节，通过大数据分析掌握和推演出更优的设计、制造或应用方案，在实现产品智能化、制造智能化、运行维护智能化的同时，可以获得最大限度的产品生命周期低碳排放的协同效应。

工业互联网平台结合能源互联网、大数据、云计算、5G网络等技术，通过智慧能源总控平台助力园区实现能源流、数据流、信息流、碳追溯流的"四流合一"，并通过对园区能源动力生产、输送、配用的全环节进行集中、直观的动态监控和数字化管理，改进和优化能源平衡，大幅度提高了能源的综合利用效率。因此，行业出现了一批大数据、智能制造方面的低碳示范园区、低碳生产线和工厂。

参考文献

[1] 江亿，张华. 中国制冷行业战略发展研究报告[M]. 北京：中国建筑工业出版社，2016.
[2] Intergovernmental Panel on Climate Change. Climate change 2021：The physical science basis[EB/OL].（2021-03-15）[2021-10-15]. https://www.ipcc.ch/report/ar6/wg1/downloads/report/

IPCC_AR6_WGI_Full_Report.pdf.

［3］张朝晖，刘璐璐，王若楠，等."双碳"目标下制冷空调行业技术发展的思考［J］.制冷空调，2022（1）：1-10.

［4］陈光明，高能，朴春成.低碳制冷剂研究及应用最新进展［J］.制冷学报，2016（1）：1-11.

［5］张朝晖，陈敬良，高钰，等.《蒙特利尔议定书》基加利修正案对制冷空调行业的影响分析［J］.制冷与空调，2017，17（1）：1-7.